명인지식문고 001

한국현대사 바로잡기 1

한반도 분단, 누구의 책임인가?

김계동 지음

명인문화사

명인지식문고 001

한반도 분단, 누구의 책임인가?

1쇄 펴낸 날   2012년 8월 15일
지은이   김계동
펴낸이   박선영
펴낸곳   명인문화사

디자인   엄수정

등 록   제2005-77호(2005.11.10)
주 소   서울시 송파구 석촌동 58-24 미주빌딩 202호
이메일   myunginbooks@hanmail.net
전 화   02)416-3059
팩 스   02)417-3095

I S B N   978-89-92803-46-5
가 격   9,800원

ⓒ 명인문화사

서 문

역사는 왜곡되기 쉽다. 자기 사상이나 이념에 기반하여 해석을 할 경우, 또는 자기의 이익과 부합되게 꿰맞추는 해석을 하게 되면 역사적 진실을 왜곡하게 된다. 다양한 시각에 따라 다양하게 해석되는 것이 역사이고, 한국현대사에 대해서도 너무 많은 시각이 존재하고 있다.

한국현대사에 대하여 비교적 객관적 입장에서 연구를 할 수 있는 영국에 유학 가서 한국현대사에 대하여 그동안 몰랐거나 잘못 알고 있는 놀라운 사실들을 발견할 수 있었다. 박사학위 논문의 본 주제는 냉전 초기 미국과 영국의 외교정책을 비교하는 것이었는데, 그 주제와 관련된 한반도 문제를 접하게 되면서 너무 새롭고 흥미로워서 깊이 빠져 들게 되었다.

어렸을 때 학교에서 배운 것과 너무 다른 사실들을 알게 된 것이다. 예를 들어, 대한민국은 한반도 전체를 관할하는 유일 합법정부로 유엔에서 승인을 받았다고 배웠는데, 실제로는 한반도 전체가 아니라 남한지역에서의 합법정부로 승인을 받았다는 사실을 알게 되었다. 이럴 수가! 당시 너무 충격을 받았다.

그러면 역사의 진실은 어떻게 밝혀낼 수 있을까? 선진국에서는 오래 전부터 정부의 비밀문서들을 25~30년이 지나면 공개하는 제도를 보유하고 있다. 유학하는 동안 영국 런던의 Public Record Office와 미국 워싱턴의 National Archive를 자주 방문하여 너무나 값진 문서들을 볼 수 있었다. 'Top Secret' 도장이 찍혀 있는, 트루먼 대통령이 파란 만년필로 서명한 문서들을 읽으면서, 새로운 사실들을 알아나가면서 너무 행복하였다.

학위논문에 새로 발견한 역사적 사실들을 포함시켰으나, 학술논문에 맞는 자료만을 제한적으로 활용하였다. 나머지 밝히지 못한 내용을 세상에 알리고자 이 책을 쓰게 되었다. 누구나 쉽게 읽을 수 있는 책을 발간하여 진실되고 가치중립적인 내용을 보다 많은 독자들이 읽을 수 있게 내보이고 싶었다.

"한국현대사 바로잡기" 시리즈를 명인문화사에서 출판하기로 합의하였다. 『한반도 분단, 누구의 책임인가?』라는 제목의 이 책이 첫 작품이다. 앞으로 출판된 두 번째 서적은 『한국전쟁: 불가피한 선택이었나?』이다. 이 시리즈를 통하여 많은 독자들이 한반도가 어떻게 분단되었는지, 한국전쟁은 왜 일어났고, 어떻게 전개되었으며, 어떻게 끝났는지, 그 진실을 알 수 있게 될 것이다.

이 책이 나오기까지에는 많은 분들의 노고가 숨겨져 있다. 역사서적은 잘해야 본전이라는 통설이 있는 데에도 기꺼이 3편의 시리즈를 내게 해주신 명인문화사의 박선영 사장에게 감사드린다. 더구나 명인문화사에서 보급형 문고판을 처음 내면서 이 책을 첫 번째 시리즈로 결정해 준데 대해서도 영광스럽고 고마운 마음을 전달하고 싶다. 그리고 빠르고 정확하고 멋지게 표지를 만들고 내지를 편집해 준 엄수정 디자이너의 공이 없었다면 이 책은 출판되기 어려웠을 것이다.

2012년 8월
저자 김계동

제1장_ 서 론

한반도 분단의 책임에 대해서는 많은 주장들이 존재하고 있다. 분단의 기원에 대한 논쟁은 내인론·외인론을 비롯하여 여러 시각을 바탕으로 이루어지고 있다. 이는 한반도의 분단이 어느 특정한 이유 때문이라기보다는 여러 요인이 복합적으로 작용하여 이루어졌기 때문이다. 실제로 한반도 분단의 근원을 찾아 올라가면 일제의 조선 강점으로까지도 갈 수 있지만, 그 직접적인 기원을 찾아본다면 제2차 세계대전이 끝나면서 시작된 열강의 세력권 형성을 위한 대립의 산물이라 할 수 있다.

제2차 세계대전이 끝나게 되면 일본의 점령으로부터 벗어나 통일된 독립정부를 수립할 수 있을 것이라는 희망에 부풀어 있던 한국인들은 더 이상의 외세통치를 원하지 않았고, 민족의 분열과 국토의 분단도 막아야 한다는 절대절명의 과제를 안게 되었다. 40년의 외세 통치 동안 약화된 한국인들의 정치력, 내부분열, 제2차 세계대전 전승국들의 세계정치에 대한 독점 및 지배는 한반도에 대한 외세의 침투를 가능케 하였고, 급기야는 분할통치의 기회와 명분을 주게 되었다.

제2차 세계대전의 종료, 더 정확히 말해서 일본의 항복은 40년 동안 외세의 통치를 받아온 한국인들에게 독립정부를 세울 수 있는 희망을 안겨 주었지만, 현실에 있어서 이는 미국을 비롯한 강대국들에게 그들의 세력권을 한반도에까지 팽창시킬 수 있는 기회를 제공하였다. 상대진영의 영향을 최소화하면서 전후 한국처리 과정에 적극적으로 참여하는 것이 당시 강대국들이 추진한 대한반도 정책의 첫째 과제였다. 전후처리를 위한 강대국외교의 행태, 정책결정과정, 군사전략을 살펴보면 미국과 소련이 한반도를 점령하려 하였던 의도와 국가이익을 파악할 수 있다.

오랜 기간 일본에 점령되었기 때문에 해방 직후 한반도 내의 정치세력은 극히 약화되었고 항일 독립운동을 전개한 세력만이 존재하고 있었다. 내부적으로 일부 분열적인 요소가 존재하였지만 한국인들이 한반도 분열과 분단의 책임이 있다는 논리는 성립되기가 어렵다. 한반도는 제2차 세계대전의 패전지역이 아니었기 때문에 패전국 처리방법과는 다른 방식의 처리가 요구되었다. 그러나 외세가 한반도를 패전 지역이 아니라 패전국으로부터 해방되었다는 배려의 측면은 찾아보기 어렵다.

한반도의 분단은 특수한 지정학적 위치 때문에 주변 강대국들의 이익이 충돌할 때 빈번하게 제의된 역사를 지니고 있다. 한반도는 대륙에 접하면서도 결합과 분리의 양 기능을 가지는 특수한 지정학적 위치에 자리 잡고 있다. 이로 말미암아 한국역사는 이웃국가들인 중국, 러시아, 일본으로부터의 되풀이되는 개입과 침략으로 점철되어 왔다. 한반도의 역사는 그 지리적 위치로 인하여 팔레스타인이나 폴란드, 그리고 벨기에가 처했던 운명과 유사하게 분단과 전쟁이라는 비극으로 이어져 왔다. 한반도는 중국·일본·러시아 3국의 경쟁적 함수관계에 더하여 미국·영국·프랑스·독일 등 구미세력의 부차적 역사변수가 상호작용하여 혼란과 균형의 모순적 역사를 이어 왔다. 근대 극동지역의 지정학적 대립과 경쟁을 도식화한 '성좌

(星座)의 배열(Constellation)'은 남진을 모색하는 러시아와 북진을 추구하는 일본을 축으로 하여, 러시아의 배후에는 독일과 프랑스가, 일본의 배후에는 미국과 영국이 자리잡은 형태를 보였다.

근대사에 있어서 한반도를 제국주의적 시각에서 관심을 가져온 일본인들은 한반도가 '일본의 심장부를 겨냥하고 있는 단도(短刀)'라고 묘사는 하고 있지만, 실제로 그들은 한반도를 '아시아 본토로 진출하기 위한 디딤돌'로 사용해 왔음은 불문가지의 사실이다. 중국인들은 한반도를 '중국의 머리를 가격할 준비가 되어 있는 망치'라 하며 불안감을 가지고 있었으나, 그들은 또한 한국을 '중국의 치아를 보호하기 위한 입술' 관계로 규정함으로써 친선관계를 넘어서 보호국이라는 생각을 가지고 있었다. 러시아는 부동항을 획득할 목적으로 남진정책을 추구하였으며, 만주와 한반도가 이 정책의 목표지역이었다.[1]

이러한 점을 보면 한반도는 극동에 있어서 중요한 교차점 또는 동북아 전략의 요충지에 위치하고 있음을 알 수가 있다. 이에 따라 한반도는 아시아 열강들의 주요 전략적 목표였고, 그들의 한반도에 대한 이해관계가 교착상태에 처할 경우 전쟁을 피하면서 어느 한편도 손해를 보지 않고 공평한 이익을 획득하기 위하여 한반도의 분단이 제기되곤 하였다.

한반도의 분단은 16세기말 일본인들에 의하여 처음으로 제의되었다. 1592년 4월 도요토미 히데요시(豊臣秀吉)를 선봉으로 한 일본군이 침략하자, 조선왕조는 명나라에게 침략자들을 물리쳐 주도록 요청하였다. 결국 명나라가 개입하여 일본군이 남부지역 일부만을 점령하는데 그치고 더 이상 진격을 하지 못하도록 하는데 성공하였다. 이후 교착상태가 지속되자 히데요시는 1593년 6월 명나라 사신과 만나 일본이 남부 4개도를 점령하고 나머지 4개도는 조선의 왕이 지배하도록 하자는 제의를 하였다. 이 제의를 중국과 조선 양측이 거부하였고, 1598년 히데요시가 사망하자 일본군은 조선으로부터 철수하였다. 이때 제의된 분단선은 북위 38도선에서 45마일 정도 남쪽에 이어진 선이었다.2)

한반도의 분단은 300년 후인 1894년 다시 제의되었다. 1882년 서방세계에 개방을 한 이후 조선은 강대국의 각축장이 되었다. 개국 이래 외세의 내정개입을 정부가 적절히 대응하지 못하자 농민들이 동학난을 일으켰고, 이 난이 전국으로 확대되자 조선왕은 중국에게 요청하여 이 난을 진압해 줄 것을 요청하였다. 두 척의 전함과 2,500명의 중국군인이 한반도에 파견되자, 일본도 자국의 외교사절들을 보호한다는 명목으로 조선이 요청을 하지 않았는데도 4,000 여명의 병력을 파견하였다.

인천항에 상륙하여 경인지방을 장악한 일본군과 청나라 군대는 일촉즉발의 대치상태에 돌입하였다. 동학난이 진압되자 조선왕은 중국과 일본군의 철수를 요구하였으나, 그들은 이 요구를 묵살하여 갈등이 지속되었다. 양 군대간의 충돌이 예상되자 영국이 중재에 나섰다. 1894년 7월 영국 외상인 킴벌리(Kimberley) 경이 중국과 일본이 각기 북한과 남한지역을 점령하도록 제의하였다. 중국은 서울이 자기 점령지역에 포함되어야 한다는 조건으로 이 제의를 수용하였으나, 일본은 이를 거부하였다. 일본인들은 한반도의 반쪽만 점령하는데 만족하지 않았고, 일본군이 중국군을 충분히 이길 수 있다고 확신하고 있었다. 결국 청일전쟁이 이 분쟁을 종식시켰는데, 한반도 분할 협상에 대한 영국의 제의를 조선은 전혀 통보 받지 못하였다.3)

　1896년과 1903년 러시아와 일본은 북위 38도 또는 39도선에서의 한반도 분할에 대한 논의를 하였다. 청일전쟁 이후 한반도의 지배권을 놓고 일본의 강력한 경쟁국으로 등장한 러시아의 주요 목적은 부동항의 획득이었다. 러시아의 조선에 대한 영향력이 점차 강화되어 급기야 조선왕은 러시아 공사관으로 거처를 옮기고 그곳에서 정사업무를 집행하는, 소위 아관파천(俄館播遷)을 일으켰다. 청일전쟁 이후 조선에 대한 독점적 영향력을 행사하던 일본인들은 조선왕의 아관파천을 매우 심각하게 받아들이지 않을 수 없었다.

　따라서 일본은 러시아가 38도 이북지역에 대한 영향력을 행사하고 그 이남은 일본의 영향권으로 하자는 제의를 하였다. 1896년 6월 러시아의 니콜라스(Nicholas) 2세의 대관식에서 일본 육군의 야마가다 아리토모(山縣有朋)가 러시아의 로마노프에게 이를 제의하였을 때 대관식에 참석한 조선사절은 이 제의를 통보 받지 못하였다. 러시아는 조선 전체를 점령할 수 있다는 자신감에 일본의 제의를 거절하였다. 결국 일본은 러시아와의 일전을 예상하고 전쟁준비를 하게 되었고, 이의 일환으로 영일동맹 조약을 체결하였다.

　궁지에 몰린 러시아는 동경주재 공사를 통하여 1903년 10

월 한반도의 39도선 이북은 어느 나라의 군대도 주둔하지 않는 완충지대로 하고, 그 이남 지역은 일본의 영향권으로 인정하겠다는 제의를 하였다. 일본은 이에 대하여 한만 국경지역에 남북으로 5마일씩 10마일의 비무장지대를 설치하자는 역제의를 하였다. 러시아가 이 제의를 거부하자 일본은 1904년 2월 10일 대러시아 전쟁을 선포하였다. 러일전쟁에서 러시아가 패배하여 결국 러시아는 조선에의 영향권을 잃게 되었다.[4] 이와 같이 한반도 주변국들은 한반도의 분단을 통한 동북아의 세력균형을 모색하였고, 이 과정에서 조선의 주권은 전혀 고려대상이 되지 못하였다.

20세기 이전 주변열강이 구상했던 한반도 분단안들은 1945년 8월의 38선에 의한 분단과 직접적 연관은 없지만, 이들은 한국의 현대사가 외세개입과 외세에 의한 분단 모색으로 되풀이되었다는 점을 여실히 보여주고 있다. 1945년부터 1953년까지 한반도에서 전개된 상황도 예외가 아니다. 미국과 소련에 의한 1945년의 분단은 1950년 한국전쟁의 원인이 되었고, 서방 16개국과 중국·소련군이 참전한 한국전의 결과 1953년 한반도는 재분단되었다.

제2차 세계대전 종료시까지 36년 동안 일본의 지배를 받았고 일본으로부터의 해방이 자력에 의한 것이 아니라 외세에 의하여 해방이 되었기 때문에 한국은 스스로의 의지에 의하여 통일된 독립정부를 수립할 기회를 가질 수 없었다. 제2차 세계대전 중 한반도의 독립을 위하여 처음으로 제의된 방안이 '4개국 신탁통치'였다는 점은 당시 한국문제의 해결은 외세에 의하여 이루어질 수밖에 없다는 점을 암시하였다. 해방직후 한국인들 내부에는 친일·반일, 자본주의·공산주의 등 이념적이고 정치적인 갈등이 존재하고 있었으나, 이러한 갈등이 통일된 독립국가를 수립할 수 없을 정도로 심각하였는가에 대하여는 의문이 제기된다.

38선에 의한 분할 점령과 점령군의 양 지역에 대한 배타적 통치는 남한지역과 북한지역에 거주하던 한국인들의 갈등과 대립으로 이어졌다. 따라서 1945년의 분단은 한국인들의 민족적 분열 보다는 외세에 의한 강압적 분단이라 할 수 있으며, 이로부터 1948년 분단정부가 수립될 당시까지의 분단고착은 한민족 내부의 분열도 책임을 면하기 어려울 것이다.

한국의
독립을 위한
외교

20세기 초부터 일본에 점령당하고 있던 한반도는 제2차 세계대전이 전개되면서 연합군 측의 승리가 가까워 오자 전후 처리과정의 주요 지역 중의 하나로 부상되었다. 한국인들은 일본이 패전하게 되면 독립국가를 수립하려는 희망을 가지고 외교활동을 벌였고, 강대국들은 어느 한 국가의 독점을 방지하기 위한 고도의 전략을 보색하였다. 특히 카이로, 얄타, 포츠담회담 등 전시 강대국 외교를 통하여 각국은 자국의 이익을 최대한 확보하려는 노력을 기울였다.

국제회의를 거치면서 한반도 신탁통치에 대한 합의가 이루어졌으나, 1945년 8월 15일 일본의 무조건 항복이 급작스럽게 이루어지자 미국의 제의로 한반도를 미국과 소련이 38선을 중심으로 분할점령 하였다.

제2장_ 한국의 독립외교와 국제사회의 역학관계

역사적으로 한반도는 강대국 중심의 국제사회에서 별로 주목을 받지 못하였다. 그저 아시아 동쪽 끝에 자리잡고 있으며 중국과 일본 사이에 위치한 반도지역이라는 인식 정도였다. 미국과 영국이 일본의 한반도에 대한 '절대적 정치, 군사, 경제적 이익'을 승인한 1905년 9월의 포츠마우스(Portsmouth)조약 이래로 열강은 1940년대 초반까지 한국의 독립에 대하여 별로 관심을 가지지 않았다.

1920년대부터 계속된 한국임시정부의 독립을 위한 외교적 노력은 강대국들에 의하여 완전히 무시당하는 등, 한국은 잊혀진 나라가 되어가고 있었다. 미국이 한국임시정부를 승인하지 않은 이유는 중국 내에 존재하는 한국인 단체들이 통합되어 있지 않은 상태에서 분열하고 있으며, 임시정부가 한국국민을 통치해 본 경험도 없고 통치할 능력도 없다는 점 때문이라고 밝혔다. 그러나 내부적으로 임시정부는 중국에 너무 종속되어 있었기 때문에, 독립 이후 중국이 배타적인 영향력을 행사할 우려가 있어 승인을 하지 않은 측면도 있다.

중국의 중경에 위치하고 있던 임시정부는 합법정부로 국제적인 승인을 받고 일본에 대항하는 전투에 참가하여, 연합국 측의 승리와 동시에 한국인부대(광복군)가 한반도에 진주하여 조국을 독립시킬 수 있기를 강력히 희망하였다. 당시 임시정부에 참여하고 있던 인사들은 강대국들이 임시정부를 승인하지 않을 이유가 없다고 생각하고 있었다. 왜냐하면 제2차 세계대전에 연합국으로 참전하고 있던 28개의 국가들 중에서 9개가 '임시정부'였고, 1941년 8월에 선언된 대서양 헌장이 어느 민족이거나 스스로의 정부를 구성할 수 있다는 조항을 포함하고 있는데, 이 조항이 한민족에게도 적용이 된다고 믿고 있었기 때문이었다. 한국인들은 "대서양 헌장의 정신은 전 세계의 인류에게 적용될 것"이라는 미국 루즈벨트(Franklin D. Roosevelt) 대통령의 성명에 고무되어 있었다.

대한민국임시정부

1919년 국내외에서 3·1운동이 전 민족운동으로 확산될 때 그 독립정신을 집약하여 주권국민이라는 개념에 기반하고, 독립운동을 능률적으로 발전시키기 위하여 대한민국임시정부가 조직되었다. 임시정부는 그 뒤 1945년 8·15광복까지 27년 동안 상해(上海)를 비롯한 중국 각처에서 조선의 독립과 자유를 위하여 투쟁하였다. 통상적으로 정부라고 하면 국제법상 통치권이 미치는 국토와 국민이 있어야 하는데, 대한민국임시정부는 통치권을 행사할 대상이 없었으므로 일반정부와는 그 성격이 달랐으며, 망명정부도 아니었다. 대한민국임시정부는 대한제국과 시간적 연속성이 없고 주체세력이 다르고 이념이 달랐으므로 망명정부가 될 수 없었다. 그러나 3·1운동에 의하여 수립된 임시정부였으므로 전 민족의 의지와 이념적 기반 위에 설립된 정부적 조직이라는 평가를 할 수 있다.

이러한 측면에서 임시정부는 국제적으로 주권국민의 대표기관(정부)으로서, 또 대내적으로는 독립운동의 통할기구로서의 역할을 담당하고 있었다. 3·1운동을 전후로 국내외에서 여러 가지 이름으로 7개의 임시정부가 수립되었으나 상해를 거점으로 1919년 9월 개헌형식을 통하여 통합되어 대한민국임시정부가 되었다. 상해에 있던 시기(1919~1932)에는 국내외 동포사회에 통할조직을 확대하면서 외교활동이나 독립전쟁 등을 지도, 통할하는 데에 주력하였다. 이후 일제의 공격을 받아 대한민국임시정부는 상해를 떠나게 되었고, 1937년 발생한 중일전쟁으로 중국 각처를 이동하는 수난을 당하였다. 상해(1919), 항저우(杭州, 1932), 전장(鎭江, 1935), 난징(南京, 1937), 창사(長沙, 1937), 광저우(廣州, 1938), 류저우(柳州, 1938), 치장(基江, 1939), 충칭(重慶, 1940)은 대한민국임시정부가 차례로 이동, 기착하던 곳이었다.

사진 2-1 임시정부의 이동 경로

제2차 세계대전 시 미국의 한국인 부대 활용 계획

일본의 진주만 공격과 함께 태평양전쟁이 발발하자, 임시정부의 주석인 김구와 임시정부의 미국대표로 활약하던 이승만은 미국정부가 임시정부를 승인한 후 무기대여법(Lend Lease Act)에 의한 원조를 함으로써 한국인 부대도 일본에 대항한 연합군의 일원으로 대일전쟁에 참전할 수 있게 되기를 미국정부에 강력히 요청하였다.[1]

그러나 미국인들, 특히 국무성 관리들은 당시와 같이 일본의 공세가 성공적으로 계속되는 한, 임시정부를 공식적으로 승인하더라도 일본통치하에 있는 한국인들에게 '효과적인 규모의 고무감'을 주기는 힘들 것이라 믿고 있었다. 영국 외무성은 한국임시정부의 승인은 '런던의 폴란드인'의 경우와 유사한 문제를 발생시킬 것이라고 우려하였다.[2]

그러나 미 군부는 일본과의 전쟁에서 승리하기 위해서는 우방으로부터의 어떠한 적극적인 지원도 수용해야 할 필요성을 느끼고 있었다. 미 합동참모본부(JCS)는 1942년 3월과 4월 일본에 대한 군사정보를 수집하고, 정규 군사작전을 지원하는 '전복활동'의 목적으로 한국인들을 사용하기를 건의하였다. 미 군부는 한국의 독립운동을 고무시켜 '심리전'을 위한 잠재력을 키운다면, 이는 미국의 한국, 만주, 일본에서의 군사활동에 큰 기여를 할 것이라 믿고 있었다. 합참 심리전위원회는 한국인 부대가 수행할 심리전의 구체적인 계획을 다음과 같이 수립하였다.

1. 일본에 손실을 입히고 일본군의 증강을 필요로 하게 하는 게릴라 공격

2. 일본의 군사시설물, 교량, 통신시설 등을 파괴하고,
  방화를 하고, 암살을 하는 등의 테러 활동
3. 질서를 파괴하고 한국독립혁명의 장기적인 목적을 염
  두에 둔 선전물을 구두나 문서에 의한 방법으로 살포
4. 일본의 계획 및 작전과 지역상황에 대한 정보수집[3]

중국 외무장관인 숭(T. V. Soong)도 파괴공작과 첩보활동
을 하도록 한국군을 교육 및 무장시키도록 연합국 측에 제의하
였다.

별로 잘 알려지지 않은 사실이지만 당시의 비밀문서들을 분
석해 보면, 제2차 세계대전 기간 미 군부는 한국인들의 지원이
극동에서의 대일본 작전에 큰 도움이 될 것이라 믿고 있었다.
1942년 8월 작성된 합참 정보위원회의 보고서를 보면, 연합군
측이 한국인들의 반일감정을 극대화시키면 한국인들은 일본
의 고급군사정보를 수집하는데 큰 도움을 줄 것이고, 소규모
이지만 효율적인 전복활동을 하는데 매우 유용하게 사용될 수
있을 것이라 기록하고 있다. 따라서 미국은 한국인들이 군사
활동을 할 수 있고 '미래에 효율적인 자립정부'를 건설하는데
도움이 되도록 즉시 한국의 독립운동가들과 '우호적인 접촉'을
단행해야 한다고 제의하였다.[4]

미 국무차관인 웰즈(Sumner Welles)도 '비정규 한국군 부
대'를 설립하는 계획은 미국에게 이득을 줄 것이라고 생각하였
다.[5] 주목할만한 사실은 이미 1942년부터 미국인들은 해방 후
설립될 한국독립정부에 관심을 가졌고, 이를 위하여 미국이 한

국 독립운동가들을 지원해야 한다고 생각한 점이다. 이는 다시 말하면 미국이 해방 후 한국내의 독립정부 수립에 어느 정도의 영향력을 행사하겠다는 의도를 가지고 있었다는 의미로도 해석이 가능한 것이다.

당시 중국에는 두 부류의 한국군 부대가 존재하고 있었다. 장개석의 국부군(國府軍)의 한 부대로서 활동하고 있던 광복군은 3만 5천명의 인원을 보유하고 있었고, 중국공산당의 팔로군과 연결되어 있던 조선의용대는 6백 명의 병력을 보유하고 있었다. 1940년 9월 17일 중경에서 설립된 광복군은 임시정부의 이청천(李靑天) 장군에 의하여 통솔되고 있었으며, 조선의용대는 '조선민족혁명당'의 당수였던 김약산(金若山, 일명 金元鳳)에 의하여 1938년 10월 10일 중국의 임시수도였던 한구(漢口)에서 창설되었다. 이 두 부대는 독립된 지휘체계를 가지고 일본에 대한 작전을 수행하고 있었으며, 미 군부는 어느 부대도 무시하면 안 된다는 판단을 하고 있었다. 그들은 소외된 부대는 미국이 필요로 하는 군사활동에 협조하지 않을 것이라는 점에 대하여 우려하였다.[6]

이와 같이 워싱턴에 있던 미 군부 고위층은 대일전에서의 한국인 사용에 대하여 긍정적인 태도를 보이고 있었던 반면, 극동에 있던 미군 사령관들은 이에 대하여 부정적인 견해를 가지고 있었다. 중국지역 사령관이던 스틸웰(Joseph Stilwell) 장군은 한국인들을 군사목적으로 사용하는 계획은 '재정적인 낭비'이고, 아무런 확실한 이익도 제공하지 않을 뿐더러, '중대한 정치적 모험'만을 야기할 것이라고 경고하였다.

광복군

중국에 수립된 임시정부는 대한민국육군임시군제를 제정하여 군대의 편제와 조직에 관한 법규를 마련하였다. 이와 더불어 임시정부는 1919년말 상하이에 육군 무관학교를 설립하여 자체적으로 군사 간부를 양성하는 동시에, 만주 지역의 독립군을 관할하려는 시도를 하였으나 이 계획은 지역적 차이와 재정적 어려움 등으로 인하여 실현되지 않았다. 이후 윤봉길 의거를 계기로 하여 중국정부의 지원을 받아 김구 주석은 1934년 뤼양(洛陽)군관학교에 한인특별반을 설치하여 군사간부를 양성하였다. 1937년 중일전쟁이 발발하자 임시정부는 군사위원회를 설치하고 광복군 창설 계획을 세웠다.

일본의 공격으로 여러 지역으로 옮겨 다니던 임시정부가 1940년 9월 17일 중국의 임시수도인 충칭에 정착하면서 광복군 총사령부를 설치하고, 총사령부 예하에 4개 지대(支隊)를 설치하였다. 총사령관에 지청천(池青天), 참모장에 이범석(李範奭)이 임명되었다. 창설 이후 광복군은 중국의 강력한 간섭과 요구를 받게 되었다. 1941년 11월 중국군사위원회는 광복군에 광복군 행동 9개 준승(準繩)을 요구하였다. 이에 의하여 광복군의 중국화가 되었다. 그 후 임시정부의 강력한 요청과 국제정세의 변동에 의거하여 1944년부터 중국의 간섭으로부터 벗어나게 되었다.

그러나 두 한국군 부대의 지휘관들은 이러한 미국장성들의 인식을 바꾸기 위한 노력을 기울였다. 태평양전쟁이 발발하고 연합군이 극동에서 본격적으로 작전을 전개하기 시작하자, 두 부대의 지도자들은 통합의 필요성을 느끼게 되었고, 결국 조선의용대가 광복군으로 편입되었다. 이들이 부대를 통합한 이유는 무엇보다도 지휘체제를 단일화함으로써 미국이 한국군 부대를 태평양전쟁에 참여시킬 경우와 이에 따른 원조를 받는 경우를 대비하기 위함이었다. 광복군의 조선의용대 흡수는 중국 군사위원회의 명령에 의하여 1942년 5월 20일 이루어졌다. 이 명령은 장래 한국군을 대일 심리전의 일환으로 사용하려는 미 군부의 권고로 이루어진 것으로 알려졌다. 그러나 조선의용대의 일부는 화북으로 가서 김무정이 지휘하는 조선의용군에 가담하였다.[7]

통합 이후 광복군은 국민당 정부와 중국군 사령관의 지휘하에 들어갔고 국민당 정부와 보급협정을 체결하였다. 두 부대를 통합한 이청천과 김약수 두 장군은 1942년 9월 25일 공동명의로 미국의 루즈벨트 대통령에게 서한을 보내, 만약 미국이 극동에서 연합군의 전투력 향상을 원한다면 우선 한국 임시정부를 승인하고 적절한 물자원조를 임시정부 산하 군대에 제공하여 연합군이 조기에 승리할 수 있도록 도와야 한다고 제의하였다. 그들은 일본 군국주의자들을 멸망시키기 위하여 한국인들은 '어떠한 대가'라도 치를 준비가 되어 있다고 강조하였다.[8]

이러한 한국인들의 노력과 기대에도 불구하고 미국인들은

한국인들의 요구를 심각하게 받아들이지 않았다. 미국정부는 중국지역 사령관인 스틸웰 장군이 한국인 부대 사용에 대한 부정적인 회답을 보내옴에 따라 이에 대한 토론을 중단하였고, 한국인 사용안을 거의 포기하다시피 하였다. 1940년대 초반 미국의 대한반도 정책의 특징은 확실한 방향 없이 표류하는 것이었으며, '망설임'이 지속되었다. 임시정부 승인문제와 함께 한국군 사용계획은 명확한 결정 없이 논쟁만 계속되고 있었다.

이에 실망한 이승만은 미국의 군사작전에 유용하도록 제공하는 한국의 군사자원을 받아주기를 미국인들에게 끈질기게 요구하였다. 그는 임시정부의 최대목표는 일본에 대한 효과적인 전복과 혁명활동을 함으로써 연합군을 더욱 능동적으로 돕기 위한 것이라고 주장하였다. 그는 중국-미국간의 '활발한 협력'과 더불어 한국인들의 군사적 잠재력은 연합국들의 공동목적에 대해 '심대한 이익'을 제공할 것이라고 강조하였다.

미 전략사무국(OSS: Office of Strategic Services)의 굿펠로우(Preston Goodfellow) 대령에게 보낸 1942년 10월의 편지에서 이승만은 미국과 하와이에 있는 한국인들을 미 극동사령관과 중국에 있는 광복군과의 사이에서 활동을 하는 '연락관'으로 사용하도록 제안하였다. 그는 이미 50명의 한국인 신청자들을 모집하였다고 주장하면서 앞으로 500명까지 모집할 수 있다고 확언하였다. 이에 덧붙여서 이승만은 게릴라전 경험이 있는 2만 5천명의 한국인을 제공할 수 있다고 주장하였다. 이승만의 제안에 동의한 굿펠로우 대령은 미 국무부가 이 제안을 받아주기를 요청하면서, 이를 수용하지 않을 경우 한국에서의 기득권을 소련에게 빼앗길지 모른다는 경고도 하였다. 그러나 국무성은 소련과의 연합하여 전쟁을 수행하고 있는 상황에서 새로운 마찰을 피하여야 한다면서 이승만과 굿펠로우 대령의 제안을 묵살하였다.[9]

한반도를 둘러 싼 중국과 미국의 상호 견제

한국인들의 끈질긴 노력에도 불구하고 미국이 한국 임시정부를 승인하지 않고 한국인들을 군사적으로 사용하는 것을 주저했던 이유 중의 하나는 임시정부와 광복군이 중국의 장개석 정부에 너무 깊이 불평등하게 밀착되어 있는 것을 우려한 점이었다. 1942년 12월 주중미국대사관의 무관인 맥네어(Roy McNair)는 광복군을 중국에 설치할 당시 장개석 정부가 한국 임시정부에게 제시한 조건들을 본국정부에 보고하였다. 1941년 10월 15일 중국정부가 '광복군 준승 9항'을 임시정부에 전달하였고, 그해 11월 19일 임시정부는 제18차 국무회의에서 이를 수락하고 중국 군사위원회와 합의서를 체결하였다. 광복군의 행동준승 9개항은 중국의 광복군에 대한 지원 보다는 규제 또는 제약을 중시하였다. 9개의 조항으로 되어 있는 합의서의 내용은 다음과 같았다.

1. 중국에 있는 광복군은 중국 군사위원회와 중국군 참

모총장에게 완전히 종속된다.

2. 중국 군사위원회의 지휘를 받고 중국에서 항일저항
운동을 계속하고 있는 동안, 또한 임시정부가 한반도
에 진입하기 이전, 광복군은 중국군의 최고사령부에
서만 명령을 받아야 하며, 다른 군사명령을 받거나
다른 정부의 지배를 받으면 안된다. 중국군 사령관
의 지휘를 받는 동안 광복군과 임시정부의 관계는
이름으로만 유지된다.

3. 항일저항운동의 통합원칙에 따라 중국 군사위원회는
광복군이 한반도로 진입하는 것을 지원·통제한다.
한국에 진입하기 이전에, 한국인들이 영향력을 미
치려 노력하는 점령지역을 활동의 근거지로 사용하
여야 한다. 중국 군사위원회는 광복군이 전투지역
가까운 곳에서 훈련할 수 있도록 특별히 허용하지만
이는 그 지역 최고군사당국의 지휘하에 이루어져야
한다.

4. 중국군 최고사령관과 중국 군사위원회의 통제를 받는
후방에서 광복군은 연락과 통신활동을 운용하도록만
허용이 된다. 신병모집, 정찰, 첩보활동은 엄금된다.

5. 광복군 참모부의 주둔위치는 중국 군사위원회에 의
하여 결정될 것이다.

6. 광복군이 점령지역에 있거나 또는 전투지역에 있거
나 중국시민을 징병하는 것은 허용이 안되고, 운영
요원을 선발하는 것도 금지가 된다. 만약 중국인 전
문가가 꼭 필요하다면 이는 중국 군사위원회에 의하

여 임명될 것이다.

7. 지휘상의 문제가 있거나 자금 및 무기가 필요한 경우 광복군은 중국 군사위원회 참모본부 군사부에 접촉하여야 한다.

8. 만약 중일전쟁이 끝나기 전에 한국 임시정부가 한국에 진입하게 된다면, 광복군과 임시정부간의 관계를 명확히 해야 하지만, 광복군은 통합된 대일 저항정책의 수행을 위해 중국 군사위원회의 지휘를 계속 받아야 한다.

9. 만약 중일전쟁 종료시까지 임시정부가 아직 한반도에 진주하지 않았다면, 광복군은 중국 군사위원회의 명령에 따라 활동하여야 하지만 모든 책임을 스스로 져야 하며 상황에 따라 행동을 해야 한다.[10]

맥네어는 오직 몇 명의 한국인과 중국인만이 상기 9개 조항의 비밀을 알고 있다고 보고하였다. 이렇게 비밀을 유지하려한 이유는 준승 9개 조항의 조건이 한국의 내외정책에 대하여 너무 많은 간섭을 예견할 수 있게 만들어졌기 때문이었다.[11]

준승협정은 광복군이 한국의 독립군이 아니라 중국군의 '보조·고용군'에 불과하다는 내용의 불평등 군사협정이었다. 이 협정은 광복군만이 아니라 임시정부의 국제법상 지위향상에 부정적 영향을 미치는 것이었다. 임시정부는 1942년 11월 20일 굴욕적인 '준승'을 취소하고 평등의 원칙에 의거한 신협정 체결을 요구하였다. 조소앙(趙素昂) 외교부장을 중국정부에 접근시켜 광복군의 지위 및 대우개선 요구서를 제출하였으나, 당시 중국정부는 이를 받아들이지 않았다.

여러 해 동안 수차례에 걸쳐서 김구 주석이 공한을 보내고 중국 군사위원회와의 회담을 한 결과 1944년 8월 23일 중국 참모총장이 준승 9항을 취소하고 광복군을 임시정부 소속으로 환원한다는 약속을 받아 냈다. 1945년 4월 4일에는 한국 광복군에 관한 한·중 쌍방협정을 체결하여 광복군이 임시정부의 군대임을 명문화하였다.[12]

1942년 준승협정이 체결된 직후 한국 임시정부의 중국에 대한 의존 때문에 미국은 임시정부의 승인을 주저하였고, 군사작전에 한국인들을 사용하려던 계획도 지연시키게 되었다. 당시에는 유럽과 아프리카 전선에 총력을 기울이는 것이 미국의 전쟁수행정책이었기 때문에, 미국정부는 중국에 관련된 일에 대한 간섭을 되도록 줄이려 하였고, 따라서 한국인들이 미국의 계획에 따라 행동하도록 유도하는 것도 일단 포기하였다. 이 당시에 미국정부는 '한반도 신탁통치안'을 구상하기 시작하였는데 아마도 그 이유는 한국독립 후 중국이나 소련 등 인접국가들의 한반도에 대한 독점적인 지배기도를 타국가들과 연합하여 봉쇄하기 위한 외교정책의 일환이라고 풀이될 수 있을 것이다.

미국인들과 마찬가지로 일부 한국인들도 중국의 한국에 대한 과도한 영향력 행사에 대하여 우려를 표명하였다. 1943년 4월 한국 임시정부를 대표하여 김일평은 중경의 미국 관리들에게 특별한 제안을 하였다. 그는 하버드와 캘리포니아 대학교에서 수학하였고, 중국의 서중국연합대학(West China Union

University)에서 가르치고 있었으며 중경에 거주하고 있었다.

그가 제의한 내용은 한국인들을 인도에 파견하여 미 육군과 함께 전투에 참여시키는 것과 한국외교단을 미국에 파견하는 것이었다. 그는 한국인들의 활동에 대한 '중국의 간섭'과 '재원의 부족' 때문에 한국인들은 제대로 기능할 수 없으며, 미 육군의 권한과 재정지원만 있으면 한국인들이 적 점령지역에서 활동을 할 수 있을 것이라고 주장하였다. 한국요원들이 중경을 떠나 적 지역에 진입하려는 모든 통로를 중국이 방해하고 봉쇄하는 점에 대한 불평을 하면서, 그는 중국에 있는 한국인들이 빈번히 '수색, 구금, 의심'의 대상이 되고 있다고 폭로하였다.

그는 특별히 종전 이후 중국의 한반도에 대한 야욕을 걱정하였다. 그는 10명 내지 300명의 한국인들을 인도에 보내 한국인들의 신념을 전 세계에 보다 더 확실하게 보여 줘야 한다고 생각하였다. 미 육군이 이 한국인들을 활용하고 전쟁이 종료되면 이들은 미 육군의 지휘 하에 한국에 진입할 수 있을 것이라고 제안하였다. 그는 심지어 한국 임시정부를 다른 지역으로 옮기는 것이 바람직하다는 언급도 하였다. 불행하게도 미국의 응답은 부정적인 것이었다. 미국인들은 미 육군이 한국인들을 사용하기 위해서는 중국정부의 동의가 필요하고 인도전선에서의 한국인 사용은 인도전선을 책임지고 있던 영국사령부의 관할사항이라고 회답을 보내 중국의 영향력에서 벗어나려던 한국인들을 실망케 하였다.[13]

이와 같이 미국정부는 부정적인 회답을 보냈으나, 실제로 광복군이 인도에 파견되었다는 기록이 남아 있다. 1942년 겨울 인도에 주둔하고 있던 영국군 총사령부의 요청을 받아 조선민족혁명당이 2명의 요원을 인도에 파견함으로써 영국의 대일전에 참여가 시작되었다. 이들은 전방에 배치되어 대적선전공작(對敵宣傳工作)에 투입되었고, 이들의 활동에 만족하여 영국군은 총사령부 내에 대적선전대를 특설하면서 더 많은 인원을 파견해 줄 것을 요청하였다.14)

1943년 중반 김약산이 조선민족혁명당을 대표하여 주인도 영국대표인 맥킨지와 연락공작대 파견에 관한 '한·영 군사 상호 협정서'를 체결하였고, 조선민족혁명당이 이 문제를 임시정부로 이관하였다. 이 협정에 의하여 영어와 일어에 능통한 간부들을 각 전구에서 선발하여 대장 한지성(韓志成) 이하 10명으로 구성된 한국광복군 인면전구공작대(印緬戰區工作隊)를 편성한 후 1943년 8월 인도 영국군 동남아 전구사령부(GISK)부대에 배속하였다. 협정에 의하면 공작대의 복무기한은 1차 6개월로 하고 쌍방협의에 따라 연장할 수 있도록 하였다. 공작대 대장은 영국군 대위와 동등한 대우를 받았고, 모든 경비는 영국군이 부담하였다.15)

역사적으로 소련은 영토를 남쪽으로 팽창시키려는 전략을 추구하였기 때문에 중국과 미국에 거주하는 한국인들은 종전 후 소련에 의한 한반도 점령을 우려하였다. 이러한 우려를 불식시키기 위하여 한국인들은 미국이 한국군인들을 훈련시키고 군사작전에 활용하도록 재차 요구하였다. 이승만은 가우스(C. Gauss) 주중미국대사를 만나 소련은 소련극동군의 일부분으로 훈련시킨 한국 공산주의자들을 종국에는 한국에 진주시켜 소련공화국을 세우려 시도할 것이 분명하다고 경고하였다. 40년 전부터 민주세계가 두려워했던 바와 같은 러시아의 '영토확장'의 위험은 아직 잠재해 있기 때문에 이를 막기 위하여 미국은 임시정부를 승인함으로써 군대를 양성시킬 수 있도록 해야 한다고 제안하였다.[16)

이승만은 이미 1943년 9월 미국 무기대여법 집행국의 크로울리(Leo Crowley)에게 편지를 보내, 한국·일본·중국에서 '전복활동과 첩보활동'을 할 500명에서 1,000명 사이의 한국인부대를 조직할 자금인 50만 달러를 요청하였다. 크로울리가 이승만의 요청을 미 합참본부로 전달했다는 회답을 보내자, 이승만은 11월 8일 마셜 합참의장에게 서한을 보내, 자신의 제안은 동양에서의 미국인 희생자를 최소한도로 줄이고 연합군의 대일전쟁에서의 승리를 촉진하기 위한 것이라고 설명하였다.[17)

미 합참은 11월 20일 이승만의 제안에 대하여 최종적으로 부정적인 결론을 내렸다. 한국인을 취급하면서 받은 과거의 '부정적인 경험'은 합참이 이승만의 제안을 거절하는데 결정적인 역할을 하였다. 안보상의 이유로 미 합참은 한국인과의 '직접적인 접촉'을 피하기를 원하였다.[18) 부정적인 미 합참의 회답이 있자 이승만은 1943년 말 미국의 루즈벨트 대통령에게 직접 서한을 보내 무기대여법에 의한 군사지원을 재요청하였다.[19)

별다른 진척사항 없이 1944년 상반기를 보내고, 1944년 7월에 접어들어 필리핀에의 상륙 등 일본에 대한 마지막 공격계획을 정점으로 전세가 연합군 측에게 유리한 방향으로 전개되기 시작하자, 이승만은 한국인들을 극동에서의 미 군사작전에 사용토록 하는 요구를 재개하였다. 한국인들의 일본인과 닮은 외모, 일본말을 할 수 있는 능력, 강력한 반일사상 등은 미국의 군사 승리를 위하여 필요한 것이라고 강력히 요청하였다. 끈질긴 이승만의 노력에도 불구하고 미 합참은 이승만의 '애국적 제의'만을 높이 샀지, 그의 요청에 대한 별다른 약속은 하지 않았다.[20]

납코(NAPKO) 프로젝트:
미국의 한국인 대일 첩보전 사용계획

극동사령부의 부정적인 태도 때문에 미 군부는 일본에 대항한 태평양전쟁에서 한국군을 사용하려던 계획을 거의 포기하다시피 하였지만, 국무성의 일부 관리들, 특히 극동국의 밸런타인(Joseph Ballantine)과 비숍(Max Bishop) 등은 만주에서 활동하는 한국인 게릴라의 소련과의 밀착을 우려하면서 미국도 한국인들을 사용하여 군사작전을 수행해야 한다고 생각하였다. 그들은 소련정부가 '부동항'을 강력하게 원하고 있기 때문에, 소련은 일본에 대한 선전포고를 한 후 만주, 남사할린과 한국지역에 군대를 우선적으로 파견할 것이라는 경고를 하였다. 만약 소련이 아시아 전쟁에 참전하지 않더라도 일본의 패망 후 힘의 진공상태가 될 북부중국과 한반도에 침투하리라고 예상하였다.

    미 국무성은 아시아에서의 전쟁이 막바지로 치닫는 상황에서 미국 정규군의 군사작전의 지원을 받는 한국 저항단체를 '첩보, 전복행위와 일반지원'의 목적으로 사용해야 한다고 주장하였다. 1944년 7월 국무성의 벌(Berle) 차관보는 비록 한국인 단체가 여러 갈래로 분파가 되어 있지만, 그들의 일부를 사용하든지 아니면 그들을 합동으로 사용하든지 간에 미 전략사무국(OSS)이 이득을 볼 수 있게 징책을 세울 수 있을 것이라는 의견을 제시하였다.[21]

국무성 극동국의 그류(Joseph Grew)는 중국의 방해공작에 의해서 다양한 한국인 단체의 항일작전이 번번이 실패로 돌아간다는 사실을 재분석한 후 OSS가 '준군사활동 프로그램'을 준비하고 한국인들을 모집하여 이들을 OSS가 직접 사용하도록 제의하였다. 그러한 프로그램은 군사면에서 값진 것일뿐 아니라 한국인의 사기를 향상시키고, 한국인들이 '미래의 임무'에 대한 준비를 할 수 있을 것이라고 그류는 주장하였다.[22] 분명히 그류의 아이디어는 한국에 대한 중국의 간섭을 줄이기 위한 것이었고, 한국인의 당시와 미래의 군사작전을 미국의 지휘·통솔 아래 두기 위한 것이었음에 틀림없다.

1945년에 접어들어 미국인들은 특히 중국정부가 중국에 의존되어 있는 임시정부를 사용하여 한국의 독립 이후 중국의 영향력을 한반도에 깊이 심으려 하는 점에 대해 의혹을 확대시키고 있었다. 중국인들이 중국에 존재하고 있던 임시정부를 한국의 지하 독립운동을 고무시킬 수 있는 '최고의 조직(principal element)'으로 강조하고 있던 점만 봐도 미국이 이러한 의심을 할 만한 이유가 되었다.[23]

중국뿐만 아니라 소련에 거주하고 있던 한국인들에 대한 정보가 미국인들로 하여금 미국에 거주하는 한국인들을 군사작전에 활용하는 계획을 세우는데 촉진역할을 하였다. 소련이 시베리아 등지에 거주하고 있던 한국인들을 모집하여 공산주의식 훈련을 하는 등 한반도의 독립을 대비한다는 정보가 자주 수집되었다. 10만 명의 한국인 게릴라가 소련에서 훈련을 받고 있으며 이들은 적당한 시기에 한국의 독립운동에 참여할 것이라는 정보가 있었다. 이들은 공산주의 사상으로 교화되어 있었다.

또한 중국공산당이 조직한 한국인 단체에 대한 정보도 있었는데, 중국공산당은 연안(延安) 지역에 '한국군사정치혁명학교'를 설립하고 전후 한반도의 행정을 책임질 지도자를 양성시키고 있다는 보고가 있었다.[24] 이러한 정보들에 접한 미국인들은 한국인들에게 영향을 미치려는 중국과 소련의 기도에 대항할 만한 정책을 급히 준비하여야 한다는 위기감을 느끼게 되었다.

한국인들도 소련과 중국이 한반도에 영향력을 행사하려는 기도를 하고 있다는 정보에 대하여 불안해하였다. 1945년 2월 23일 중경주재 미국참사관인 앳치슨(Atcheson)과 만난 자리에서 임시정부의 외교부장이었던 조소앙은 다음과 같은 제안을 하였다.

1. 무기대여협정(Lend Lease Agreement)이나 이와 유사한 협정에 의하여 임시정부에 경제원조나 무기지원을 할 것.

2. 태평양의 도서에 있는 기지에서 한국인부대(포로 포
   함)를 훈련시킨 후 중국북부의 해안기지로 이동시
   킬 것.
3. 임시정부가 마련한 선전전단을 비행기로 한반도에
   살포할 것.
4. 한국인 특공대를 접보활동에 사용힐 것.[25]

　중국과 소련의 한반도에 대한 영향력을 상쇄시키기 위하여
미국은 미국이 주도하는 한국인 부대를 활용할 계획을 수립하
였다. 미국이 주로 미국에 거주하는 한국인들을 군사작전에 사
용하겠다는 의지를 표명한 계획은 1945년 봄 공식적으로 완성
되었다.

　제2차 세계대전 동안에 미 행정부의 공식기구로 존속하면
서 전쟁수행을 위한 계획을 수립하던 국무성-전쟁성-해군성합
동위원회(SWNCC)는 미국에 거주하고 있는 한국인들과 미국,
호주, 뉴질랜드의 전쟁포로 캠프에 있는 한국인포로 중에서
자원하는 사람들로 구성되는 '한국육군부대'를 창설하려는 계
획을 세웠다. 일본에 강제 징병되어 일본군으로 전투에 참여
하였다가 포로가 된 한국인 전쟁포로들과 노무자들 중 반일사
상을 가진 사람들을 심사를 거쳐 석방하여 미 육군 내에서 미
국 국적을 가진 30내지 40명의 한국인 장교와 함께 '전투부대'
를 구성하도록 건의되었다.

　이 부대는 강력한 선전효과를 가질 수 있도록 한국국기(태
극기)를 사용할 것이고, 한국의 독립 이후에는 '군사정부'에 의

하여 사용될 것이라는 내용이 SWNCC 안의 골자였다. 이미 OSS는 1943년 이래 소규모의 한국인들을 선발하고 훈련시켜, 1945년 4월 현재 9명을 전투에 참여시켰고, 12명은 훈련 중에 있었다.[26]

미국이 미국 내 한국인들이나 전쟁포로를 이용하여 전투부대를 구성하여 미국은 이 한국인 부대를 독립 이후의 군사정부에 사용할 계획을 세운 것을 알 수 있다. 이를 통하여 미국은 한반도의 독립 이후 소련과 중국의 영향력을 감소시키면서, 미국의 영향권 내에 한국을 편입시키려고 계획했던 면을 엿볼 수 있다. 소련이나 중국의 공산주의 사상을 가진 한국인들을 견제하기 위하여 자유민주주의 사상을 가진 한국인 단체를 활용하려는 목표를 수립하였다.

군사목적을 위한 SWNCC의 한국인 사용안에 대하여 워싱턴의 거의 모든 관료들은 찬성의 뜻을 보였다. 그러나 당시 중국전선의 책임을 맡고 있던 웨드마이어(Albert Wedemeyer) 장군은 군사적인 관점에서 봤을 때 미국에 있는 한국인들로 구성된 부대를 창설하여 극동에서의 군사목적에 사용하는 것은 별 이득이 되지 않고 어려움도 많이 뒤따를 것으로 내다보았다. 그 첫째 이유로 그러한 부대를 훈련시킬만한 인력이 미국이나 중국에 충분하지 않았고, 둘째 그러한 부대는 '불필요한 행정, 지원, 수송의 문제'를 야기할 것이 예상되었기 때문이었다.

웨드마이어는 큰 규모의 부대를 창설하는 것 보다는 '작은 규모의 비밀단체'를 구성하는 것이 지휘·통솔하는데 어려움이 없을 것이라고 주장하였다. 이 의견 제시를 받은 매클로이 (John

McCloy) 전쟁성 차관보는 미국은 선발된 한국인들을 '군부대의 차원이 아니라 개인적인 차원'에서 사용하도록 하자는 제안을 국무성에 하였다.[27]

　비록 워싱턴에서는 한국인 군부대를 창설하는 안에 대하여 반대한 관리들은 거의 없었지만 극동에 주재하는 현지 사령관들의 의견은 절대 무시할 수가 없었다. 현지의 미국사령관들은 장개석을 비롯한 중국정부 관리들의 영향력을 배제할 목적으로 의견제시를 한 것은 아니지만, 현지사령관들의 의견은 현지의 조건 내지 상황을 반영하는 것이었으므로 작전이나 계획수립 시 워싱턴에서 그들의 의견을 간과할 수 없었다.

　웨드마이어 장군과 매클로이 전쟁성 차관보의 의견을 존중하여 OSS는 1945년 5월 31일 최종안을 마련하고 이의 이름을 '납코(NAPKO) 프로젝트'로 지었다.[28] 간단히 말해서 납코 프로젝트는 미국에서 훈련받은 한국인 특공대를 잠수함으로 한반도와 궁극적으로는 일본까지 비밀리에 침투시키는 것이었다. 침투목적으로는 첫째 한반도내에 '정보망'을 조직하고, 둘째 한반도에 추락하는 전투기에 탑승했던 미 공군 조종사를 구출하고, 셋째 한반도 내에 레지스탕스, 사보타주, 게릴라활동을 할 조직을 구성하는 것이었다. 침투계획의 세부사항이 완성된 후 4주일 이내에 미국에서 훈련 받은 7명의 한국인 특공대가 우선 한반도 해안으로 침투를 하는데, 이중에 4명은 제물포(인천)에 상륙하고 나머지 3명은 진남포 지역으로 침투한다는 것이 이 계획의 주요내용이었다.

　한국해안으로 침투된 7명의 한국인 특공대는 '임시은신처'

를 확보한 후 과거의 친구와 동료에게 접근을 하고 한반도 부근에 설치되어 있는 연합군 전파수송소와 교신을 위한 무전통신기지를 물색하여 적당한 곳에 이를 설치하는 것이 첫째 임무였다. 이 첫 번째 침투조의 임무가 성공적으로 완료되면 이후 한 조직에 3~5명으로 구성되는 4개의 특공대를 추가로 파견하는 것도 납코 프로젝트에 포함되어 있었다. 궁극적인 일본에의 침투는 한국으로 침투된 특공대가 '이민노무자'를 가장하여 실시할 수 있도록 계획이 수립되었다. 군사작전을 지원하는 비밀활동을 위하여 특공대는 '전술정보'를 수집하여 연합사령부에 제공하여야 하며, 한국 내에 거주하는 레지스탕스 단체를 조직하고, 이들이 '전복 및 게릴라활동'을 할 수 있도록 장비 및 물자 등을 제공해야 한다는 내용도 포함되어 있었다. 마지막으로 OSS는 합참에 보내는 보고서에서 파견될 특공대는 이미 훈련을 마친 상태이고 장비의 준비도 완료되어 이들 모두가 미국의 서해안 지역에 대기중이라고 보고하였다.29) OSS는 이미 오래 전부터 이러한 계획을 준비해 왔음이 확실했고, 본국정부의 정책변경을 기다리며 꾸준히 제안을 해 왔음을 알 수 있다.

OSS는 김학규(金學奎) 지대장을 축으로 하여 22명을 선발하여 1945년 6월 초부터 훈련을 실시하였다. 이들은 미 군복과 미군용 보급품을 지급받았고, 3개월 예정으로 훈련을 받았다. 교육훈련의 주요내용은 정보, 공작, 전복행위에 관한 것들이었다. 첫째, 정보에 관하여는 정보학을 중심으로 독도법, 첩보의 수집, 분석, 평가로부터 지형 기상의 판단방법과 선전 삐라의 작성에 이르기까지 광범위한 과목이 편성되어 있었다. 둘째, 파괴 폭파에 관하여는 각종 폭발물에 대한 소개 및 취급 기술을 훈련하였다. 셋째, 무전통신은 무전기의 종류, 무전기 조작법 및 실제 송수신 방법과 더불어 암호문 해독법을 가르쳤다. 넷째, 유격전술은 개별 또는 집단적인 행동을 취하는 경우에 필요한 권총사격, 수류탄 투척, 암살용 부기사용, 도피훈련, 야간습격, 요인납치, 민중선동, 파업, 쿠데타 등을 실습하는 훈련도 하였다.[30]

1945년 5월 31일 OSS가 납코 프로젝트를 공식적으로 제안하였고, 합참은 6월 19일에야 승인을 하였다. 합참의 승인에도 불구하고 납코 프로젝트는 실제로 수행되지 않았는데, 그 이유는 너무 늦게 계획안이 수립되었고, 현지 사령관들의 절대적인 지지를 받지 못했기 때문이었다. 이때는 이미 유럽에서 독일이 항복을 하여 전쟁이 끝난 상태였고, 아시아에서도 일본의 군사력이 쇠퇴해감으로써 전쟁종료가 그리 멀지 않게 예상되던 상황이었다.

따라서 미국의 전투사령관들은 당시의 체제하에서 마무리하는 전투에 열중하였지 새로운 전투체제의 구성이나 조직의 필요성을 별로 느끼지 않았음이 당연하다. 합참의 승인이 났음에도 불구하고 납코 프로젝트가 실현되지 않은 결정적인 이유는 새로운 작전을 시도함으로써 기존 전투력의 감퇴를 초래할지도 모르고, 얄타협약에 의하여 약속된 소련참전에 방해요소가 될지도 모른다고 생각한 태평양 사령관들인 맥아더, 니미츠, 웨드마이어 장군 등의 반대 때문이었다. 극동에 주재하던 사령관들의 반대에 직면하여 미 합참도 별다른 조치를 취하지 않다가 일본이 항복을 한지 일주일 뒤인 1945년 8월 22일에야 극동지역 사령관들에게 일본의 패배로 말미암아 납코 프로젝트의 실행이 불필요해졌다는 명령서를 보냈다.[31]

비록 납코 프로젝트는 실제로 수행되지 않았지만, 이 계획은 1942년부터 한국인들과 미 군부에서 필요하다고 생각하여 지속적으로 토론의 대상이 되어 왔던 한국인 부대의 태평양전쟁 참전을 공식적으로 준비하였다는 의미를 지니고 있다. 특히 미국 내에서 훈련 받은 한국인들을 사용한다는 계획을 세움으로써 한반도에 대한 중국과 소련의 영향력 증대에 대비하였다는 점에 있어서 주목을 받을 만하다. 역설적으로 말한다면 중국과 소련의 영향력을 줄인다는 말은 미국의 영향력을 증대시킨다는 말과 상통될 수 있다.

실제로 미국은 제2차 세계대전에 참전하여 이의 일환으로 동북아시아에서 일본에 대한 전투를 전개하고 있었을 뿐이었지 역사적으로나 지리적으로 한반도를 비롯한 동북아시아 지역에 그리 깊은 연관을 갖고 있지 못하였다. 그러나 세계대전이 종료되면 미국은 승전국이 될 것이고, 소련·중국과 함께 동북아시아의 힘의 공백상태를 채워 나가야 할 입장에 놓이게 될 것이라는 점은 자명한 사실이었다. 이를 위해서 미국은 비록 본국으로부터 수천마일 떨어진 지역이었지만, 한반도에서의 자국 이익을 보호하면서 다른 주변강대국들과 힘의 균형을 이룰 수 있는 제도적 장치가 필요하였다.

이에 관련하여 나온 아이디어가 첫째로는 군사적인 면에서 한국인을 미군 지휘통제 하에서 태평양전쟁에 참전시킨다는 것이었고, 둘째로는 외교적인 면에서 한반도를 독립 후 미국·영국·중국·소련 등에 의한 4개국 신탁통치를 실시한다는 것으로써 그 의미를 깊이 들여다보면 한반도를 당시나 독립 후에 주변강대국 어느 한 나라에 독점시키지 않는 동시에 미국의 영향력을 점차 증대시켜 나가는 목적으로 발의된 것임을 알 수 있다. 미국에서 모집된 한국인들을 군사적으로 사용하려던 계획은 중국과 소련의 독점적 영향력을 봉쇄하려던 것이었으며, 신탁통치 계획은 소련·중국 등 주변국들과 한국에서의 영향력을 공유하기 위하여 제시된 안이라고 할 수 있다.

돌이켜 보건대, 미국이 무슨 목적으로 한국인 부대를 태평양전쟁에 사용하려 하였든 간에, 납코 프로젝트를 비롯하여 미 행정부가 수립하였던 한국인의 군사적 사용안이 실행되지 않은 것은 한반도 해방 이후 전개된 분할점령과 분단이라는 비극적인 운명에 비추어 볼 때 아쉬운 점이 많다. 실제로 한국 특공대가 한반도에 지속적으로 침투를 하여 임무를 성공적으로 수행하고 종전 이전까지 규모를 확대하여 대일전에 공식적으로 참전하였다면, 1945년 8월 15일 일본이 항복할 당시 미·소 점령군이 아닌 한국 독립군이 한반도에 먼저 진입할 수 있었을 것이고, 그것이 하나의 인자가 되어 외세에 의한 분단이 아닌 한민족 스스로가 결정하여 통일된 독립정부를 세울 수도 있었으리라는 안타까움을 금할 수가 없는 것이다.

제3장_ 한반도 신탁통치 구상 :
강대국의 영향력 공유 발상

한반도를 분단으로까지 몰고 간 강대국 전후처리 외교정책 중의 하나가 한반도 신탁통치안은 미국이 구상한 전후 한반도 처리방안이었다. 1942년 처음으로 고안된 이 안은 미국과 소련이 한반도의 분할점령을 고려한 것 보다 먼저 구상된 것이었지만, 1945년 8월 15일 38선이 그어진 날로부터 1948년 가을 한반도 내에 두 개의 정부가 수립될 때까지 신탁통치안은 한반도를 점령한 강대국들의 이익에 따라 부침을 거듭하였다.

신탁통치안이 한반도의 분단을 막을 수 있는 유일한 방편이었다고 생각이 될 수도 있고, 구체적 협정 없이 애매모호한 의미의 신탁통치안으로 말미암은 협상의 지연으로 분단이 고착화되었다는 비판을 받을 수도 있고, 제2차 세계대전 이후 국제정치의 역학관계에서 미·소 간의 냉전 시작과 함께 신탁통치안은 이루어질 수 없는 몽상이었다고 평가될 수도 있다. 과연 한반도를 신탁통치하려던 강대국의 정확한 의도가 무엇이었는지, 이러한 신탁통치안에 반대의사를 표명한 한국인들의 입장이 한반도 통일이라는 관점에서 분석했을 때 혹시 과오가 아니었는지에 대하여 60년 이상이 지난 오늘날까지도 논쟁의 대상이 되고 있다.

이에 대하여 평가하는 사람의 입장에 따라 차이가 있겠지만, 한반도 신탁통치안이 어떻게 만들어져서 제의되었고, 무슨 이유로 실현되지 않았는지에 대한 분석은 신탁통치안의 성격, 효율성, 실시가능성 등을 이해하는데 도움을 줄 것이고, 이러한 연구는 혼란스러운 논란의 대상이 되고 있는 한반도 분단의 기원을 찾는데 작으나마 실마리를 제공할 수도 있을 것이다.

앞에서 설명하였다시피, 태평양전쟁 발발 후 미국정부는 전후 한국문제 처리에 있어서 예상되는 중국의 영향력 행사를 심각하게 우려하였다. 중국에 위치하던 한국 임시정부는 장개석 정부에 과도하게 밀착되어 일종의 종속적인 관계에 놓여 있었고, 광복군도 중국군 사령부의 명령을 받는 하급부대의 위치에 놓여 있었기 때문에, 미 국무성은 한국독립 후 중국의 영향력을 견제할만한 제도적 장치를 구상하였다. 군사적인 면에서는 미국에 거주하거나 미국인들이 통제할 수 있는 한국인들을 한반도에 침투시켜 게릴라전 수행, 또는 첩보활동을 하도록 하는 납코 프로젝트를 마련하였고, 정치외교적인 면에서는 독립된 한반도를 일정기간 동안 몇 나라의 공동통제 하에 두는 신탁통치안을 준비하게 되었다.

비록 신탁통치 제안은 40년간의 일본 지배 후에 해방을 맞은 한국인들이 스스로 통치할만한 능력을 가지지 못할 것이 예견되므로 국가통치기술을 교육시킨다는 목적을 외면상으로 가지고 있었으나, 한국인의 국민성, 한국의 역사, 한반도의 지정학적 중요성 등을 감안한 최선의 안이라기보다는 강대국의 세력다툼에서 어느 한 국가의 독점적 영향력 행사를 봉쇄하기 위한 전략이라고 할 수 있다. 특히 미국의 입장에서는 한반도와의 역사적·지리적 관계에 있어서 중국과 소련에 비해 열세에 놓여 있는 자국의 영향력을 최대한도로 부상시키기 위한 안이었음을 부인할 수 없다. 따라서 신탁통치안은 미국 외교정책에 있어서 목적이 아니라 수단이었고, 그러한 이유로 중국이나 소련의 한반도에 대한 영향력을 극소화시키려는 목적을 이룰 수 있는 더 좋은 방안이 강구되었을 때 신탁통치안은 더 이상 추구되지도 않고 추구할 필요도 없는 상황이 될 수도 있었다.

한반도 신탁통치안의 기원

미국이 일반적인 개념으로서 신탁통치안을 구상한 것은 1940년 미 국무성이 '자국의 세력권 확보를 위하여 범미국신탁통치안(Pan-American trusteeship scheme)'을 작성한 것이었다.[1] 한반도 신탁통치안은 1942년 2월 미 국무성 극동국에 근무하던 랭던(William R. Langdon)이 처음으로 고안하였다. 그는 대부분의 한국인들이 교육을 제대로 받지 못하였고, 가난하고, 정치적인 경험이 없다는 면을 지적하면서, 40년의 일본 점령으로 말미암아 나이가 든 한국인들만이 자유가 무엇인지를 기억하고 있다고 하였다. 따라서 "적어도 한 세대의 기간 동안 한국은 강대국에 의한 보호를 받으며 현대국가의 설립을 위한 지도와 도움을 받아야 한다"는 것이 랭던의 주장이었다.[2]

　그의 주장은 일면 한반도 독립에 대한 강대국의 보장으로 생각될 수 있었지만, 미국이 한반도 독립을 공식적으로 약속하는 것은 피해야 한다는 내용이 포함된 점을 보면 한반도 독립을 목적으로 했다기 보다는 해방 후에 무정부상태가 될 한반도의 구심점을 미국이 주도하는 강대국들이 장악해야 한다는 의도가 내포되어 있었음을 알 수가 있다. 랭던은 '신탁통치'라는 어휘는 사용하지 않았으나 그 내용은 이후 루즈벨트가 공식 제의한 한반도 신탁통치안의 내용과 맥을 같이 하고 있었다.

랭던의 제안은 토론과정을 거쳐 국무성에 의하여 수정되어 수용되었다. 국무성 극동국이 1945년 10월에 준비한 정책보고서는 한반도에 대한 통일된 정책을 수립하기 위하여 중국정부를 위원장으로 하고 미국과 뉴질랜드가 포함되는 특별위원회의 구성을 제의하였다. 국무성은 이 특별위원회를 비공식적인 운영위원회로 만들기를 원했고, 외부에는 이 조직 자체와 이 조직의 규약을 비밀로 하도록 하였다. 만약 이 조직의 존재가 외부에 알려진다면 '태평양전쟁위원회(Pacific War Council)'의 한 기구로 발표하도록 계획하였다.

소련정부에게는 비밀리에 이러한 구상을 알릴 필요는 있되, 소련의 의견을 들을 필요는 없다고 주장하였다. 이 위원회가 할 주요 업무로는 한국정부를 수립하는데 있어서 한국인들과 협조하고, 정부수립에 필요한 기술적 지원을 하기 위하여 '잠정적인 신탁통치'를 실시하는 것이었다. 한반도의 신탁통치를 위한 환경을 조성하기 위하여 '태평양전쟁위원회'의 이름으로 일제압박으로부터 해방될 한국인들의 통치경험부족, 한국인들에 대한 강대국의 협조와 지도의 필요성을 외부에 널리 알리는 일도 포함되었다.[3] 이 위원회의 성격이나 구성요건을 자세히 분석해 보면, 역사적이나 지리적인 면에서 한반도와 무시될 수 없는 관계를 가진 중국을 앞에 내세우고 미국이 약소한 연합국인

신탁통치

신탁통치(trusteeship)는 제2차 세계대전 이후 패전국이 보유하고 있던 식민지들을 독립시켜 주기 위한 하나의 방편으로 미국의 루즈벨트 대통령이 제안한 것이다. 제1차 세계대전 직후에는 위임통치(mandate)라는 이름으로 윌슨 대통령이 제안하였다. 제2차 세계대전 이후 승전국들이 패전국의 식민지를 이양 받을 수는 없었고, 독립을 시키기에는 자생력이 부족했기 때문에 선진국들이 일정기간 간접통치를 하면서 토착세력들에게 통치술을 가르쳐 준 후 어느 정도 수준이 되면 독립을 시켜 준다는 취지였다. 식민지 독립 문제가 제2차 세계대전 전후 처리문제에 있어서 중대사안이었기 때문에 1945년 유엔창설 당시 유엔의 주요 기구로 신탁통치이사회를 설치하였다.

어느 학자는 신탁통치 제도는 "서양의 식민지 통치가 피지배 인민들의 반발에 직면하면서 지배의 필요성과 피지배 인민들의 복지를 동시에 고려한 것"이라고 주장했다.[4] 일부 수정주의 학자들은 미국이 이러한 신탁통치안을 구상한 것은 '미국의 새로운 제국주의적 발상'이라고 비판하였다.

뉴질랜드와 함께 중국을 견제하면서 한반도의 전후처리를 미국의 정책대로 수행하기 위한 뜻이 있었음을 알 수가 있다.

식민상태에 놓여 있던 아시아 국가들이 자립정부를 수립하는데 필요한 기술을 훈련시키는 제안을 가장 열렬하게 제시한 사람은 미국의 루즈벨트 대통령이었다. 그는 제2차 세계대전 후반기에 연달아 개최되었던 전시협상을 통하여 열강 정상들의 협조를 받기 위하여 적극적인 외교를 전개하였다. 1943년 3월 영국의 이든(Anthony Eden) 외상과 만난 자리에서 그는 처음으로 신탁통치 구상을 제의하였다. 루즈벨트는 일본에게 점령당하고 있던 아시아 국가들의 전후처리 문제를 언급하면서, "만주와 대만은 중국에 반환되고 한국은 독립 후 미국·중국 외에 한 두 나라가 참여하는 신탁통치 하에 놓이는 것이 바람직하다"는 의견을 제시하였다.[5]

당시 미 국무장관이었던 헐(Cordell Hull)에 의하면 1943년 8월의 퀘벡(Quebec)회담에서 이든은 신탁통치 아이디어를 지지하지 않는 태도를 보였다고 한다. 그를 자극했던 단어는 '독립'이라는 어휘였다. 그는 '자치령(dominion)과 식민(colonial)의 지위를 기초로 구성된 대영제국체제'를 고려하지 않을 수 없었다. 이와 연관하여 커밍스(Bruce Cumings)는 영국인들이 일본의 항복직전까지 신탁통치를 실현하려는 연합국들의 정책에 대하여 분개하였다고 주장하였다.[6] 이와 같이 한국의 독립을 위하여 연합국들이 최초로 계획한 안은 신탁통치안이었다. 신탁통치안은 한국임시정부가 국제적인 승인을 받으려 한 오랜 기간 동안의 노력이 물거품으로 돌아가게 할지도 모르는 구상이었다.

국제회담에서의 한반도 독립 논의

1943년 11월 카이로(Cairo) 회담이 개최되었는데, 개최배경은 다음과 같다. 1943년 중국정부는 영국과 미국의 해상 및 공중 지원, 특히 남부 버마에의 상륙작전이 실시되지 않는다면 일본에 대한 공세를 취할 수 없다는 등 전쟁수행에 있어서 소극적인 태도를 보이고 있었다. 중국의 적극적인 협조를 받아 일본을 중국전선에 묶어 두기 위하여 루즈벨트 대통령은 장개석에게 두 나라의 정상이 양국 수도의 중간지점에서 가을에 만나자는 제의를 하였다. 이에 따라 11월 카이로에서 회담이 개최되었다. 회담 결과 발표된 카이로 선언은 일본에 대한 항복 압력, 일본제국의 해체, 만주와 대만에 대한 중국의 주권 회복 등을 포함하였다.

한국을 신탁통치하려는 미국의 안은 카이로 회담에서 완곡하게 표현되었다. 한국인들의 '노예상태'를 염두에 두고 루즈벨트, 처칠, 장개석은 '적당한 절차를 거쳐(in due course)' 한국은 자유와 독립을 쟁취할 것이라는 합의를 하였다.[7] '적당한 절차를 거쳐'라는 문구가 논쟁점으로 부각되었다. 미국 대통령 보좌관인 홉킨스(Harry Hopkins)가 처음 작성한 초안은 '가능하면 가장 빠른 시기에(at the earliest possible moment)'라는 문구를 사용하였다. 다음날 루즈벨트 대통령은 이를 '적당한 시기에(at the proper moment)'라는 문구로 전환하였다. 마지막으로 영국의 처칠 수상이 'in due course'로 수정하였다.[8] 조순승은 처칠의 극동정책을 다음과 같이 설명하였다.

루즈벨트가 중국을 강대국으로 취급하는 것에 대하여
처칠은 지독한 환상이고 웃기는 일이라고 생각하였다.
그리고 그는 루즈벨트가 지루하고 복잡하고 별로 중요
하지 않은 중국 문제에 카이로 회담이 관심을 가지는데
대하여 불만을 가지고 있었다. 영국은 한국의 독립을
지지한 적이 없으며, 사실 1902년 이래 한반도에 대한
일본의 패권장악을 긍정적으로 받아들이고 있었다.
[영국인들은] 만약 일본이 한국을 계속 소유할 수 있게
한다면 일본과의 협정체결이 가능하고 이에 따라 태평
양 전쟁을 조기에 종식시킬 수 있을 것이라고 생각하고
있었다.

조순승에 의하면 카이로에서 처칠을 보좌하던 카도건(Alexander
Cadogan) 외무차관은 처음에는 카이로 선언에 한국의 독립에
관한 어떠한 내용도 포함시키는 것에 대하여 반대하였다고 한
다. 영국정부가 한국문제를 해결하려는 미국의 주도를 받아들
인 이유는 이 문제가 한국의 장래를 결정할만한 '즉각적인 이
해(immediate interest)'를 포함하고 있지 않았기 때문이었다
고 한다.9)

미국의 헐 국무장관은 'in due course'라는 문구는 바람직
하지 않은 표현이었다고 생각하였다. 그는 해방 이후 즉각적
인 독립을 원하는 한국인들이 이 문구에 의하여 한국이 중국의
지배를 받을 것이라고 우려하게 될 가능성이 높다고 생각하였
다. 그는 또한 이 문제에 대하여 소련도 함께 논의하여야 한다
고 느꼈다. 왜냐하면 소련은 유럽전쟁에서 동맹국이었을 뿐만

아니라, 소련은 전통적으로 한국에 대한 이해를 가지고 있기 때문이었다.[10]

헐이 우려한대로 'in due course'는 중국에 거주하는 한국 민족주의자들의 관심대상으로 부각되었다. 카이로선언을 축하하기 위한 중경에서의 한국인 회합은 선언문이 공개된 후 취소되었고, 종전 후 한국은 '중국의 위임통치(mandate)'를 받을 것이라는 소문이 퍼졌다. 그러나 한국 임시정부는 'in due course'를 '즉각적으로' 또는 '며칠 이내에'로 번역하여 유포시켰다.[11]

루즈벨트의 신탁통치 계획에 대하여 모르고 있던 한국인들은 눈에 거슬리는 문구가 카이로선언에 포함되어 있음에도 불구하고, 한국의 독립은 즉각적으로 이루어질 수 있을 것이라고 풀이하였다. 'in due course'라는 단어는 한글이나 중국어로 해석하기에 애매모호한 의미를 가지고 있었으므로, 한국인들은 자기들이 원하는 방향으로 해석하였다. 단지 이승만 만이 이 문구에 대한 우려감을 보였다. 그는 이 문구가 독립의 영구적인 지연을 의미한다고 생각하였다. 그는 이 문구를 비난하는 성명을 수차례 발표하였으며, 이의 해명을 요청하는 서한을 미국정부에 보냈으나 회답을 받지 못하였다.[12]

카이로 회담 이후 루즈벨트와 처칠은 1943년 12월 개최된 테헤란회담에서 스탈린을 만났다. 스탈린은 유럽전쟁 종료 후 3개월 이내에 소련이 일본에 대항한 아시아전쟁에 참전할 것이며, 소련은 이 참전의 대가로 '정치적 보상'을 기대한다는 점을 명확히 하였다. 당시 소련은 유럽전쟁에 집중하기 위하여 아시아 대일전에 참전하지 않고 있었으며, 오히려 일본과 중립조약을 체결하고 있었다. 스탈린은 구체적인 요구 사항을 언급하지 않았으나, 사할린·쿠릴열도, 만주철도 사용권, 대련항에 대하여 관심을 표명하였다. 또한 스탈린은 루즈벨트가 제시한 '국제관리하에 있는 태평양의 부동항'에 대하여 긍정적인 태도를 보였다.

스탈린은 한국이 완전히 독립하기 이전에 약 40년 동인의 '견습기간(apprenticeship)'을 가져야 한다는 루즈벨트의 제의를 별 이의없이 받아들였다. 이와 같이 한국은 스탈린과 협력하려는 루즈벨트의 대전략의 일부분이 되었다. 루즈벨트는 스탈린의 신의를 굳게 믿었으며, 스탈린의 영토에 대한 야심은 '국민투표(plebiscite)와 신탁통치술의 조화'를 통하여 대서양 헌장을 위배하지 않으면서 만족될 수 있기를 희망하였다. 스탈린은 그가 요구하는 영토를 소유할 '능력'을 가지고 있기 때문에 루즈벨트는 그의 요구를 반대할 이유가 별로 없다고 생각하였다.13) 루즈벨트는 전쟁에서 승리하기 위하여 연합국들 간의 협력은 필수적이라고 생각하였다. 더욱이 그는 1942년 유럽에서 제2전선을 열 것이라는 약속을 지키지 않았기 때문에 스탈린을 달랠 필요가 있었다.

한반도에 관하여 미국은 뚜렷한 목표를 설정하고 있었다. 한편으로 신탁통치를 준비하고 있으면서, 한국의 점령과 군사정부 수립이 불가피할 것이라고 예상하고 있었다. 국무성 극동국의 '지역국간 조정위원회(Inter-Divisional Areas Committee)'가 1944년 3월 준비한 비망록은 한국문제 해결을 위한 3단계 구상을 하였는데, 그 내용은 ① 군사작전, 점령과 군사정부, ②

제2차 세계대전시 유럽의 제2전선

1942년 5월 소련의 외상이었던 몰로토프(Molotov)가 유럽에서의 제2전선을 요구하려고 워싱턴을 방문하였다. 소련은 독일과 거의 단독으로 전투를 하고 있어서 미국이나 영국에게 독일의 다른 지역을 공격하여 독일의 힘을 분산시키기를 원했다. 루즈벨트 대통령은 마셜(George Marshall) 참모총장의 반대에도 불구하고 1942년이 가기 전에 미군과 영국군이 유럽 어느 지역에서 독일군에 대한 공격을 하여 제2전선을 열 것이라는 약속을 하였다. 그러나 이 약속은 처칠의 요구를 받아들여 아프리카 전쟁에 개입하는 바람에 지켜지지 않았다. 전쟁이 막바지에 이르던 1944년 6월에야 프랑스 북부해안인 노르만디(Normandy)에서 유럽의 제2전선을 열었다.

신탁통치 또는 감독기구 구성, ③ 완전독립이었다. 지역을 분할하는 군사정부의 수립은 피해야 하고, 가능한 빨리 '통합된 민사행정기구'가 설치되어야 한다는 내용을 포함하였다. 이 비망록은 미국이 점령과 군사정부의 활동에 있어서 가장 중요한 역할을 수행해야 한다는 점도 강조하였다.[14] 이 문서에서 가장 중요한 대목은 미국이 한국의 점령에 있어서 가장 중요한 역할을 해야 한다는 문구이다. 커밍스(Bruce Cumings)는 소련에 접경한 한국에 영향력을 부식시키려는 미국의 전략을 '미국 팽창정책의 대약진'으로 평가하였다.[15]

이러한 미국의 한반도에 대한 관심에 비하여 소련은 한반도에 대한 관심을 겉으로 나타내지 않고 있었다. 스탈린은 1944년 12월 15일 주소미국대사인 해리먼(William Averell Harriman)을 만나 그의 구체적인 요구사항을 밝혔다. 아시아에서의 제2전선을 여는 조건으로 그는 쿠릴열도와 남부 사할린, 여순과 대련항의 조차(租借), 만주 철도의 지배권, 외몽고의 중국으로부터의 독립승인 등을 요구하였다.[16] 스탈린의 주된 관심지역은 아직 한반도까지 확대되지 않고 있었다. 루즈벨트와 미국 관리들은 적극적인 자세로 한반도의 전후 처리안을 준비하였고 이를 연합국 회의에서 지속적으로 제시하였지만, 스탈린은 제2차 세계대전 중에 한반도의 전후처리 문제에 대하여 별로 깊은 관심을 가지지 않았거나, 미국인들과는 달리 조급하게 생각하지 않은 것으로 보인다.

당시 스탈린이 한반도를 요구하지 않은 데에는 다음과 같은 몇 가지 이유가 있었을 것이다. 첫째, 한국은 역사적으로나 지리적으로 미국 보다는 소련에 더 가깝기 때문에 당장 적화시키지 못하더라도 향후 만주를 적화시킨 후에 한반도를 침투해 들어가는 것이 어렵지 않을 것으로 예상하였을 것이다. 둘째, 일본의 패망 후에 한반도 보다는 역사적으로 피할 수 없는 경쟁 대국이 되어 온 아시아의 대국 일본을 점령하는 것이 더 큰 목표였기 때문에 이를 위하여 한반도의 독점을 포기할 용의도 있었을 것이다. 셋째, 전략적인 문제로서 소련이 대일전 참전의 대가로 너무 많은 것을 요구하면 미국과 영국 등 연합군 측이 소련을 배제시킨 채 독일·일본 등의 동맹국(Axis Powers)들과 비밀리에 평화협상을 체결하여 소련을 일본과 독일이 협공을 할 수 있게 내버려 둘지도 모른다는 우려도 있었을 것이다. 스탈린은 1944년 이전에 연합군이 독일의 힘을 분산시키기 위하여 프랑스로 진격하여 제2전선을 열지 않은 이유는 독일의 군국주의와 소련의 공산주의 양측이 패망할 때까지 싸우도록 한 의도가 있었다고 생각하였다.

이에 대한 반론도 있다. 소련은 1944년 하반기부터 한반도 점령의욕을 표출하였으나, 미국이 이에 대한 회답을 피하고 한반도를 일단 '힘의 공백지대화' 하려는 전략을 추구하였다는 주장이다. 1944년 10월 17일 모스크바에서 개최된 군사전략회담에서 주소 미국대사인 해리만에게 스탈린은 일본군을 격퇴시키기 위해서는 만주를 점령하는 이외에 '북부조선의 항구들'을 소련의 육군 및 해군 병력으로 점령해야 한다고 하였으나, 미국은 '특별한 반론'을 제기하지 않고 대답을 '회피'하였다고 한다. 한국은 대륙의 한 부분이기 때문에 한반도에 대한 논의가 진전되면 소련의 세력권으로 속할 개연성이 많기 때문에, 미국은 우선 한반도를 "힘의 공백지대로 만들어 놓고 사태진전에 따라 자국의 세력권으로 확보하려 했다"는 논리이다.[17)]

루즈벨트와 스탈린의 신탁통치안 합의

미국은 일본과의 전쟁에서 승리하기 위해서는 많은 시일이 걸리고 적지 않은 희생자가 요구될 것이라고 생각하였다. 미 합참은 독일 항복 후에 일본과의 전쟁에서 승리하기 위해서는 18개월 정도가 필요하고 도쿄 평원에의 상륙작전을 실시해야 할 것으로 판단하였다. 미군 희생자는 20만 명 이상의 사망자를 포함하여 100만 명 이상이 될 것이라 예상하였다.

이를 우려한 루즈벨트 대통령은 1945년 2월 개최된 얄타회담에서 스탈린의 요구를 거의 수용하였다.[18] 그 내가로 스탈린은 독일 항복 후 2 내지 3개월 이내에 태평양전쟁에 참전하겠다는 약속을 하였다. 루즈벨트는 빠른 시일 내에 희생을 줄이면서 전쟁을 끝내기 위하여 소련군의 태평양 참전이 되도록 빨리 이루어지기를 기대하여 소련이 원하는 것들을 충족시켜주는 등 유화적인 태도를 보였다.

연합군의 승리 목전에 개최된 얄타회담에서 논의된 이슈들은 전후 유럽의 정치·군사문제들과 국제평화기구 창설에 대한 것이었으며, 소련의 아시아 전쟁 참전 문제도 중점 논의되었다. 이 회담에서는 비밀협약이 체결되었는데, 그 내용은 남사할린의 소련귀속, 쿠릴열도의 소련 할양, 여순·대련항의 소련 지배, 만주철도의 소련 소유 등을 포함하였다. 이 비밀협약에 한반도 문제는 포함되지 않은 것으로 알려졌다.

얄타회담에서도 루즈벨트의 주도에 의하여 한국문제가 논의되었다. 그는 소련, 미국과 중국이 참여하는 한반도 신탁통치 구상을 제시하였다. 필리핀이 자치정부를 세우는 데는 50년 정도가 걸렸지만, 한국의 경우는 20년 내지 30년 정도의 신탁통치를 하면 자립정부를 세울 수 있을 것이라고 제의하였다. 스탈린은 기간이 짧으면 짧을수록 좋다고 하면서 신탁통치 기간

제2차 세계대전 기간 연합국의 지도자들인 미국의 루즈벨트 대통령, 영국의 처칠 총리, 소련의 스탈린 최고인민위원은 나치 독일의 최종 패배와 점령을 논의하기 위해 1945년 2월 4일부터 11일까지 크림 반도 얄타에서 회담을 가졌다. 독일에 관해서는 미국·영국·프랑스·소련이 분할점령한다는 원칙이 이미 결정되어 있었다. 또한 연합국은 독일인에 대해 최저생계를 마련해주는 것 외에는 일체의 의무를 지지 않는다는 원칙을 채택하고, 독일의 군수산업을 폐쇄 또는 몰수한다고 선언했으며, 주요전범들은 뉘른베르크에서 열릴 국제재판에 회부하기로 합의했다. 배상금 문제는 위원회를 구성해 위임하기로 했다.

다른 패전국이나 해방국들에 대하여 얄타회담은 "해당 지역의 모든 민주 세력을 폭넓게 대표하는 인사들에 의한 임시적인 정부조직을 구성할 것과 가능한 한 빠른 시일 내에 자유선거를 통해 인민의 의지에 책임을 지는 정부를 수립할 것"을 합의했으며, 스탈린도 이에 동의했다. 극동문제에 대해서는 비밀의정서가 채택되었는데, 그것은 소련이 독일 항복 후 2, 3개월 이내에 대일전(對日戰)에 참전해야 하며 그 대가로 연합국은 소련에 1904~1905년 러일전쟁에서 잃은 영토를 반환하고 또 외몽골의 독립을 인정한다는 것이었다. 스탈린은 중국과 동맹 및 우호조약을 체결한다는 데 동의했다. 새로 설립할 유엔 헌장의 초안이 이미 작성되어 있는 상태에서 얄타 회담 참석자들은 안전보장이사회의 투표 방식에 관한 절충안을 마련했다. 스탈린은 소련의 16개 공화국 모두가 유엔 총회에서 회원 자격을 가져야 한다는 종래의 주장을 철회했다. 한반도 문제에 대해서는 루즈벨트 대통령이 신탁통치안을 제시하였고 스탈린이 동의하였다.

에 외국군대가 주둔할 필요가 있느냐고 물었다. 루즈벨트가 필요 없을 것이라고 대답하자 스탈린도 이에 동의하였다. 이 회의에 참석하였던 미 해군성 장관 포레스탈(James Forrestal)은 스탈린이 신탁통치의 제안을 받자 "한국인들이 만족할만한 정부를 구성할 수 있다면 왜 신탁통치가 필요하느냐"고 반문하였다고 그의 회고록에 밝혔다.[19] 어느 것이 진실인지 불확실하지만 스탈린은 한반도 신탁통치에 합의한 것이 거의 확실하다. 공식 협정은 없었지만 '구두양해(oral understanding)'가 이루어졌던 것이다.

외국군대의 점령 없이 신탁통치를 실시하게 되면 결국 한반도는 머지않아 소련의 영향권에 편입되지 않을 수 없을 것이라고 스탈린은 믿고 있던 것으로 보인다. 루즈벨트 대통령은 영국이 한반도 신탁통치에 포함될 필요는 없다고 생각하였지만, 영국인들이 항의할 것이라고 생각하였다. 스탈린은 영국을 소외시키면 처칠이 "우리를 죽일 것"이라면서, 영국을 참여시켜야 한다고 주장하였다.[20]

그러나 처칠은 전쟁 종료 후 해방된 식민통치 지역에 대한 신탁통치 실시에 대하여 부정적인 견해를 가지고 있었다. 어떠한 경우에도 40 내지 50개의 식민국가들을 어설프게 처리하여 대영제국의 운명을 좌우하게 하는 어떠한 계획에도 동의할 수 없다고 선언하였다. 그가 영국의 수상직을 유지하는 한 "영국의 자산을 조각내는 어떠한 계략에도 굴복하지 않을 것"이라는 점을 명확히 하였다.[21]

굿리치(Leland M. Goodrich)는 얄타협정을 다음과 같이 분석하였다.

> 스탈린이 얄타에서 대일전 참전 약속을 하였다는 것은 소련이 일본제국의 미래를 결정하는데 있어서 중요한 역할을 하겠다는 의미로 해석할 수 있다. 참전의 대가로 한국을 언급하지 않았는데, 1905년 이전 러시아의 만주에 대한 권리의 승인을 요구하였다는 점은 결국 소련이 같은 논리로 한국에 대한 러시아의 역사적 이해관계를 주장할 것이라는 점을 유추하게 한다.[22]

사진 3-1 얄타회담, 1945년 2월

만약 루즈벨트가 국무성의 충고를 받아 들였다면, 그는 한국 전후 처리문제에 관한 스탈린과의 협상에서 보다 나은 합의를 이끌어 낼 수 있었을 것이다. 미군 희생자를 줄이고 일본의 조기 항복에 관심을 집중시키고 있던 루즈벨트는 얄타회담을 위하여 국무성이 준비한 구체적 계획안을 무시하였던 것이다.

국무성의 브리핑 보고서는 일본 패망 후 한국의 섬령과 군사정부에는 미국, 영국, 중국, 소련이 참여해야 한다는 전제조건 하에 "다른 나라들의 대표권이 미국의 역할을 침해할만큼 크지 말아야 한다"고 못을 박아두고 있다. 점령 이후 임시국제행정(interim international administration) 또는 4개국 신탁통치를 위한 기구가 당시 제의되고 있던 국제기구 하에 아니면 이와는 독립적으로 설치되어야 한다는 것이 국무성의 전후한반도 처리를 위한 구상이었다. 이와 더불어 외세의 장기적인 지배를 막기 위하여 다른 강대국들과 한반도의 조기독립을 부여하기 위한 협정을 조속히 체결해야 한다는 점을 강조하였다. 보고서는 아시아 전쟁 참전 여부를 떠나 소련이 '한반도의 임시행정'에 참여해야 한다고 주장하였다. '지치고 혼란스러웠던' 대통령은 국무성이 준비한 '훌륭한(splendid)' 브리핑 보고서를 읽지 않았다.[23]

이 보고서의 가장 중요하고 새롭게 부각되는 요점은 전후 한반도에 관계하는 국가들 중에서 미국의 영향력이 다른 국가들을 압도할만큼 증대되어야 한다는 것이다. 공동 점령할 4개국 중 영국, 중국, 미국은 단절할 수 없는 맹방의 관계였는데도 미국의 영향력이 다른 국가들에 의하여 축소되지 말아야 한다는 점이 정책보고서에 명시된 점을 보면, 미국은 이미 전후 한반도에서의 강대국간 세력다툼을 예견하였고, 한반도에는 반드시 친미정부가 수립되어야 한다는 다짐을 스스로 하고 있었다는 점을 알 수가 있다.

돕스(Charles M. Dobbs)는 루즈벨트가 얄타에서 스탈린과 한반도의 미래 정치발전에 대하여 공식적인 합의를 하지 못한 것은 '미국외교의 전통'에 기인한다고 주장하였다.

[루즈벨트의 실수]는 미국외교의 전통을 너무 고수하려 한 것이다. 과거 전쟁들의 경험을 보면 국가 지도자는 종전 후의 세계에 대한 관심 — 이상적 관념이 아닌 현실적인 이슈에 있어서 — 을 전쟁이 끝날 때 까지 별로 염두에 두지 않고 있었다. 아마도 이것이 미국의 전통일 것이다. 이러한 점에서 루즈벨트가 얄타에서 한국문제를 다룬 행태는 1940년대 동아시아에 대한 미국외교의 양식을 대표하는 것이었다고 할 수 있다.[24]

루즈벨트는 제1차 세계대전 전후 처리과정에서의 실패를 반복하지 않기 위하여 적의 완전한 멸망, 다시 말해서 무조건적인 항복을 원하였다. 스탈린이 일본 항복 후에 극동지역의 힘의 공백상태를 소련의 힘으로 채우려는 기도를 하고 있었음에도 불구하고, 루즈벨트는 군사문제에 있어서 소련과 협력해야 할 필요성을 느끼고 있었다. 이에 따라 그는 무기대여법(Lend Lease Act)에 의하여 소련에 대한 군사지원을 하였고, 불구의 늙은 몸에도 불구하고 스탈린을 만나러 지구를 반바퀴 도는 여행을 두 번이나 하였고, 국내정치적 부담이 생길지 모르는데도 스탈린의 종전을 대비한 영토요구를 충족시키려는 노력을 기울였다. 루즈벨트가 소련에 대하여 유화정책을 펼친 또 다른 이유는 소련이 장개석 국민당 정부를 승인하고, 중·소우호동맹조약(1945년 8월 14일 조인)을 체결하여 모택농 공산십난보다 장개석을 지원토록 유도하려 한 이유도 있었다.

워싱턴의 일부 관리들은 루즈벨트의 대소 유화정책에 대하여 반대의사를 보였다. 케넌(George Kennan)은 소련이 미국에게 있어서 '적절한 동맹국'이 될 수 없다고 하면서, 미국 국가이익을 증진시키는 방향에서만 소련에 대한 지원이 이루어져야 한다고 주장하였다. 전 주소대사였던 불릿(William Bullitt)은 소련의 유럽지배는 '중대한 위협'이 될 것이라고 경고하면서, "전쟁은 전투를 통하여 정치적 목적을 달성하는 것이고, 정치적 목적은 작전을 수립하면서 항상 염두에 두고 있어야 한다"고 주장하였다.

이에 대하여 루즈벨트는 스탈린이 "아무 것도 흡수하려 하지 않을 것이고, 그는 민주적이고 평화로운 세계를 위하여 나와 협력할 것"이라고 대답하였다.[25] 이와 마찬가지로 루즈벨트는 한국문제도 전쟁이 끝난 후에 스탈린과 협조하여 해결할 수 있을 것이라 믿고 있었을 것이다. 아마도 루즈벨트는 스탈린이 1943년 6월 코민테른(Comintern)을 해체한 후 공산주의를 세계에 확산시키려는 전략을 포기한 것으로 믿고 있었던 것으로 평가된다.

국제정치에 있어서 소련을 친근한 협력국으로 생각한 루즈벨트의 대한반도 정책은 한국에 대한 소련의 이해관계를 견제하면서 한국의 독립을 보장하는 것이 아니라 소련과의 협력 하에 신탁통치를 실시하는 것이었다. 만약 루즈벨트가 한반도의 전략적 중요성에 대한 연구를 충분히 하였고, 한국인들의 반대뿐만 아니라 소련의 팽창정책 때문에 한반도의 신탁통치 실시가 불가능할 것이라는 판단을 하였다면, 그는 일본 항복 후 불가피한 군사점령의 구체적 계획을 수립하고 이에 대한 소련과의 분명한 합의를 하지 않을 수 없었을 것이다. 소련과 한국 장래에 대한 공식적인 합의를 이루지 못한 채, 루즈벨트의 개인외교에 의하여 구체적인 방안이 결여된 신탁통치에 대한 구두합의만 있었기 때문에, 루즈벨트가 사망하고 일본이 항복을 한 후 분명한 정책적 목표를 상실한 채 한국의 독립을 보장할 수 없었으며, 오히려 분단시키는 결과를 초래하였다.

대일전 종전모색과 전후처리 협의

1945년 4월 12일 루즈벨트 대통령이 갑자기 사망하자, 연합국들과 미국 정치인들은 매우 당황하였다. 전후 세계질서와 재건 문제는 루즈벨트의 개인외교에 의하여 구상되고 있었는데, 국무성을 비롯한 미 행정부는 이에 대한 정확한 정보를 가지고 있지 못하였다. 부통령이었던 트루먼(Harry S. Truman)이 대통령직을 승계하였지만, 루즈벨트가 스탈린에 대하여 시도하던 개인외교에 대한 정확한 인계를 받지 못하여 전후처리를 위한 외교가 혼선을 빚을 상황이 되었다.

미국 정치인들은 루즈벨트가 그의 마음속에 그리고 있던 전후 아시아의 지도에 대해 추측해 내기 어려웠다. 대통령직 수행을 위한 준비가 부족하였고 외교에 경험이 부족한 트루먼은 새로운 정책을 수립하기 보다는 루즈벨트가 수행하던 정책을 그대로 답습하려고 노력하였다. 커밍스는 트루먼이 "대체적으로 외교문제에 대한 경험이 없고, 기질적으로 민족주의자"였다고 기록하였다.[26]

트루먼은 1945년 5월 홉킨스(Harry Hopkins) 특사를 모스크바에 보내 얄타에서 맺은 협약에 대한 스탈린의 준수여부를 확인하는 절차를 거쳤다. 이중에는 한반도의 신탁통치 문제도 포함되어 있었다. 홉킨스가 소련을 향해 떠나기 전에 국무성은 회담자료를 준비하였는데, 우선 소련과의 '확고하고 명확한 합의'에 도달해야 한다는 점을 강조하였다. 구체적으로 한반도의 신탁통치를 시작한 후에 4강대국은 각국이 5천명을 넘지 않는 한도 내에서의 '상징적인 군대'를 제외하고 주둔군을 모두 철수시켜야 한다고 하였다.[27]

그러나 홉킨스는 이러한 국무부의 제의를 완전히 무시하고, 오로지 한반도를 4개국 신탁통치 하에 두는 것이 바람직하다는 원칙에 대하여 스탈린과 합의하는데 그쳤다. 홉킨스는 스탈린에게 소련의 아시아전쟁 참전일자와 한국의 신탁통치에 대한 견해를 물었다. 스탈린은 소련군이 8월 8일경 참전할 계획을 수립하고 있으며, 한반도 신탁통치의 필요성에 완전히 동감한다는 대답을 하였다. 홉킨스가 신탁통치 기간을 20년 정도로 하되, 5년 내지 10년이 될 수도 있다고 하자 스탈린은 별 다른 반응을 보이지 않았다.[28] 소련이 아직 아시아전쟁에 참전하지 않고 있는 상황에서 스탈린이 미국의 대한정책에 대하여 간섭할만한 위치에 있지 못하였다.

트루먼이 대통령직을 승계한지 3개월 후인 7월 26일 일본의 무조건 항복에 관한 13개항 선언이 발표되었고, 그 즈음 미국·영국·소련 정상은 유럽에서의 전후처리 문제와 극동에서의 미결사항에 대한 논의를 위하여 포츠담회담을 개최하였다. 같은 달 미국은 원자탄 실험을 성공리에 마쳤다. 트루먼과 참모들은 원자탄이 소련의 아시아전 참전 전에 일본이 항복할 수 있도록 압력을 가하는 도구가 될 수 있을 것이라 믿었다. 미국의 지도층은 만약 전쟁이 지연되어 소련이 참전하게 된다면, 소련은 독일에서와 마찬가지로 일본의 일부점령을 요구하게 될 것이라고 우려하였다. 미국인들은 한국문제에 있어서는 이전에 제의된 4개국 신탁통치의 성격에 관하여 소련과 합의를 해두어야 한다고 생각하였다. 주소미국대사인 해리만(Harriman)은 4개국 신탁통치안에 대한 '구체적인 대화'를 가져야 한다고 건의하였다.[29]

얄타회담의 경우와 마찬가지로 미 국무부는 포츠담회담을 위한 브리핑 보고서를 준비하였다. 이 문서에 의하면 미국은 한반도 처리를 위하여 3단계의 과정을 준비하고 있었는데, 그 내용은 앞서 설명한 1944년 3월의 안과 유사하였다. 첫째 연합국의 점령과 군사정부 수립, 둘째 임시행정국제관리, 셋

제2차 세계대전이 끝나갈 무렵인 1945년 7월 17일부터 8월 2일까지 독일 베를린 교외 포츠담에서 연합국 회담이 개최되었는데, 당시는 독일이 항복하여 유럽에서의 전쟁이 끝난 상황이었다. 주요참석자는 트루먼 미국 대통령, 처칠 영국 총리(회담 도중 총리가 된 애틀리로 변경), 스탈린 소련 공산당 서기장이었다. 참석자들의 주요관심사는 패전국 독일의 처리, 폴란드 서부 국경, 오스트리아 문제, 동유럽에서의 러시아 역할, 배상금, 일본과의 전쟁 등이었다. 이 회담에서는 대체로 옛날 전시 회담에서 볼 수 있었던 우호와 친선은 찾아볼 수 없었다. 전후 처리 문제를 논의하였기 때문에 각 나라는 자국의 이익에만 관심을 갖고 회담에 임하였고, 특히 처칠은 스탈린의 속셈과 고집스러운 태도를 의심했다.

포츠담 선언은 독일에 관해 "연합국은 독일 국민들에게 민주적·평화적 기반 위에서 궁극적인 생활 개선의 기회를 주고자 한다"고 밝혔다. 얄타회담에서 결의한 4개 지구가 설정되어 각각 소련·영국·미국·프랑스의 점령군 총사령관이 관할하기로 했다. 베를린·빈·오스트리아 역시 4개 점령지구로 나누어졌다. 4개 연합국 대표로 구성된 관리위원회가 독일과 오스트리아에 영향을 미치는 문제들을 총괄하여 다루기로 했다. 그 정책은 얄타 회담에서 결정된 무장해제(demilitarization)·비(非)나치화(denazification)·민주화(democratization)·비중앙집권화(decentralization)·비공업화(deindustrialization)등 '5D'를 지향했다. 포츠담 회담에서 트루먼은 스탈린에게 일본에 대한 미국의 '신무기' 계획에 관해 이야기했다. 7월 26일 일본에 무조건 항복할 것과 포츠담선언을 수락할 것을 요구하는 최후통첩을 보냈으나, "눈여겨볼 가치가 없다"며 거절당했다. 그러나 미국이 원자폭탄 2개를 투하하고 소련이 전쟁에 개입하자, 8월 10일 일본 정부는 항복했다.

째 완전독립이었다. 군사점령에 대하여 구체적인 안을 준비하였는데, 한반도에 진주할 연합군은 '단일지휘체제를 유지하는 여러 관련된 국가들의 군대'로 구성되어야 한다는 것이었다. 특기할만한 사실은 소련의 영향력 견제를 위한 문구가 삽입되어 있었는데, 즉 중국과 한국에 우호적인 정부를 세우려는 소련의 시도를 막기 위하여 미국은 극동에서 취해야 할 활동 사안에 대하여 소련과 구체적인 합의를 맺어야 한다는 것이었다.30)

　신탁통치 문제는 의외로 소련이 제기하였는데 포츠담에서 논의되지 않았다. 7월 22일 스탈린과 모로토프(V. M. Molotov)가 신탁통치 문제를 제기하자, 처칠 영국 수상은 미국이 영국 제국을 해체하기 위하여 신탁통치 개념을 발굴해 냈다고 하며 이 문제에 대한 토의를 거부하였다. 또한 영국과 소련대표단이 이태리 식민지에 대한 신탁통치 문제로 언쟁을 벌임에 따라 전후 한국처리문제는 토의되지 않았다.31)

　포츠담회담에서는 주로 유럽문제를 다루었다. 폴란드 국경

문제, 독일에 대한 배상금, 소련 지배하의 루마니아 및 불가리아 상황에 대한 토의를 하였다. 스팀손 (Henry L. Stimson) 전쟁성 장관이 트루먼에게 한국문제를 토의하고, 소련의 군사 주둔과 균형을 이루도록 하기 위하여 상징적인 군대라도 한반도에 주둔시켜야 한다는 강력한 건의를 하였다. 그러나 트루먼은 이 문제를 외상 자원에서 토의케 하사는 스탈린과 처칠의 의견을 받아들였다.[32]

한국문제는 본 회의 또는 외상회의에서 거의 토의되지 않았으나, 그 대신 7월 24일의 3국 군사회의에서 논의되었다. 소련의 안토노프(Alexei Antonov) 장군은 미군이 소련군과 협력하여 한반도 해안에 대한 공격을 할 것이냐는 질문을 마셜(Marshall) 장군과 킹(Ernest King) 제독에게 하였다. 마셜은 미국정부가 그러한 상륙작전을 가까운 장래에 할 계획이 없다고 대답하였다. 한반도에의 상륙작전에는 대규모의 공격용 함정이 필요하기 때문에 규슈지역에의 상륙작전 이후에나 실시될 것이라고 하였다. 킹 제독은 규슈 작전 이후 한국과 일본의 해안을 장악하여 블라디보스톡과 해안지역을 연결하는 해양연락선 구축을 희망한다고 대답하였다. 이 대답을 들은 안토노프는 한반도를 소련의 지상작전 구역에 포함시키고, 동시에 미국의 공군과 해군 작전지역에 포함시키자는 제의를 하였다.[33]

미국은 규슈를 먼저 점령해야 한다는 전략을 이미 6월 18일 트루먼과 군사참모들간의 회의에서 결정한 바 있다. 이 회의에서 그들은 일본본토 공격에 앞서 우선 규슈를 11월 1일까지 점령할 것이라는 계획을 수립하였다. 이 계획대로 추진되지 않으면 기후 때문에 일본점령은 6개월 지연될 것이라는 판단을 하고 있었다. 태평양 지역의 전세를 분석한 전쟁성 참석자들은 한반도에서 유리한 위치를 점하는 것이 규슈 상륙작전 보다 훨씬 많은 대가를 치루어야 할 것이라고 예상하였다.[34] 미 군부는 한국을 점령할 계획이나 일정표를 준비하지 않고 있었으므로, 포츠담회담에서 한국문제에 대하여 소련과 구체적 합의에 도달할 상황이 아니었다. 심지어 그들은 일본의 항복을 앞당기기 위하여 소련군이 만주나 한국에 진격해 주기를 원하고 있었다.

그러면 일본이 항복한 이후 소련의 한반도에의 진격을 미국은 어떻게 중단시킬 수 있을 것인가? 비록 미국인들은 포츠담에서 한국문제를 본 회의에 상정하지 않았지만, 그들은 소련의 진격을 봉쇄하면서 한국을 점령할 책략을 준비하고 있었다. 미 군사(軍史)전문가인 애플만(Roy Appleman)에 의하면, 한반도 분단선은 포츠담회의 기간 중에 만들어졌다고 한다. 회의 기간 중 마셜이 작전국장인 헐(John Hull) 장군에게 미군의 한반도 점령계획을 준비하도록 지시하였다. 헐과 그의 참모들은 주요 항구인 인천과 부산이 미국점령지역에 포함되어야 한다고 생각하였다. 이에 따라 결정된 선이 서울 이북의 선으로써 정확히 38선은 아니지만 그에 가까운 선이었다고 한다.[35] 포츠담 회의 기간, 그리고 그 이후 미국의 한반도 신탁통치에 대한 관심이 크게 줄어들었다. 새로 개발한 원자탄으로 전쟁을 조기에 종식시킬 수 있었기 때문일 것으로 분석된다. 이에 따라 미국의 한국 전후처리 계획은 소련이 한반도 전체를 점령하는 것을 봉쇄하는 정책으로 전환되고 있었다.

제4장_ 미국의 분할점령 제의 :
소련팽창의 봉쇄와 세력권 분할

1942년에 처음으로 한반도 신탁통치를 구상한 미국은 1945년 8월 15일 일본이 항복할 때까지 내부적으로 이의 실시를 위한 정책을 상당히 구체적으로 수립하였다. 이를 종합해 보면 일본의 항복과 함께 단일지휘체제를 유지하면서 수개 관련국가의 군대로 구성된 연합군이 한반도를 점령한 후, 미국의 주도하에 임시행정기구를 설립하여 5년 내지 20년 동안 4개국 신탁통치를 거치되 이 기간에 점령군은 거의 철수를 하도록 하고, 신탁통치의 종료와 함께 한국인에게 행정기구를 이양시켜 독립시킨다는 것이었다.

이의 전제조건으로는 일본이 한반도에서 퇴각하기 이전에 관련된 당사국들이 충분한 시간을 가지고 한반도 처리계획에 대한 합의를 하고 점령군을 구성할 수가 있어야 한다는 것이었다. 이와 같은 구상이 제대로 실현된다면, 태평양전쟁에서 미국의 역할이 차지하던 비중과 한반도를 신탁통치할 4개국 중 영국과 중국의 미국에 대한 충성도로 보아 신탁통치 후에 수립될 한반도의 독립정부는 친서방정부가 되리라고 미국인들이 확신하였으리라는 점은 의심의 여지가 없다.

일본의 무조건 항복

포츠담회담 직후 원자탄의 개발 성공으로 전황은 소련과의 협력을 절실하게 필요로 하지 않는 상황으로 전개되었으며, 전쟁의 조기 종결이 예견되기 시작하였다. 유럽에서 독일의 패배가 기정사실화되기 시작하자 일본은 1945년 2월부터 소련의 중재를 통한 연합국들과의 평화교섭을 모색하였다. 당시 일본은 황실의 유지, 조선과 대만을 포함한 영토의 보전을 항복의 조건으로 내세우고 있었다. 당시 일본은 "조선과 대만은 일본이 국제법규상의 조약에 의하여 영토권을 획득한 것으로써 만주, 중국 및 기타 무력점령지역과는 달라서, 전승국이 함부로 영토권을 일본정부의 동의 없이 탈환하거나 영토권을 이동할 수 없다"고 주장했다.[1]

일본은 특히 소련의 중재를 원했는데, 그 이유 중에는 소련군의 만주 관동군에 대한 공격을 피하기 위한 목적도 포함되어 있었다. 관동군은 일본본토의 방어를 위하여 대부분 철수하였으므로 크게 약화되어 있는 상태였다. 1945년 2월 일본의 전수상인 오카다(Keisuke Okada)와 마리크(Jacob Malik) 주일 소련대사 간에 4차에 걸친 대화를 가졌으나 결실을 거두지 못하였다.

미국과 유럽국가들의 주요 전쟁전략이 유럽에서 아시아로 옮겨지자 일본은 1945년 7월 포츠담회담이 시작되기 며칠 전 소련에 평화제의를 하였다. 그러나 연합국으로부터의 대답은 '무조건 항복(unconditional surrender)'이었다. 모스크바 주재 사

원자탄개발(맨해튼 프로젝트)

제2차 세계대전이 시작된 1939년 6월 노벨상 수상자이자 세계적인 물리학자였던 아인슈타인이 미국의 루즈벨트 대통령에게 서한을 보내서 독일의 히틀러가 머지 않아 원자탄을 개발할지 모른다고 경고하였다. 그는 미국이 독일보다 먼저 원자탄을 개발해야 한다고 지적하고 원자탄 개발에 착수할 것을 건의했다. 1939년 10월 루즈벨트는 원자탄 개발을 위한 '우라늄 위원회'를 결성하도록 지시했다. 1942년 초 '맨해튼 프로젝트'라는 코드 네임으로 명명된 원자탄 연구를 시작하였고, 이 연구에는 유럽 출신의 유태인 과학자들이 많이 참여했다. 3년에 걸친 이 계획에는 약 20억 달러와 연인원 15만 명이 투입되었다. 사업의 총괄 조정은 그루브 장군이 맡았으며, 과학기술 부문의 연구와 실험은 독일계 유태인 물리학자 오펜하이머의 지휘로 이루어졌다.

맨해튼 프로젝트는 우라늄 폭탄과 플루토늄 폭탄 등 두 가지 종류를 개발해냈다. 1945년 7월 16일 뉴멕시코 주 엘라고모르도 사막에서 최초의 핵실험을 성공적으로 마쳤다. 1945년 8월 6일 오전 8시 15분경 인구 35만 명인 히로시마에 작은 규모의 원자탄을 투하하였으며, 이로 인하여 도시의 90%가 파괴되었고 20만 명이 사망하였다. 사흘 뒤인 8월 9일 무게 5톤인 플루토늄형 원자탄을 나가사키 상공에서 투하되었으며, 10만 명이 사망하였다.

토(Sato) 대사는 본국정부가 전쟁을 종결하기 위하여 무조건 항복을 받아들이도록 건의하였으나, 일본정부는 아직 이를 받아들일 의지를 가지고 있지 않았다. 7월 6일부터 미국 폭격기는 일본본토와 관동군을 잇는 보급선인 한반도 주요목표지점에 대한 대규모 폭격을 시작하였다. 8월 6일 히로시마에 투하된 원자탄의 위력에 당황한 소련이 전후 처리과정에서 발언권을 얻기 위하여 8월 9일 일본에 대한 선전포고를 하였다.[2]

소련이 대일선전포고를 한 날은 포츠담회담에서 약속한 날인 독일 항복으로부터 3개월 후와 거의 비슷한 날이었다. 소련은 일본이 항복하기 전에 참전하지 않으면 전후처리 과정에서 얄타회담에서의 요구가 무시될까 우려하여 아시아 전쟁 참전을 서두른 것으로 평가된다. 결국 일본의 항복을 재촉한 것은 소련의 참전이 아니라 원자탄의 위력이었다는 결론을 내릴 수있다. 그러나 이에 대한 다른 견해도 있다. 라이샤워(Edwin O. Reischauer)는 원자탄이 전쟁의 종결을 단지 며칠 앞당겼을 뿐이라고 주장한다. 이미 일본은 거의 패배상태에서 지쳐 있었고, 일본정부는 항복할 방법을 강구하고 있었다는 것이다.[3] 일본은 끝까지 한반도를 일본영토에 포함하여 유지시키려 했으나 연합국 측이 한반도를 적당한 절차를 거쳐 독립시켜 준다는 '카이로 선언'을 고수함에 따라 뜻을 이루지 못하고 무조건 항복을 하였다.[4]

일본의 항복은 극동에서 영토적 팽창을 모색하던 소련의 입맛을 돋구었음이 틀림없다. 소련은 일본에 선전포고를 할 때 적어도 세 가지 정치적 목적을 염두에 두고 있었다. 첫째, 소련의 아시아에서의 전통적 이익의 회복이다. 스탈린은 남부사할린, 쿠릴열도와 더불어 1904~1905년의 러·일전쟁 이전에 러시아가 만주에 건설한 철도의 지배권 회복을 통한 만주지역에의 영향력 확대를 모색하였다. 둘째, 일본의 항복은 스탈린에게 극동에서의 새로운 희망을 가져다 주었다. 극동지역에서 일본의 힘을 제거함으로써 짜르 러시아 왕조와 공산혁명위원회가 꿈꾸어 온 극동에서의 맹주역할을 실현할 수 있게 되었다. 셋째 목적은 소련 군사력의 위력을 전 세계에 보일 수 있게 된 것이다. 유럽에서의 처절한 승리에 비하여 일본에 대한 손쉬운 승리는 극동에서의 친공산주의 운동을 발전시키고 소련 제국을 설립할 수 있는 기반을 제공할 것으로 믿었다.

그러나 스탈린은 대일 선전포고를 하는데 있어서 어려운 문제점도 동시에 가지고 있었다. 첫 번째 장애는 1941년 일본과 체결한 우호중립조약(Russo-Japanese Friendship and Neutrality

사진 4-1 원자탄 투하 직후 나가사키의 모습

Treaty)이었다. 그 조약의 유효기간은 5년으로 되어 있었고, 어느 한 측이 종결을 선언하지 않으면 자동적으로 5년간 연장 되도록 되어 있었다. 이에 따라 일·소조약은 1946년 4월까지 유효하도록 되어 있었다. 둘째, 소련국민들과 군인들이 유럽 전쟁을 치루느라고 매우 지쳐있었다. 유럽에서의 긴 전쟁을 마친 직후 왜 극동지역에서 '새로운 희생'을 해야 하는지에 대한 이해를 하지 못하고 있었다. 전통적으로 일본이 소련의 적 대세력이었고, 소련은 연합국에 대한 '의무수행'을 해야 한다 는 어떠한 설득도 소련인들의 마음을 바꾸기가 어려운 상황이 었다. 소련사람들은 새로운 전쟁은 불필요하고 심지어는 해로 운 것이며, 결국은 '혹독한 참사(terrible catastrophe)'로 종 결될 것이라 생각하였다.5) 셋째, 미국이 원자탄의 위력을 감 지한 이후 소련과의 협력에 대하여 별로 열성을 보이지 않게 되었다. 유럽에서의 전후처리 과정은 소련이 미국의 가치와 제도를 세계에 확산시키려는 정책을 방해할 것이라는 우려를 가지게 하였다.

이러한 문제점들을 해결, 또는 완화시키기 위하여 스탈린은 연합국, 특히 미국을 사용하기로 결정하였다. 이에 따라 그는 7월 29일 미국, 영국 등 연합국들이 소련정부에게 참전을 공 식적으로 요구하도록 발표해 주기를 요청하였다. 몇 가지 의 문점을 가지고 있었지만 트루먼은 소련정부가 평화와 안보를 유지하기 위한 '연대활동'을 취하는 관점에서 일본과 전쟁을 치루고 있는 다른 강대국들과 협의와 협력을 해 줄 것을 요청 하는 서한을 보냈다. 이 서한에 덧붙여서 일본에 대항하여 집

사진 4-2　일본의 항복문서 조인식, 미 항공모함 미주리호, 1945년
9월 2일

중된 힘은 독일을 항복시킨 것 보다 훨씬 크다는 언급을 한 포
츠담선언은 원자탄의 위력과 소련의 참전을 암시하고 있었다.
연합국을 사용하려는 전술 이외에 스탈린은 새로 발명한 무기
인 원자탄의 위력을 과소평가하는 태도를 보여 소련의 참전이
필요하다는 인식을 유포시키는 노력을 기울였다.6) 스탈린은
미국의 원자탄을 과대평가하게 되면 소련의 참전 이전에 일본
이 항복할지 모른다는 우려를 가지게 되었다. 소련이 개입하
기 이전에 일본이 포츠담선언의 무조건 항복을 받아들이지 않
은 것은 소련으로서는 천만다행이었다.

　한반도에 대한 신탁통치안을 고안했던 루즈벨트의 사망 이

후, 루즈벨트 시절 정책결정 그룹에서 소외되었던 미 국무성은 한국정책을 의욕적으로 수립하기 시작하였다. 국무성은 신탁통치의 시행 보다는 전후 한국문제에 대한 소련의 지배를 봉쇄하는 방안을 강구하는데 초점을 맞추었다. 한반도의 전부 또는 일부를 점령한 이후 소련은 시베리아에서 훈련된 한국인 망명객들로 구성되는 친소정권을 수립할 것이라 예상하였다. 일본통치 이후 척박한 경제사정과 정치적 불안은 공산주의 이념의 침투를 용이하게 하고, 이에 따라 소련이 지원하는 사회주의 국가 건설이 대중적 지지를 받을 것이라고 우려하였다. 국무성은 미국이 "강하고, 민주적이고, 독립된 한국을 건설하도록 한국인들을 지원"해야 한다고 건의하였다.[7]

소련의 개입을 봉쇄하면서 독립된 한국정부를 수립하려고 한 미국의 기본정책은 신탁통치안의 목적을 명확히 하였다. 신탁통치안은 미국이 소련과 국경을 맞닿은 국가인 한국에 부분적으로나마 미국의 영향력을 부식시키기 위함이거나, 초기 전략이 실패하여 미국이 점령하기 이전에 한국지역에서의 일본항복을 소련이 단독으로 받을 경우 한국의 점령에 참여하기 위한 차선책의 개념으로 해석되었다. 미국이 신탁통치안을 제의할 때 구체적인 성격이나 수행방법을 세부적으로 제시하지 않은 이유도 신탁통치안은 미국의 영향력 배양을 목표로 한 부차적 전략이었기 때문일 것으로 해석되었다.

1945년 7월초 스탈린이 중국의 숭(T. V. Soong)수상과 회의를 할 때, 스탈린을 수행하였던 모로토프가 한국에 대한 신탁통치안에 대하여 '구체적 협의'를 할 필요가 있다고 주장하였다. 스탈린은 신탁통치 기간 한국에 외국군이나 외국경찰이 주둔할 필요는 없다고 언급하였다. 숭은 소련이 시베리아에서 훈련받은 두 개의 한국군 사단과 정치인들을 사용하여 전후 한국문제를 지배하려 한다는 인상을 받았다고 술회했다.[8]

소련이 소련에서 교육과 훈련을 받은 한국인들을 사용하여 친소련 한국정부를 수립하려 한다는 우려를 한 미국의 스팀슨(Stimson) 전쟁성 장관은 신탁통치 기간 적어도 상징적인 미국군대가 한반도에 주둔해야 한다고 건의하였다.[9] 소련은 한반도 신탁통치 기간 외국군의 주둔을 원하지 않았고, 미국은 신탁통치 이전 또는 통치기간 군사점령을 원하였다는 점을 보면 미국과 소련의 한반도에 대한 입장과 전략의 차이점을 알 수가 있다.

미국의 38선 분할점령 결정 과정

일본의 항복이 다가오자 미국의 전쟁전략은 8월 10일부터 상륙작전으로부터 적의 점령과 무장해제 전략으로 전환되기 시작하였다. 한국의 독립을 위하여 미 국무성이 준비한 이전의 정책보고서들은 신탁통치를 위하여 통일된 행정기구의 설립을 강조하였지만, 소련의 한반도 독점을 방지하기 위하여 미·소공동점령정책 추진이 절실하게 되었다. 이러한 목적으로 SWNCC는 8월 10일부터 15일까지 수차에 걸쳐 장시간의 회의를 개최하였고, 이의 부산물로 38선이 분단선으로 결정되었다.

38선 결정 과정에 대하여는 여러 시나리오가 존재하고 있다.[10]

첫째, 합참 작전국 전략정책단(Stratege and Policy Group) 단장이었던 링컨(George Lincoln) 장군의 주도설이다.[11] SWNCC가 육군성에 소련과의 공동점령계획을 수립하도록 요구하였고, 링컨이 당직을 하고 있다가 38선을 분할점령선으로 제의하였다는 설이다.[12]

둘째, 마찬가지로 링컨 주도설인데 러스크(Dean Rusk)와 본스틸(Charles Bonesteel) 두 대령이 보좌하였다는 주장이다.

링컨이 38선을 결정하고 러스크와 본스틸에게 의견을 물었고, 이들이 동의하였다는 설이다.13)

셋째, 합참 전략정책단 정책과장이었던 본스틸의 주도설이다. 본스틸은 러스크, 맥코맥 대령과 함께 한반도 점령을 위한 일반명령 1호의 초안을 작성하였는데, 본스틸이 제1항의 지역 분담 과제를 1945년 8월 10일 밤늦게 작성하였다는 설이다.14)

넷째, 가장 많이 주장되고 있는 설로써 러스크와 본스틸이 합작하였다는 설이다. 국무성의 대표로써 SWNCC의 의장인 던(James Dunn) 국무성 차관보가 링컨 장군에게 미군이 한반도의 최대한 북쪽까지 점령할 수 있는 계획을 수립하도록 요구하였다. 이날 당직하던 러스크와 본스틸 두 대령은 정치적 목적과 미군의 점령능력의 한계를 조화할 수 있으면서, 서울이 미군의 점령지역 내에 포함될 수 있는 북위 38도선을 제시하였다.15)

미국이 1945년 7월부터 남한지역을 점령하려는 계획을 수립하고 있었을 가능성도 있다. 7월 10일 미국 합동전쟁계획위원회(Joint War Plans Committee)가 준비한 JWPC 264/5 보고서에 의하면, "한반도 북쪽 지역은 소련의 영토 및 만주와 인접해 있고, 현재의 정책이 한반도에서의 합동 연합작전과 군정을 상정하고 있다는 사실을 고려하여 미군 점령은 한반도의 남쪽에 한정되어야 한다"는 내용이 포함되어 있었다.16) 러스크와 본스틸이 이러한 정책 보고서를 기초로 하여 38선을 결정하였는지 확실하지 않으나, 그들은 북위 38도선은 소련이 동의하지 않을 경우 미군이 현실적으로 도달할 수 있는 가장 북쪽의 분할선이라고 생각하였다.

미국 국내 일부에서는 38선 보다 북쪽선을 제의하였다. 가드너(M.B. Gardner) 제독은 북위 39도선을 만주까지 이으면 대련과 일본이 건설한 산업지역인 남만주 지역을 미국 점령지역에 포함할 수 있을 것이라 하며 39도선에 의한 한반도와 만주의 분할을 주장하였다. 심지어 합동전쟁계획위원회는 대련과 여순항을 포함할 수 있는 북위 40도선을 제시하였다. 그러나 8월 11일과 12일 개최된 SWNCC 회의는 38도선 분할안을 채택하였다. 트루먼 대통령도 8월 13일 이 안을 승인하였다. 대련과 여순항을 획득하는 것 보다 소련과의 갈등 없이 한국을 점령하는 것이 정치적으로 더 중요하다고 판단한 것이다.[17)]

굿리치는 미국이 다음과 같은 정치적 목적으로 한반도를 분단시키는 결정을 하였다고 기록하였다.

1. 소련의 한반도 전체 점령을 봉쇄
2. 한국독립약속을 이행하는데 있어서 미국이 가능하면 영향력 있는 위치를 차지하기 위함
3. 일본의 안보와 일본점령기간 주일미군의 안전을 보호하기 위함
4. 공산주의 지배지역을 제한하기 위함[18)]

38선 결정은 한반도의 운명을 좌우하는 중대한 결정을 하는데 있어서 소련에 유화정책을 취하는데 대한 국무성과 외교관들의 거듭된 건의와 경고가 거의 반영되지 않았다는 점을 나타내고 있다. 연합국보상위원회(Allied Reparations Commission)의 미국대표인 폴리(Edwin Pauley)는 8월 12일 트루먼에게 메

시지를 보내 미군이 한국과 만주의 공업지대를 되도록 빠른 시일 내에 많은 지역을 점령하도록 권고하였다. 같은 날 해리먼 (Averell Harriman) 주소대사는 트루먼이 적어도 광동반도와 한반도에서 일본군의 항복을 받도록 미군의 상륙작전 실시를 명령하도록 요구하였다. "나는 우리가 소련군사활동의 구역을 존중해야 하는 의무를 가져야 하는데 대하여 참을 수 없나"고 덧붙였다. 트루먼은 이러한 권고와 건의를 무시하고 한반도를 북위 38도선에 의하여 분열하는 결정을 하였다. 트루먼은 다음과 같이 회고하였다.

> 번즈(Byrnes) 장관은 미군이 가능하면 북쪽지역까지의 항복을 받도록 건의하였다. 그러나 군부는 거리상의 또한 병력면에서 매우 어려운 상태에 놓여 있었다. 더욱이 38선은 소련이 이 안을 거부한다면 미군이 도착할 수 있는 가장 북쪽의 경계였다. … 38선으로 결정함으로써 한국의 고대수도인 서울을 미군의 점령지역에 포함하는 기회를 가질 수 있게 되었다.[19]

한반도의 인위적인 분단은 경제적으로 보완관계에 있는 지역을 두개로 분할하였기 때문에 바람직하지 않은 것으로 평가되었다. 한반도의 북쪽지역은 산업시설, 수력발전소, 광물 등이 풍부하였고, 남쪽지역은 농업과 어업이 주류를 이루고 훨씬 많은 인구가 남쪽에 살고 있었다.[20] 또한 38선은 도(道)의 행정단위를 분리시키는 문제점을 야기하였기 때문에, 분단이 불가피하였다면 도 경계선에 따라 분단선을 정하는 것이 더 바람직하였다는 지적도 나오고 있다. 만약 군사적인 이유 때문에 도의 경계선으로 분단을 시키는 것이 불가능하였다면, 38도선보다는 39도선이 한반도를 비슷한 크기로 분할시키는 가장 짧은 분단선이기 때문에 39도선이 더 바람직하였다는 의견도 제기되었다.

미국과 소련이 한반도를 점령하는 내용의 일반명령 제1호를 작성함으로써 미·소간의 점령에 대한 합의가 이루어졌으나, 점령의 성격이나 기간 등에 관한 구체적인 합의에는 도달하지 못하였다. 독일 항복 이후 유럽의 경험은 구체적인 계획 없이 군사점령을 하게 되면 향후 정치적 혼란과 대립을 야기할 것이라는 점을 예시하였다. 따라서 미국은 소련과 한국의 미래에 대한 구체적 합의에 도달했어야만 했다. 소련과 미국의 영향력을 배제한 한국의 중립은 미국이 제시할 수 있었던 최선의 안이었던 것으로 평가된다. 왜냐하면 이 안은 일본점령에서 막 벗어나 외세의 개입을 증오하고 있는 한국인들을 만족시키는 동시에 한국이 적 진영에 포함되지 않기를 원하고 있던 강대국들의 전략도 충족시킬 수 있는 것이었기 때문이었다.

학자들은 당시 미국의 대한반도 정책을 '복합성, 모순성, 모호성'으로 표현하고, 한반도는 "미국정부가 구체적이고 상세한 준비 없이 군사적으로 점령한 태평양지역에서의 유일한 주요 지역"이라고 평하였다.21) 그러나 링컨 장군과 러스크, 본스틸 두 대령은 점령 이후 군사정부를 수립하려는 분명한 계획을 가지고 있었다. 8월 5일과 6일 이들은 이 계획을 토의하고,

한반도에 대한 '적극적 정책'을 수립할 시기가 도래하였다는 결론을 내렸다. 군사정부를 수립하는데 있어서 한국인들을 사용하는 계획은 미국에게 '결정적 이익'을 가져다 줄 것으로 판단하였다.22) 미국인들은 한반도를 점령하고 군사정부를 수립할 구체적인 계획을 이미 수립하고 있었다.

트루먼의 재가 이후 일반명령 제1호가 소련정부에 진달되었다. 소련정부가 거부할 것이라는 판단 하에 미 합참은 즉시 부산을 점령할 계획을 준비하였다. 그러나 스탈린은 몇 개의 문구수정을 요구하면서 38선 분할 제안에 대하여 반대의사를 보이지 않았다. 그는 한반도 분단의 보상으로 일본점령시 '소련 몫'을 요구하였다. 그는 혹카이도 섬의 북쪽지역 반을 요구하였다.23)

스탈린이 한반도 전체를 점령할 수 있는 상황인데도 미국의 한반도 분할 요구를 받아들인 첫 번째 이유는 일본의 일부분을 점령하겠다는 의지 때문이었을 것이다. 스탈린은 한반도의 분단을 일본에 대한 소련의 영향력을 확대시키려는 협상도구(bargaining chip)로 사용한 것으로 분석된다. 그는 일본이 중공업 시설과 수력발전소 등을 건설한 한반도의 북쪽지역을 일단 확보하는데 만족하였던 것이다. 주산업이 농업인 가난한 땅 한반도의 남쪽 반 보다는 극동지역에서 역사적으로 경쟁상대인 일본을 점령하는데 더 많은 관심을 두었을 것이다.

두 번째 이유는 소련이 한반도 전체를 점령할만한 충분한 군대를 보유하고 있지 않았을 것으로 평가되었다. 소련군은 아직 만주지역에서 일본군으로부터 강력한 저항을 받고 있는 상태였다. 이전의 합의에 따라 언젠가 신탁통치가 실시될지도 모르는 한반도 지역에 전투력을 집중시켜 점령하는 것은 낭비라고 판단했을 것이다. 소련군이 서울지역까지 진격하였다가 미국의 38선 분할 제의 이후 38선 이북으로 철수하였다는 주장은 이러한 논리를 합리화해 주고 있다.24)

세 번째 이유는 스탈린이 미래의 세계정치 운영에 있어서 미국과 우호적인 관계를 유지하고 싶었기 때문이었을 것이다. 미국과의 우호적인 관계를 유지함으로써 스탈린은 전후 복구를 위한 차관을 미국으로부터 제공받기를 희망하였고, 북아프리카의 구 이태리 식민지에 대한 신탁통치를 원하였다.25)

스탈린이 38선 제의를 받아들이지 않을 경우 미국으로서는 어려운 선택을 해야 할 상황이었다. 미국이 남진하는 소련군에 상응할만한 군대를 보낼 여유가 없었기 때문에 소련이 일단 한반도 전체를 점령하도록 하였다가, 얄타회담 등에서 합의된 신탁통치를 적극적으로 추진하였을 것이다. 다른 대안으로는 한반도에 정식 점령군은 보내지 못하더라도, 오키나와에 주둔하던 군대의 일부를 '공수'하여 서울로 파견하였을 가능성도 있다.

한반도의 해방과 점령군의 진주

미국이 제의한 신탁통치안은 미국의 한반도 점령이 불가능하게 되었을 때 미국이 한국문제에 개입할 수 있는 외교수단의 대안이었다. 따라서 미국의 한반도 점령, 군정실시, 신탁통치에 참여하는 전략은 소련과 접경한 국가에 대하여 소련의 팽창을 봉쇄하면서 미국의 영향권을 확대시키는 목적에 부합되게 수립되었다. 이러한 목적으로 미국은 한반도를 분단시킨 후 모든 민족적 정치세력을 불법화하면서 미 군사정부를 수립하였고, 한국정부 없이 신탁통치하는 방안을 강구하였다.

반면, 소련은 한반도의 소련과의 지리적 근접성과 소련에서 훈련받은 수많은 한국인들의 존재 때문에 한반도에 수립될 새로운 한국정부가 친소성향을 가지게 될 것이라는 확신을 가졌을 것이다. 미국이 이러한 소련의 영향력을 상쇄하기 위해서 미국은 38선에 의한 분할 점령을 제안한 것으로 보인다. 38선 제안은 미국이 극동지역의 전후처리를 위하여 채택한 성공적인 전략중의 하나였다. 만약 미국이 한반도의 분할점령을 제의하지 않았다면 미국은 소련의 한반도 전체 점령을 허용하지 않을 수 없는 상황이었다.

미국과 소련은 38선을 경계로 한 분할점령을 한 이후 상이한 점령정책을 모색하였다. 소련은 북한지역을 점령한 이후 한국인들을 통한 점진적 공산화 정책을 추진하였고, 미국은 남한 점령이후 미군사정부를 수립하고 직접 통치를 하였다.

제5장_ 미국과 소련의 분할점령 : 세력권의 분할

한반도에 대한 소련의 군사작전은 1945년 8월 12일 한·소 국경으로부터 15마일 떨어진 나진과 웅기항을 점령하면서 시작되었다. 두 항구는 소련의 태평양 함대의 지원을 받은 붉은 군대의 상륙작전에 의하여 점령당하였다. 보다 남쪽의 원산항도 같은 방법으로 점령되었다. 8월 24일 20만 소련군과 3만의 한국인을 포함한 소련군 제25군이 치스타코프(Ivan Chistiakov) 대장의 지휘 하에 평양에 입성하였다. 25군이 평양에 진입하기 이전인 8월 24일 오후 2시 카멘슈코프 소령이 이끄는 소련군 선발대가 3대의 대형수송기를 타고 평양에 진입하였다. 오후 5시에는 평원선을 타고 일단의 소련군이 원주로부터 들어 왔다. 8월 26일 3천 내지 4천명의 소련군이 평양에 진주하였다.[1]

북한을 점령한 25군은 치스타코프 대장과 참모장 펜코프스키 중장이 주된 점령업무를 지휘했고, 그 하부에 정치문제는 25군 군사위원인 레베데프 소장이, 군사문제는 샤닌 소장이 담당하였다.[2] 한국에 진입한 군대는 소련군중 상류급 부대는 아니었다. 훈련이 부족하였고, 시베리아 전방지역의 과거 죄수들이 다수 포함되어 있었다. 강간, 약탈 등 해방군의 불법적인 행동으로 북한주민들은 소련군을 두려워하기 시작하였고, 일본인, 부유한 친일협력자, 기독교인들을 포함한 다수의 난민이 남쪽을 향한 피난길에 나섰다.

일본의 항복 이전에 한반도로 진입하였으므로, 소련군은 일본인들로부터 통제권을 즉각 장악할 수 있었고 일본 관리들을 처리하는데 별다른 문제가 없었다. 소련이 대일 선전포고를 발표하자 대다수 일본인들은 이미 남부지역으로 철수하였다.[3] 동행한 한국인 공산주의자들을 통하여 소련인들은 38선 이북지역에 강력한 공산정부를 세우려는 전략을 수립하고 있었다.

미·소 점령군의 진주 : 아시아 냉전 경쟁의 시작

점령 직후 치스타코프 대장은 조만식, 현준혁, 그리고 일본인 간부들을 집합시켜 놓고 8월 26일부로 평안남도의 일본정부는 존재가 소멸되며, 조만식을 위원장으로 하는 '평안남도 인민정치위원회'에 정권이 인수되고 각 기관은 이 위원회에 의해 접수된다고 발표하였다. 이어서 그는 모든 일본인을 관리직에서 퇴직시키고, 일본군을 포로로 대우할 것이며, 모든 민간인 총기를 몰수하도록 지시하였다. 그는 38선은 "미·소 양군의 경계로 삼을 뿐 정치적 의미는 없다"고 덧붙였다.[4]

　대일전에서 승리하는 대가로 획득하는 전리품인 한반도의 반쪽에 대하여 스탈린은 완전히 만족하지 못하고 있었다. 그는 일본의 항복을 받기 위하여 소련군을 일본지역에 파견하기를 원하였다. 그는 일본을 점령함으로써 일본이라는 전통적인 경쟁국가를 소련의 위성국가로 만들 수 있을 것이라고 기대하였다. 1945년 8월 10일 모로토프(Molotov) 외무장관은 해리먼(Harriman) 대사에게 소련의 바실레프스키(Vasilevsky)장군을 맥아더 장군과 동급으로 동경 점령사령관에 임명할 것을 제의하였다. 해리먼은 다른 열강이 1941년 말부터 수년 동안 전쟁을 수행한 반면 소련은 단지 며칠만 아시아 전쟁에 참여하고 있다는 사실을 상기시키며 모로토프의 제의를 거절하였다.

일본본토의 점령을 포기하지 않은 채 스탈린은 9월 24일 런던에서 개최된 외상회담에 비망록을 보내 독일의 경우와 같이 일본통제위원회(Control Council for Japan)를 설치하여 미국, 소련, 영국, 중국이 회원국으로 참여하기를 요구하였다. 이 제의는 맥아더에 의하여 거부되었다. 번즈(Byrnes) 국무장관은 그 대신 일본에 대항하여 전투를 벌인 10개국이 참여하는 극동자문위원회(Far Eastern Advisory Commission)의 창설을 제의하였다. 그러나 스탈린은 이 위원회에 소련대표 파견을 거부하였다. 일본점령을 포기한 스탈린은 소련군이 점령한 지역에서 그의 계획을 실행해 나가는데 총력을 기울였다.5)

한편 대일본 전쟁이 급작스럽게 종식되어감에 따라 미국정부는 한반도 점령군을 선정해야 할 필요를 느끼게 되었다. 원래 미국인들은 일본본토, 한반도, 중국 해안지역의 항구와 대만을 단일 통합군이 점령해야 한다고 생각하였다. 일본과 한반도 점령계획을 수립한 블랙리스트(BLACKLIST)라는 이름의 작전서에 의하면 10군단 사령관인 스틸웰(Joseph Stilwell) 장군이 남한지역을 점령하게 되어 있었고, 이 사실이 그에게 통보되었다. 스틸웰은 한국에 대하여 지식과 경험이 있는 군인들을 중심으로 점령부대를 편성하였으나, 장개석의 반대로 말미암아 그의 한반도 점령이 취소되었다. 스틸웰은 중국지역

담당 사령관이었기 때문에 장개석은 그가 한반도를 점령하면 중국의 북동부까지 점령당할 것을 우려하였다.

스틸웰의 후임인 웨드마이어(Albert Wedemeyer) 장군도 미국의 중국작전 지역에 포함될 한국을 점령하라는 지시를 받았다. 그는 아시아 문제와 아시아에서의 공산주의 전술에 대하여 잘 알고 있었다. 그러나 수송의 어려움과 웨드마이어를 중국작전에 집중토록 해야 할 필요성 때문에 이 계획도 무산되었다. 중국북부 전황의 급작스러운 악화 때문에 그 지역에 충분한 경험을 가지고 있는 웨드마이어 부대를 다른 지역으로 이동시킬 수 없었다.[6] 그럼에도 불구하고 웨드마이어는 8월 14일과 18일 C47수송기를 사용하여 서울에 조사팀을 파견하였다. 처음 파견된 조사팀은 중국주둔 미군 22명과 한국 광복군 6명으로 구성되었고, 두 번째 팀은 미군 18명과 한국군 4명으로 구성되었다. 그러나 이들은 당시까지 한국에 주둔하고 있던 일본군의 저항을 받아 임무를 수행할 수 없었다.

8월 12일 한국에 진주하여 빠른 속도로 진격하는 소련군을 봉쇄하기 위하여 맥아더 장군은 미군의 38선 이남 점령을 서둘러야 한다고 생각하였다. 한국을 점령할 수 있는 규모의 미군부대는 600마일 떨어진 오키나와에 있는 군대가 가장 가까이 있는 부대였다. 결국 하지(John R. Hodge) 중장에 의하여 통솔되고 있었으며 당시 오키나와에 주둔하고 있던 미 제24군단이 한반도 38선 이남을 점령할 부대로 선정되었다. 웨스트 포인트(미육군사관학교) 출신은 아니었지만, '강인하고, 열심히 노력하고, 단호한' 전투사령관이었던 하지는 정치적인 임무에 대하여 지식이 별로 없었기 때문에 한국점령을 책임질 적합한 인물이 아니었다. 제24군단은 필리핀과 오키나와에서 장기간에 걸쳐 훌륭한 전투기록을 보유하고 있었다. 일본령의 여러 도서지역에 상륙작전을 성공적으로 수행함으로써 하지는 전투장교로써 '용감한 지휘력'을 보여주었다.7)

하지와 그의 24군단은 민사행정의 경험이 전혀 없었으며, 동양문화와 정치에 대한 이해력도 거의 가지고 있지 않았다. 더구나 하지는 다양한 정치문제를 다루는 방법과 한국에 대한 일본의 영향력 제거 방법에 대한 실질적인 지시를 전혀 받지 못한 상태였다. 테일러(Philip Taylor)가 논평한대로, 한국은 "태평양 지역에서 미국군대가 사전 연구와 준비 없이 점령한 유일한 중요지역"이었다. 국무성 관리였던 맥퀸(George M. McCune)은 당시 그가 취급한 여러 문서들을 분석해 보면, '극동의 중요한 교차지역'에 있으며 2,600만 이상이 거주하는 한국에 대한 '심사숙고'가 거의 이루어지지 않았다고 기록하였다.8)

한국인들의 점령참여 요구

한국인들은 미군과 함께 한국을 점령할 기대를 당시까지도 저버리지 않고 있었다. 8월초부터 이승만은 마셜 국무장관에게 서한을 보내 한국인들이 한국점령에 '적극적 역할'을 하기를 원한다고 강조하였다.9) 1945년 8월 14일 임시정부의 외무장관이었던 조소앙은 주중미국대사인 헐리(Hurley)에게 임시정부는 한반도에 점령군이 상륙할 때 협조하기를 원하고, 한국에 관한 정치프로그램 작성시 발언권을 가지기를 원한다고 말하였다. 헐리는 본국 정부에 조소앙이 소련의 한국에 대한 영향력과 활동에 대한 우려를 하고 있다고 보고하였다. 조소앙의 제의에 대하여 회답이 없자, 임시정부의 김구 주석은 8월 17일 이승만을 통하여 다음과 같은 내용의 메시지를 미국정부에 보냈다.

우리는 연합국들이 한국의 역사적 지위에 대하여 충분히 알고 있으며, 한반도는 일본에 의하여 고통을 받았다는 점을 인식하고 있으리라 믿는다. … 최근 포츠담 회의에서 선언된 원칙들에 동의하면서 우리는 다음과 같은 방법으로 협조하기를 희망하고 준비가 되어 있다.

1. 한국 임시정부는 일본의 항복을 촉진할 수 있는 모든 활동을 할 것이고, 이 목적을 가장 효율적으로 달성하기 위하여 우리는 관련 연합국 위원회에 협의와 협력적 실행을 위하여 우리 대표단을 파견하기를 희망한다.
2. 종전 이후 우리는 한국과 한국인의 장래 운명에 영향을 미치는 위원회에의 참여를 희망한다.
3. 향후 개최될 평화회담과 유엔 구제부흥사업국(UNRRA)과 같은 공식 비공식 모임에 한국문제가 포함된다면 우리대표를 파견하기를 원한다.

1945년 8월말 한국 임시정부 대표단은 주중미국대사관을 다시 방문하였다. 그들은 미국이 한국 임시정부의 지도부가 '점령군의 협조자 또는 통역'으로 한국에 진입하도록 허용하기를 요구하면서, 한국이 민주화되느냐, 공산화되느냐는 미국이 어떻게 하느냐에 달려 있다고 경고하였다. 잘못된 결정은 공산주의자들만 유리하게 할 것이라고 덧붙였다. 마지막으로 한국인들은 미국이 기독교 선교사들을 북한지역에 파견하기를 요청하였다. 북한지역은 선교활동의 중심지역이 될 수 있을 것이며, 지연되면 기독교 세력이 북한으로부터 축출될 위험이 있다고 우려하였다.10) 한국인들은 연합군의 한국에서의 작전에 참여하여 한반도를 통치할 수 있는 정통성을 확보하려 하였으나, 미국은 이 제의를 수용할 의사를 전혀 가지고 있지 않았다.

비록 미국정부는 한국인들이 한반도 점령에 참여하면 이점이 있다는 점을 인식하고 있었지만, 한국의 제의 뒤에 숨어 있는 의도에 대하여 의문을 가지고 이 제의를 받아들이면 '정치적 위험'이 뒤따를 것이라는 우려를 하였다. 이에 따라 미 육군과 국무부 어느 부서도 한국을 점령하고 군사정부를 수립하는 데 있어서 한국인들의 지원을 받거나 참여시키지 않을 것이라는 결정을 하였다.

8월 23일 이승만은 미국 시민권을 가진 군인들로만 구성된 군대가 한국을 점령할 것이고 한국인들은 미 점령군에 참여할 수 없다는 소식을 미 전쟁성으로부터 접하게 되었다. 더욱이 미 국무성은 중국이나 미국에 망명중인 한국인들이 한국 임시정부의 일원으로 귀국하는 것도 봉쇄하려 하였다. 왜냐하면 이는 미국정부가 임시정부를 미래 한국정부로 승인하였다는 인상을 줄 것을 우려하였기 때문이었다.[11] 미국인들은 모든 한국의 정치조직을 제거하고 미군사정부를 수립할 계획을 가지고 있었다.

한반도와 일본의 4개국 공동점령 계획

소련군이 한반도의 남쪽으로 진격할 때 미국의 합동전쟁계획위원회(JWPC: Joint War Plans Committee)는 합동참모본부(JCS)에 힐리스(J. T. Hillis)와 크립번(D. M. Cribbon)이 작성한 일본본토 점령을 위한 국가별 군대 할당'이라는 제목의 정책보고서를 제출하였다. 이 보고서는 1945년 6월 5일부터 8월 16일까지 작성된 JWPC 385-1을 기초로 하여 준비되었다. 한반도 점령계획도 포함한 이 보고서는 일본을 완전히 통제할 수 있으려면 3단계의 과정을 거쳐야 할 것으로 예상하였다. ① 일본군의 무장해제, ② 동원해제와 비군사화, ③ 민주주의 원칙에 따른 국가 재건설. 이 중 두 번째 단계에서 미국, 소련, 영국, 중국 등 4대 연합국의 군대가 다음과 같이 일본을 점령하도록 건의하였다. 소련은 혹카이도와 혼슈 북동지역을, 미국은 도쿄, 나고야, 오사카 지역을, 중국은 오사카 근방과 시코쿠를, 영국은 서부 혼슈와 큐슈를 점령하도록 계획하였다.

한국에 관하여는 첫 단계에서 소련과 미국이 몇 개의 항구만을 점령하도록 하였다. 서울은 베를린처럼 양국 군대가 공동점령 하도록 하였다. 3개월 동안 지속될 첫 단계에서 한반도는 무장해제와 동원해제의 목적으로 38선을 중심으로 양국 점령군에 의하여 분할될 것이다.

둘째 단계에서 미국과 소련 군대의 규모를 줄이고 점령을 실질적으로 '공동점령'의 성격을 가지게 할 목적으로 영국과 중국군대의 진입을 유도해야 한다. 미국이 4만 9,000명의 병력으로 서울·인천·부산지역을, 소련이 4만 명의 병력으로 청진·원산지역을, 영국은 1만 5,000명의 병력으로 군산·제주지역을, 중국은 2만 명의 병력으로 평양지역을 점령하도록 하였다. 2단계는 9개월 지속될 계획이었다.

제3단계에서 4국의 대표로 '통제위원회(Control Council)'를 구성하고, 이 마지막 단계에서 중앙집권화된 행정기구는 점차로 한국인들로 채워지도록 하였다. 이러한 한국화 과정은 한반도의 궁극적인 독립을 위한 조건을 창조하고, 이 기간 미군은 한 개의 전투연대와 두 개의 비행중대를 남기고 모두 철수하도록 하였다.12) 비록 실행되지 않은 계획이었지만, 미 행정부 내부에서 이와 같은 프로젝트를 준비하였다는 점은 해방된 한국은 한국인들에 의한 임시정부 수립 없이 4대 강국에 의하여 통치되어야 한다는 것이 미국인들의 대한반도 정책이었음을 알 수 있다.

1945년 8월말 SWNCC는 유사한 비망록을 준비하였는데, 그 내용은 미국과 소련 사령관이 일본의 항복을 받은 이후 중앙집권화된 민사행정부가 4대 강국의 군대에 의하여 설립되어야 한다는 것이었다. 4대 강국의 점령군은 한반도를 통치하는데 있어서 동등한 권한을 행사하도록 하였다. 4국 군대에 의하여 점령될 지역은, 소련-함경도와 강원도, 미국-경기도, 충청남도와 전라도, 중국-평안도와 황해도, 영국-충청북도와 경상도. 만약 중국이나 영국이 참여하기를 주저하거나 참여가 불가능할 경우 미국과 소련이 모든 책임 또는 책임의 일부를 인수하도록 결론지었다.[13)]

만약 한반도와 일본이 전승 4국에 의하여 점령되었다면 한국은 신탁통치 실현 이후 통일이 될 수 있었던 반면 일본은 독일과 같이 적어도 둘 이상의 부분으로 분단되었을 가능성이 높았다. 미국이 이를 적극적으로 실천에 옮기지 않은 이유는 통일 이후 한반도의 첫 정부가 4국 합의에 의하여 중립화되면 이 정부는 친소 정부가 될 우려를 가지고 있었기 때문이었다.

한반도는 지역적으로 소련과 근접해 있을뿐더러, 제2차 세계대전 종료 이후 중국이나 소련에서 활동하던 한국 공산주의자들이 대거 귀국할 것으로 예상되고 있었다. 만약 한반도 전체와 일본의 반이 공산화된다면 소련으로부터 한반도를 통하여 일본의 공산화된 지역까지의 선이 미국의 아시아 방어선을 단절시킬 것을 미국인들이 크게 우려하였음이 확실하다.

비록 한반도가 미국화 되더라도 초기 단계에서 한국내의 공산주의자들을 처리하는데 많은 희생이 따를 것으로 판단하였을 것이다. 그 경우 미국인들은 한소국경과 일본의 분단선을 통하여 소련과 대립하여야 할 상황에 처할 것이다. 이러한 점에서 미국 지도자들에게 일본을 단독 점령하고 한반도를 분단시키는 것 보다 더 유리한 대안을 찾기 어려웠을 것으로 분석된다. 북한지역과 동해는 소련영토와 미국 점령지역 사이에 완충역할을 하는데 적절히 사용될 수 있을 것으로 전망되었을 것이다. 미국인들은 한반도의 분단이 미국의 동북아에서의 안보이익에 많은 기여를 할 것으로 기대하였을 것이다.

한반도의 분단은 1945년 9월 2일 '미군상륙에 대한 재조선 미국사령관의 포고 제1호(General Order No.1)'에 의하여 공식화되었다. 북위 38도선을 기준으로 그 이북의 일본군은 소련사령관에게 항복하고, 그 이남의 일본군은 미군사령관에게 항복하도록 하였다. 포고문에 나타나 있는 남한지역의 정치발전에 관하여는, "미군은 연합군 대표로서 상륙하는 것으로 그 목적은 귀국을 민주주의 제도 하에 있게 하고 국민의 질서유지를 도모하는데 있다. 국가조직의 개선은 일조일석에 이루어지는 것이 아니며 안녕 질서에는 큰 혼란과 유혈이 따르지 않게 하지 않으면 안 된다. 어떠한 개혁도 서서히 진행되어야 한다. 여러분도 장래의 국가건설을 위해 또 민주주의적 생활의 유지를 위해 최대한의 노력을 하지 않으면 안되는 점이다"라는 내용이 삽입되었다.

남한을 점령한 다음날인 9월 9일 발표된 포고문 제2호도 비슷한 내용을 포함하고 있었다. "주민의 경솔 무분별한 행동은 의미 없이 인민을 잃고 아름다운 국토가 황폐되어 재건이 지연될 것입니다. 현재의 환경은 여러분의 생각과는 맞지 않더라도 장래의 한국을 위해서는 평정을 지키지 않으면 안 되겠으니 국내의 동란이 발생할 행동이 있어서는 절대 안 되겠습니다. 여러분은 장래 귀국의 재건을 위하여 평화적 사업에 전력을 다해야 되겠습니다. 이상 지시함을 충실히 지키면 귀국은 급속히 재건되고 동시에 민주주의 하에서 행복하게 생활할 시기가 속히 도달될 것입니다."

이상에서 보는 바와 같이 한국인에 대한 점령포고문은 민주정부의 설립을 위하여 미점령군에 협조를 하고 질서유지를 해주기를 요구하였다. 여기서 제기되는 의문점은 과연 미 점령군이 제시하는 민주주의 제도는 무엇을 뜻하며, 한국인들이 미 점령군의 지시를 충분히 지켰을 때 재건될 한국은 어떠한 형태를 띨 것인가 하는 점이었다.

포고문은 한국인들에 대한 경고와 더불어 지시를 지키지 않았을 경우에 행할 처벌의 수준도 명시하고 있었다. 미 사령관이 발령한 포고, 명령을 위반하는 자, 공중의 치안, 질서를 교란하는 자, 점령군에 대하여 적대행위를 하는 자에 대하여는 "점령군 군법회의에서 유죄의 결정을 내린 다음, 동 회의가 정하는 바에 의해 이것을 사형, 또는 다른 형벌에 처해야 한다"고 경고하였다.[14] 이 포고문은 적군의 점령에서 해방되는 지역에 발표되는 것이라기보다는 항복한 적에 대하여 발하는 포고의 성격을 가졌다.

하지 중장을 사령관으로 한 미 점령군 제24군단의 7만 2,000 병력은 1945년 9월 8일 군함 41척과 함께 인천항에 도착하였다.[15] 제24군단은 제6, 7, 40 보병사단을 포함하였다. 하지는 일본의 항복 접수, 법과 질서 유지, 민주주의 원칙에 따른 효율적 정부수립, 경제복구, 자립할 수 있도록 한국인들에 대한 교육 등 점령군으로써 일반적인 임무를 부여받았다. 이 임무들 중 경제복구와 한국인 교육은 전문성을 필요로 하였으나, 당시 점령군에는 그러한 임무를 수행할 수 있는 전문가가 없었다. 그러한 임무를 부여받은 전문가가 포함한 부대는 아직 캘리포니아에서 출발을 기다리고 있었다.[16]

결국 미국인들은 한반도를 분단시킨 것이 당시 미국의 대동북아 전략에 있어서 성공작으로 생각하고 있었다. 왜냐하면 미군이 한반도로부터 600마일 거리에 있어 소련의 남진을 봉쇄할 수 없는 상황에서 이 분단으로 소련군의 진격을 막을 수 있었기 때문이었다. 그러나 미국인들은 36년간의 일본점령으로부터 해방된 한반도의 무질서와 혼란 속에서 점령임무를 수행하여야 하는 엄청난 어려움을 예상하지 못하고 있었다.

제6장_ 점령정책 : 두 개의 상이한 접근

한반도의 공동점령은 한반도의 운명이 전후 미국과 소련 간 협력 가능성과 지속성에 달려 있다는 점을 명확히 하였다. 한국인들과 점령당국 간의 협력 또한 한반도 장래의 중요한 요소로 등장하였다. 점령군이 당면한 가장 중요한 임무는 어떻게 하면 자국의 이익을 보호 증진시키는가의 문제였다.

자생 통치조직 : 인민위원회 설립

미국과 소련이 점령군을 결정하고 점령 준비를 하는 동안, 한반도에서는 전쟁에 패망한 일본인들이 어떻게 하면 한국인들로부터 35년간의 학정에 대한 보복을 받지 않고 일본으로 돌아갈 수 있을까 하는 문제로 전전긍긍하고 있었다. 궁리하던 끝에 한국인 지도자에게 질서를 유지시켜 주는 대가로 과도정부를 구성할 권리를 주겠다는 조건으로 협상을 시도하였다. 8월 9일부터 13일 사이 일본인들은 우익 민족주의자인 송진우에게 접근하였다. 그러나 송진우는 모든 한국인들은 중경의 임시정부가 귀환을 기다려야 한다며 일본의 제의를 거절하였다.

송진우의 자서전에 의하면 송진우는 일본인들로부터 협조하라는 강한 요구를 받았으나 병을 핑계로 하여 외출을 하지 않았다고 한다. 그러나 맥퀸(George McCune)은 송진우가 철저한 친일주의자였으며, 일본의 제의를 받아들이면 친일 사실

이 더욱 확실해질 것을 우려하여 거부하였다고 주장한다.[1]

결국 정무총감(政務總監)이었던 엔도 류사쿠(遠藤柳作)는 여운형에게 접근하였다. 여운형은 일부에서 공산주의자였다는 평을 하지만 그는 공산주의자이기 보다는 민족적 지지를 받는 독립운동가였다. 그의 동료들은 거의가 일본 총독부에 의하여 체포되었기 때문에 그는 8월초 중국으로 피신하였다가 히로시마에 원자탄이 투하된 날인 8월 6일 귀국하였다.[2]

총독부와 본국정부간의 통신두절로 정보를 잘못 입수한 일본인들은 여운형에게 미국은 오로지 한반도의 최남단만을 점령하고 서울을 포함한 나머지 지역은 소련이 점령할 것이라는 그릇된 정보를 제공하였다. 8월 15일 여운형은 일본의 제의를 다음과 같은 조건하에 수락하였다.

1. 모든 정치범과 경제사범의 즉각적인 석방
2. 치안유지와 건국을 위한 정치활동에의 불간섭
3. 학생과 청년을 조직 훈련할 수 있는 자유 보장
4. 노동계층에 의한 노동조합의 자유로운 결성
5. 3개월간의 식량 보장[3]

그 후 여운형은 그가 조직한 비밀지하조직인 '조선건국동맹'의 첫 번째 공개 회합을 개최하였다. 여운형은 이 동맹을 1944년 8월 항일지하활동을 하기 위하여 설립하였다. 건국동맹은 일본이 패망할 때까지 독립운동을 계속한 국내 유일의 지하조직이었다. 건국동맹의 목표는 연합국들과 협력하여 대일 연합전선을 형성함으로써 민족독립을 위하여 일본 제국주의 세력과 부일세력에 대항하여 투쟁하는 것이었다. 전국에 걸쳐 약 7만 명의 맹원을 확보하고 '불언(不言), 불문(不文), 불명(不名)'을 행동 3대 원칙으로 삼은 조선건국동맹은 식량공급, 치안유지와 군사에 관한 위원회도 보유하고 있었다.4)

여운형은 송진우를 비롯한 한국의 많은 지도자들과 섭촉을 하며 협력을 요청하였으나 거의 모든 우익지도자들은 중경 임시정부의 정통성을 내세우며 여운형에게 협조하기를 꺼렸다. 그들은 일본인들에게 협력하는 것은 있을 수 없는 일이라고 비난하였다. 이러한 상황에서 여운형은 8월 16일 자신을 위원장으로 하는 '건국준비위원회(약칭 건준)'를 창설하였다.5) 1945년 8월 25일 건준은 다음과 같은 강령을 발표하였다.

1. 우리는 완전한 독립국가의 건설을 기함.
2. 우리는 전 민족의 정치적·경제적·사회적 기본권을
   실현할 수 있는 민주주의 정권의 수립을 기함.
3. 우리는 일시적 과도기에 있어서 국내의 질서를 자주
   적으로 유지하며, 대중생활의 확보를 기함.[6]

건준은 스스로를 모든 정치세력이 참여하는 민족통일전선체
임을 주장하면서 특정한 이념적 성향을 보이지 않으며 선국가
건설, 후사회변혁의 방향을 지향했다. 이에 따라 구체적인 사회
개혁 프로그램은 제시하지 않고 국가건설에 역점을 두었다.[7]

여운형은 라디오를 통하여 그의 조직이 법과 질서의 유지와
정부의 주요기능에 대한 책임을 가지게 되었다고 발표하였다.
일본인들은 사태가 그들이 원하지 않는 방향으로 흘러가고 있
음을 인식하게 되었다. 여운형에게 양보한 것을 한국인들이
일본세력의 약화로 받아들이고 있음을 느끼게 되었다. 더구나
여운형과의 밀약을 모르고 있던 일본 육군이 총독부에 항의하
였고, 결국 총독부는 행정권을 여운형에게 인계하는 계획을
취소하였다. 일본 육군은 한국내의 모든 정당과 정치단체의
해체를 명령하였고, 건국준비위원회에게는 '건국'이라는 용어
를 쓰지 않도록 요구하였다. 조선 군관구 일본군 사령관은 건
준에게서 치안유지 기능을 환수하려 하였다.[8]

그러나 그들은 한국인들의 독립에 대한 열망을 봉쇄할 수가
없었다. 한반도 내에서 가장 강력하게 정치세력화한 자생적인
건준은 전국 각 지역에 '인민위원회'를 설립하였는데, 이 인민

건국준비위원회 / 인민위원회

건국준비위원회(建國準備委員會, 약칭 건준)는 1945년 8월 15일 이후 여운형이 일본으로부터 행정권을 인수받기 위하여 만든 조직이다. 일본이 패망하면서 엔도 류사쿠 조선총독부 정무총감이 여운형을 만나 치안권과 행정권등 모든 권한을 여운형에게 이양하는 조건으로 한반도에서 철수하는 일본인의 안전을 보장해 달라 요구하였고, 여운형이 이를 수락하여 건준을 설립하였다. 건준의 위원장은 여운형이, 부위원장은 안재홍이 맡았다.

건준의 주요 강령은 일제타도와 민주주의 국가건설이었다. 온건우파와 온건좌파 세력들이 결집하여 결성된 건준은 해방 이후 혼란스러웠던 사회상태를 해결하고자 치안대와 행정업무 등 식량확보에 주력을 하였다. 이어서 전국적 지부를 조직하였고 자주적 질서유지활동을 하고자 하여 순조롭게 진행하였다. 건준은 해방 이후 최초의 정치단체와 한국 현대사 최초로 지방자치를 시행한 조직이었다는 평가를 받았다. 8월 말까지 전국적으로 140여개의 지부가 설립되었다.

건국준비위원회가 각 지역에 설치한 140여개의 지부는 인민위원회로 전환되어 개편되었다. 인민위원회에서 추대된 위원장들은 대체로 이념과는 무관한 지역 원로원들이었으며, 주로 민간인들이 주도하여 치안대를 구성하였고 이들은 어떠한 이념대립 없이 민족주의계와 사회주의계열이 순수 자발적인 단체로 어울렸다. 초기에 인민위원회는 좌우합작의 성격을 띠고 있었으나, 조직력에서 앞선 좌익계열 세력이 주도하는 경우가 많았다. 곧이어 9월에 미군이 남한에 진주한 이후 미군은 인민위원회가 '공산주의계열 조직망'이라고 간주하였고, 맥아더 포고령 제1호를 통해서 남한 내의 정치단체들을 전면 부인하고 군정을 선언함으로써 과거 일제시대 때 친일파였던 군, 경찰, 관료들을 대거 등용하였다.

이에 따라 미군정과 인민위원회는 거듭되는 갈등과 대립을 겪게 되고, 미군정은 1945년 12월 12일 인민위원회를 불법화시켰다. 반면에 북한지역을 점령한 소련은 인민위원회를 합법적으로 승인하고 이를 간접적으로 지원했으나, 후에 김일성에 의해 좌우를 망라한 중도적 성향이 공산주의 일변도의 방향으로 정리되면서 1946년에 북조선 인민위원회가 설립되었다.

위원회들은 중앙정부와 통신이 원활치 않았음에도 불구하고 한반도의 질서를 효율적으로 유지시킨 '지역적인 기반을 가진 책임 있는 조직'이 되었다. 실제로 대다수의 한국인들은 인민위원회에 적극적인 협조를 하며 자치정부수립 능력을 대외적으로 입증하기 위한 노력을 기울였다. 8월말까지 한반도 전체에 145개의 인민위원회가 설치되었고 이들은 각 지역의 주요 인사에 의하여 통솔되었다.[9]

소련군이 1945년 8월 24일 평양에 입성할 당시 북한지역에는 두 종류의 비공산 단체가 존재하고 있었다. 그 둘은 모두 종교단체로써 기독교와 극단적 민족주의 종교인 천도교였다. 그들 중에서 기독교인이었던 조만식이 가장 추앙을 받는 인물이었다. 그는 일본인 도지사로부터 권력을 직접 이양 받았다. 평양 인민위원회 위원장에 취임한 조만식은 지속적으로 여운형과 접촉을 가지며 '유사한 정치적 견해'를 공유하였다.

평양 인민위원회는 18명의 우익 민족주의자들과 단 두 명의 공산주의자들로 구성되어 있었다. 서울의 건국준비위원회를 중앙기구로 인정을 하였고, 건준의 지국 역할을 하고 있었다. 공산주의자로 분류되던 현준혁이 부위원장을 맡았는데, 그도 조만식을 '민족적 지도자'로 전적으로 지지하면서 혁명의 주도권은 '부르주아 성향의 민족주의 지도자'가 장악하여야 한다고 하였다. 소련점령군은 평양의 인민위원회가 '공산주의자들과 민족주의자들이 동등한 수의 대표권'을 가지도록 조성한다는 전제하에 인민위원회의 권한을 인정하였다.

이에 따라 인민위원회는 1945년 8월 29일 치스타코프 소련군 사령관의 지휘 하에 조만식을 위원장으로 하여 16명씩의 공산주의자들과 우익 민족주의자들을 대표로 하여 인민정치위원회로 재조직되었다.10) 소련의 대동유럽정책과 비교하여 보면, 스탈린은 한국인들이 실질적 자치를 하도록 어느 정도 허용한 점을 알 수 있다. 소련은 "일본의 가혹한 식민지 지배에서 북한을 '해방'시킨 은인으로 한반도에 진주하여 북조선 인민들의 '친구'로서 사회주의 국가의 탄생을 지원했다"고 자처하였다.11)

소련의 점진적 공산화 정책

한반도를 점령한 직후 소련은 한국문제를 다른 정치적 수단에 의하여 해결하기 보다는, 신탁통치를 실시하는 것이 미국의 태평양 지역에서의 팽창을 견제하는데 유용한 수단이라고 생각하였다. 1945년 9월 소련 외무성이 작성한 3개의 비밀 정책 보고서에 의하면 한반도에 대한 소련의 주된 관심은 해양에 접한 3개 전략지역인 제주도, 부산과 인천에 대한 통제권을 획득하는 것이었다. 점령 2년 뒤 4개국 신탁통치를 실시하는데, 3개의 전략지역은 소련이 통제하여야 한다는 단서를 달고 있었다. 미국에 대하여는 태평양의 전략지역 획득을 원한다는 점을 활용하여 압력을 가하여야 하지만, 소련의 3개 전략지역의 통제권 획득에 반대가 심할 경우 제주도에 대하여는 중국이 장악하게 하거나, 3개 전략지역에 대한 소련-중국 공동 통제권 행사를 제의해야 한다는 의견을 제시하고 있었다. 또한 한국과 일본 국경 획정시 대마도(쓰시마)는 일본이 아시아 본토와 한국침략의 전초기지로 활용해 왔기 때문에 한국에 넘겨주는 제의를 해야 할 필요가 있다고 주장하였다.[12]

점령 직후 각 도에 인민정치위원회를 조직한 소련 점령군은 이 위원회들이 각 지역의 행정권을 행사하는 것을 인정하였다. 이 정책은 한국인들이 환영하였고, 소련군은 많은 지식인들로부터 지지를 받을 수 있었다. 특히 점령 초기 소련은 국가 자유와 사회정의의 화신과 같이 여겨졌다. 각 도에 인민정치위원회를 조직한 소련 점령군은 9월 14일 다음과 같은 내용의 정치강령을 발표하였다.

1. 농민, 노동자 반일 한국인들을 대표하는 민족정부의
   조기 설립
2. 농민들에게 농지를 배분하는 토지개혁
3. 일본인 소유 산업의 노동위원회 통제 하 유치
4. 모든 친일파의 즉각적인 숙청
5. 모든 교육 문화기관의 공공관리[13]

북한의 5도에 설치된 위원회의 10월 8일 대표자 회의에서, 소련점령당국은 한국인들에게 5개의 인민정치위원회를 5도 임시인민위원회라는 이름으로 하나의 행정기구로 통합하도록 강요하였다. 이틀 뒤에는 한 걸음 더 나아가 공산당을 설립케 함으로써 공산화를 위한 전략을 수립 실행해 나아갔다. 10월 10일부터 나흘간 '조선공산당 서북5도 책임자 및 열성자 연합대회'를 개최하고 '조선노동당 북조선 분국'을 설치하였다. 열성자 연합대회에는 소련군정의 주요지도자들과 김일성을 중심으로 하는 항일 무장 투쟁세력, 김용범·오기섭·주영하 등 국내파 공산주의 세력 70여명이 참가하였다.

이 대회는 임시집행부 선거, 조선공산당 책임자 박헌영에게 보내는 축전 결의, 국제정세에 대한 강연, 당 및 공산주의자의 정치적 과업보고, 당 조직문제 보고, 지방정권 및 도당사업 강화보고, 조선공산당 북조선 지방위원회 선거의 순서로 진행되었으며, 정치노선 확립과 조직확대에 관한 결정서가 채택되었다.[14] 조선노동당 북조선 분국은 서울의 조선공산당을

중앙기구로 인정하였다.15) 북한지역의 공산세력은 아직 남한의 공산세력 보다 열세에 놓여 있었다.

　북한에 공산당이 조직될 무렵에 평양에는 김일성 장군이 귀국하였다는 소식이 전해졌다. 김일성은 한국인들에게 만주에서 한국인 게릴라 단체를 지도하였던 '용감하고 영웅적인 반일 지도자'로 알려져 있었다. 그는 1941년경 갑자기 소련으로 사라졌고, 해방이후에 33세의 나이로 소련 육군 소령의 제복을 입고 평양으로 들어왔다. 그러나 대개의 평양주민들은 진짜 김일성은 나이도 더 들었고 경험도 더욱 풍부할 것이라는 의아심을 가졌다.

　김일성과 그의 추종자들 50여명은 9월초 소련군과 함께 귀국하였는데, 김일성은 소련 공산당과는 별 관계가 없었다. 10월 14일 치스타코프 사령관은 대중들에게 '민족의 영웅'으로 김일성을 소개하였다. 조순승은 이와 달리 김일성이 조만식에 의하여 민족 영웅으로 소개되었고, 10월 10일 북조선 공산당의 제1서기로 선출되었다고 주장하였다. 그러나 남근우는 토착 공산주의자였던 김용범이 10월 10일 북조선 공산당 서기 대리로 선출되었다고 주장하였다.16)

　김일성이 귀국한 이후 치스타코프 사령관은 '사령관 명령'을 발표하여, 북한에 존재하는 모든 정당은 강령, 규율, 당원 명단을 소련 점령사령부에 제출함으로써 등록을 하도록 하였다.17) 소련점령군은 북한의 정치상황을 재조정함으로써 김일성이 세력을 구축할 수 있는 환경을 조성하여 주는 정책을 추구하였다.

그 동안 북한의 기독교인들은 새로운 정당을 설립할 준비를 하고 있었다. 소련인들은 북한지역내의 주요정파가 될 수도 있는 이러한 활동을 '묵인'할 뿐더러 '격려'까지 하였다. 소련이 이러한 정책을 채택한 이유는 남한지역에서 공산주의 활동을 허용하고 있는 미 군사정부에 비하여 불리하게 비교되지 않도록 하기 위한 것이었다고 주장하는 학자도 있다.[18]

마침내 1945년 11월 3일 최초의 비공산 정당인 '조선민주당'이 조만식을 지도자로 하여 평양에 창당되었고, 곧 이어 북한 전역에 지구당을 설치하였다. 이 정당은 기독교인, 기업가를 비롯한 중산층과 지식인들로부터 광범위한 지지를 받았다. 설립 이후 3개월이 지나지 않아 당원수가 50만 명을 넘었다. 조선민주당은 강령으로 민족의 독립, 남북통일, 민주주의 확립 등 3원칙을 채택하였다.[19]

비록 점령 초기 소련의 정책과 선전은 소련군을 해방군의 이미지로 부각시키는데 상당히 성공적이었으나, 그들의 경제정책은 별로 생산적이지 못하였다. 그들은 주민들로부터 정기적인 곡물 상납을 요구하였고, 새로운 화폐를 대량 발행하여 인플레를 조장하였다. 은행에 수집된 구화폐는 소련의 남한에서의 활동을 위한 기금으로 활용되었다. 만주에서 한 것처럼 북한내 공장의 기계들과 광산에서 사용되는 장비들을 해체하여 소련으로 가져갔다. 북한 산업시설의 30~40퍼센트가 소련으로 약탈되었다.[20] 소련인들은 북한지역의 경제환경의 개선은 전혀 고려하지 않고, 자신들의 이익 확보에만 노력을 기울였다.

조만식은 소련군의 곡물수탈과 기계를 해체하여 소련으로 반출하는데 대하여 계속 비판을 하였고, 결국 소련인들과 불편한 관계를 가지게 되었다. 실제로 소련점령 초기부터 조만식은 비록 행정부처의 장의 지위를 유지하였으나, 실제 권력은 제한되어 있었다. 결국 그는 1945년 12월 28일 모스크바 3상회의에서 결의된 신탁통치안에 대한 지지를 거부한 이유로 1945년 말 직위가 박탈되고 감금상태에 놓이게 되었다.

치스타코프 사령관과 로마넨코(Romanenko)는 조만식을 다음과 같은 말로 설득하려 하였다. "신탁통치를 지지하라. 그러면 당신은 한국의 스탈린이 될 수 있을 것이다. 그렇지 않으면 당신의 안전을 보장할 수 없다." 조만식은 소련인들의 협박에 대하여 저항하는 태도를 보였다. 당시 소련은 신탁통치를 받아들이면 '조만식을 초대 대통령에, 김일성을 군부지도자'에 내정하였다고 조만식에게 통보하였다는 설이 있다. 소련 공산당은 "공산당원을 전면에 부각시키지 말고 정권 초기에는 민족주의자 또는 민주주의자를 내세우자"는 지시를 계속하고 있었다.[21]

공산주의자들은 조만식의 기를 약화시키기 위하여 1946년 1월 4일 5도 임시행정위원회의 회합을 가졌다. 이 위원회는 원래 민족주의자 16명과 공산주의자 16명으로 구성되어 있었다. 위원회가 개최되었을 때 6명의 민족주의자들만이 참석하였고, 회의는 소련인 정치고문과 소련으로부터 귀국한 한국인들에 의하여 주도되었다. 공산주의자들은 신탁통치문제를 다수결 투표에 의하여 결정하자고 주장하였다. 이에 대하여 민족주의자들은 그러한 중요한 문제를 단순한 투표로 결정할 수 없다고 하며 반대하였다. 그러나 공산주의자들의 움직임을 봉쇄하기에 역부족이라고 인식한 조만식은 위원장직을 사퇴하고 회의장을 떠났다. 그가 회의장을 나서자 소련군인들이 체포하였고 평양의 고려호텔에 감금하였다. 이후 조만식은 북한사회에 다시 나타나지 않았다.[22] 소만식의 감금직후 북한지역 정치에서 비공산주의자들은 모두 제거되었고, 그 대신 공산주의 파벌간의 대립이 시작되었다.

소련으로부터 귀국한 소련파들이 북한지역의 주도권을 장악하는 동안 '연안파'로 불리는 새로운 공산단체가 출현하였다. 일제 점령기간 동안 중국 연안지방에 기반을 두었던 이들은 1945년 9월 한만국경을 넘어 귀국하려 하였다. 연안파는 김두봉의 지휘하에 있던 '조선독립동맹'과 무정의 통솔 하에 있던 조선의용군 1,500명으로 구성되어 있었다. 일본의 항복 이후 그들은 일본군으로부터 탈출한 상당수의 한국인들을 편입하였다. 연안파가 1945년 9월 하순 압록강에 도착하였을 때 소련의 지방점령군은 이들의 입국을 거부하였다. 한반도는 미군과 소련군이 점령하고 있으며, 한국정부가 존재하고 있지 않으므로 한반도 내에 점령군 이외의 다른 군대가 존재할 수 없다는 것이 입국거부의 명분이었다. 연안파는 이미 김일성을 중심으로 한 한국인 집단이 귀국한 점을 들며 자신들의 입국을 강력히 요청하였으나, 소련군은 김일성 집단의 존재사실마저 부인하였다.

2개월간의 실랑이 끝에 1945년 11월 결국 소련군은 신의주에의 진입을 허용하였고, 깊은 밤 학교건물에 수용하였다. 새벽이 오기 전 그들은 소련파 한국공산주의자들에 의하여 무장해제 당하였다. 무장해제된 연안파 전원은 만주지역으로 다시 추방당하였다.23) 소련파 한국공산주의자들은 처음부터 강력한 예방책을 사용하지 않으면 그들의 지위가 연안파에 의하여 위협을 받을 것이라고 우려하고 있음을 증명하였다.

결국 연안파들은 몇 개월 후 남한지역을 통하여 입북하였다. 아직 그때까지 38선 통행이 자유롭게 개방되어 있는 상태였다. 북한지역 내 정치적 경쟁에 처음부터 참여하지 못한 그들은 북한 공산당에의 참여를 거부하고 신민당을 창설하였다. 신민당의 정치노선은 모택동의 영향을 받았고, 주로 지식인들을 상당수 포함한 중산층에 기반하였다. 뒷날 신민당은 노동당 창설시 소련 점령당국의 압력으로 북한 공산당과 함께 노동당으로 병합되었다.24) 이와 같이 소련점령군은 분산되어 있던 공산단체들을 하나로 통합하는데 성공하였고, 그들의 유순한 종복인 김일성이 집권하는데 유리한 기반을 조성해 나아갔다.

그들은 또한 점진적으로 38선을 통한 남북한간의 왕래를 통제하기 시작하였다. 남북한간의 전화선을 절단하였고, 우편서비스도 중단하였다. 단지 그들은 남한으로부터의 곡물 지원이 필요하였기 때문에, 양 점령군간의 한반도 신탁통치 협상이 결렬될 때까지 압록강으로부터 남한에 대한 전력지원은 계속하였다. 국제적인 냉전이 시작되면서 소련 점령군은 북한주민들에게 미국이 한반도 독립의 가장 큰 위협세력이라는 등 미국을 비난하기 시작하였다. 미국이 한국을 식민지화하려는

'제국주의 세력'이며, 일본인 자문관을 사용한 것은 미국의 진실한 목적이 무엇인가를 나타냈고, 토지개혁도 하지 않고 있으며, 미국 점령지역에 선거에 의한 지역 또는 중앙정부를 허용하지 않는 것은 미국의 '한국인들에 대한 불신'의 증거라고 비난하였다.[25]

미국의 점령정책: 친미화를 위한 정치세력 장악

그 동안 남한에서 여운형은 미군이 남한을 점령한다는 소식을 듣고, 미군이 진주하기 이전에 '과도정부'를 세울 필요성을 느꼈다. 1945년 9월 6일 '건국준비위원회'는 1,000명의 대의원이 참석한 국민대회를 서울에서 개최하였다. 이 대회는 '조선인민공화국'의 이름으로 정부를 구성한 뒤 한반도 전역에 대한 지배권을 선포하였다. 이 정부는 좌우익을 총망라한 연합정부의 성격을 가지고 있었으며, 이승만을 주석, 여운형을 부주석으로 선정하였다. 내부적 갈등을 막기 위하여 각부 장관은 좌익과 우익에서 동등한 비율로 배분하였다.

이 정부의 주요 임무로는 정치적·경제적으로 독립된 국가건설, 일본인과 협력자들의 공직에서의 추방, 기본적 인권에 기초한 만주주의의 실현, 경제·사회개혁 등을 망라하였다. 인민공화국은 정강으로 민주주의 국가의 일원으로서 상호 제휴하여 세계평화의 확보에 기여할 것임을 밝혔다.[26] 인민공화국의 성격에 대하여 많은 논란이 있다. 일부에서는 공산세력에 의하여 설립된 조직이라는 주장이 있으나, 커밍스(Bruce Cumings)는 인민공화국을 공산정권으로 간주하는 것은 '어리석은(absurd)' 주장이고, 1945년 인민위원회는 공산주의자들의 지배를 받지 않았다고 논하였다.[27] 인민공화국은 외국군 점령 기간을 최대한 줄이면서 독립국가를 수립하려는 한국인들의 의지와 능력을 보여주기를 원하였다.

인민공화국이 한반도 내에서 가장 강력한 정치단체로 부상하였으나, 다른 정치단체들의 도전도 만만치 않았다. 첫째, 중경에 있던 임시정부가 인민공화국을 지지하지 않았다. 인민공화국은 임시정부의 대통령이었던 김구를 내무장관으로 임명하고 임시정부와 인민공화국의 합병을 제의하였다. 그러나 김구는 인민공화국이 임시정부의 정통성을 훼손시켰다는 이유로 이를 거부하였다. 둘째, 1945년 9월 12일 박헌영에 의하여 서울에 재건된 공산당이 인민공화국의 가장 위험스러운 상대였다. 극단적 공산당이 출현함에 따라 연합정부 형태의 인민공화국은 모호한 성격을 가진 조직이라는 평을 듣게 되었다.

하지 장군의 지휘를 받는 7만 2,000명의 24군단이 9월 8일 남한지역의 점령을 위하여 인천항에 도착하자, 인민공화국 대표단이 승선하여 새 정부의 행정기구로써 각 지역에 인민위원회가 설립되어 있다는 내용을 알리는 문서를 전달하였다. 그러나 하지는 인민공화국의 존재를 무시하였고, 미군이 진주할 때 인천항의 질서를 유지시킨 일본인들을 칭찬하였다. 하지가 한국인들에게 일본인들에 대한 시위를 벌이거나 미군을 환영하러 부두에 나오지 못하도록 경고하였으나, 해방군을 환영하러 부두에 몰린 한국인들에 대하여 일본군이 발포를 하였고, 그 결과 두 명의 한국인이 사망하고 10명이 부상당하였다.[28] 이 사건이 하지가 한국인들 사이에서 인기를 끌지 못한 이유 중의 첫 번째였다. 미국인들은 한국을 패전국으로부터 독립한 국가가 아니라 패전국으로 대하는 듯한 태도를 보였다.

9월 9일 하지와 7함대 사령관인 킨카이느(Thomas C, Kinkaid) 제독이 일본인들의 공식적 항복을 받기 위하여 서울에 도착하였다. 항복 기념식 직후 하지는 기자회견을 개최하고, 일본 총독인 아베 노부유끼를 비롯한 일본관리들이 미군의 행정을 지원하고 질서 있는 정부의 인수인계를 위하여 당분간 종래 관직을 유지할 것이라는 성명을 발표하였다. 미 합참이나 본국정부로부터 아무런 훈령을 받지 못한 상태에서 하지는 한국점령 기간 강력한 군사력을 사용하여 한국을 효과적으로 통치한 일본관료와 경찰에 의존하지 않을 수 없다고 생각하였다. 하지는 한국인들을 신뢰하지 않았다. 이러한 점은 도착 직후 발설한 그의 발언을 보면 알 수가 있다. 그는 한국인들은 '즉각적인 독립' 이외에 아무런 생각도 할 줄 모르고, 그들은 일본인들과 마찬가지로 '고양이 같은 종족'들이라는 망언을 서슴치 않았다.[29]

일본인들을 공직에 사용하는 하지의 정책에 반발하여 9월 10일 한국군중들이 시위를 벌였고, 일부는 경찰서를 습격하였는데 이 과정에서 2명의 한국인들이 일본 헌병에 의하여 살해되었다.[30] 종국적으로 한국인들의 강한 반발에 직면하여, SWNCC는 일본인들을 모든 관직으로부터 제거하도록 하지에게 명령을 내렸다. 아베 총독은 9월 12일 면직되었지만 엔도 정무총감은 고문으로 남았고, 많은 수의 일본인들은 4개월 이상 관직에 그대로 남아 있었다.[31] 이 사건은 미국정부가 얼마나 한국점령에 대한 사전준비가 없었는가를 보여주는 동시에, 한국에서 하지와 미 점령군의 인기를 하락시키는 근원적인 원인이 되었다. 한국인들은 그들의 강력한 반발이 미국정부를 움직이게 하였고 하지도 굴복시켰다는 자부심을 갖게 되었다.

일본인들을 관직에서 제거한 후, 하지는 미군사정부를 수립하고 이를 남한에서의 유일 합법정부로 공표하였다. 당시 미국이 군사정부 체제로 선택할 수 있는 대안으로는 일본 점령 이전의 분권체제, 일제시대의 중앙집중 통치구조, 인민공화국의 체제, 또는 완전히 새로운 체제의 건설 등이었다. 일본인들의 통치철학에 대한 이해도 없는 상태에서 미 점령당국은 일본체제를 받아들였다. 미국인들은 '현존하는 정치체제를 유지시키는 것이 논리적이고 현실적'이며, 그 정책이 점령지에 대한 '민사행정 절차의 표본'이라는 논리를 내세웠다.[32] 미국인들의 남한에 대한 직접통치는 1947년 6월 미군사정부의 명칭을 "남조선 과도정부"로 변경할 때까지 지속되었다. 명칭 변경후 남조선 과도정부의 중요한 직책을 한국인들이 맡았다.[33]

미국은 점령초기에 한국에 대한 일관된 정책을 수립하지 못하여 한국인들의 반감을 무마시키는데 한계가 있었다. 국무성의 하위관리인 베닝호프(H. Merrill Benninghoff)가 하지의 정치고문으로 8월 25일 임명이 되었지만, 워싱턴으로부터의 지시가 거의 전무한 상태였으므로 그는 하지가 행정체제를 구축하는데 대하여 구체적인 도움을 주기가 어려웠다. 더구나 당시 점령지역에 대한 국무성과 국방성의 협조도 제대로 이루어지지 않고 있었다. 일반적으로 국무성이 점령정책을 수립하고 구체적인 집행은 국방성이 하도록 되어 있었으나, 국방성은 국무성에 책임을 지우려 하고 있었다. 이러한 국방성의 움직임에 대하여 번즈 국무장관은 국무성은 '정책결정기구'이기 때문에 유럽이나 아시아 점령지의 통치책임을 국무성에 이전시키는 것은 옳지 않다고 주장하였다.34) 이러한 상황에서 구체적이고 실현 가능한 지시를 기대하기 어려웠고, 결국 하지와 베닝호프는 혼란에 빠지게 되었다.

베닝호프는 당시의 한국상태를 '이제 막 폭발하려고 하는 화약통'에 비유하였다. 1945년 9월 중순경에 접어들어 하지는 한국의 미래에 대한 구체적인 훈령을 보내 주기를 요구하면서, 가능하다면 통치경험이 풍부하고 동양인들의 성격을 잘 파악하고 있는 고위관리를 파견해 주도록 요청하였다. 그는 또한 중경에서 귀국하지 못하고 있던 임시정부를 속히 귀환시켜 주도록 요청하면서, 한국인들이 선거를 치를 만큼 안정이 될 때까지 귀환될 정부를 연합국들의 지원 하에 임시정부로 활동하도록 하는 것이 한국인들을 친미적으로 유화시키는 유일한 방법이라고 주장하였다.35)

이와 유사하게 장개석도 미군사정부에 한국 임시정부의 요원들을 사용하도록 요청하였다. 또한 임시정부에 대한 공식승인을 제의하였다.36) 임시정부가 한반도 내에서 권력을 장악하게 되면 한반도에 대한 영향력 경쟁에 있어서 장개석에게 유리한 상황이 조성될 수 있었다. 이러한 논리를 모를 리 없는 미국에 임시정부의 한반도 출현을 달가워 할 리가 없었다.

미군사정부와 인민공화국의 대립

경험과 자질이 풍부한 참모의 부족은 하지가 남한지역을 점령 통치하는데 있어서 큰 제한사항이 되었다. 그는 인민공화국을 인정하지 않았지만, 미군사정부는 지방의 법과 질서를 유지하는데 인민위원회를 사용하지 않을 수 없었다. 민사행정관이었던 프레스콧(B. E. Prescott) 대령은 인민공화국의 대표가 지방행정기구를 장악하고 효과적으로 작동시키고 있기 때문에 그들은 관직을 유지할 수 있을 것이라고 하였다. 9월말 베닝호프는 인민공화국이 남한의 어느 정치단체 보다 효율적으로 조직되어 있다고 고백하였다.[37]

그러나 하지는 인민공화국의 활동을 막기 위하여 1945년 10월 5일 11명의 한국인들로 '국가고문회의'를 구성하는 등 군사정부의 권한을 강화시켰다. 11명의 고문회의 위원 중에 9명은 지주와 기업가들을 중심으로 9월 16일 설립된 한국민주당으로부터 선정되었다. 위원장은 김성수가 맡았는데 그는 일제말기 친일활동을 하였다는 비판을 받고 있었으며, 해방 후 한국민주당을 운영하고 있었다. 여운형도 위원으로 선정되었으나 참여를 거부하였다.[38] 임명된 위원 중 대부분은 친일파로 알려진 인사들이었을 뿐 아니라, 한국인들은 고문회의 설치를 미국이 오랜 기간동안 점령 통치하려 한다는 것으로 해석하였다.

1945년 10월 10일 군정장관이었던 아놀드(Archibald Arnold) 소장은 남한지역에서 미군사정부가 유일한 정부라는 성명을 발표하였다. 인민공화국이 중앙정부가 되려는 것은 '늙은이들의 유치한 짓'에 불과하며, "그들이 한국정부로서 정통성 있는 기능을 가지고 행사하려고 생각하는 것은 참으로 바보스럽다"며 인민공화국의 존재를 일축하였다. 인민공화국의 활동은 '광대극'에 불과하며 그들은 하루 빨리 광대극의 막을 내려야 한다고 선언하였다.[39] 같은 날 베닝호프는 인민공화국이 '공산주의자' 또는 '급진단체'에 의하여 조직되었다고 보고하였다.[40]

인민공화국은 거세게 반발하였다. 포스터와 팜플렛을 만들어 미군사정부를 비난하며, 인민공화국이 설립한 인민위원회가 38이북 지역에서 인정을 받고 있기 때문에 인민공화국은 분단선을 초월한 통일정부라고 주장하였다. 당시 전국적으로 수천 개의 인민위원회가 설립되어 있었다. 1945년 11월 21일~22일 서울 천도교 강당에서 개최된 전국 인민위원회 대표자 회의에서 보고한 내용에 따르면, 북한지역에는 564개의 면, 28개의 읍, 70개의 군, 9개의 시, 6개의 도가 있는데 이곳 전체에 인민위원회가 설립되어 있으며, 남한지역은 1,680개의 면 중 1,667개, 75개의 읍 중 75개, 148개의 군 중 145개(3개는 창설 준비중)의 인민위원회가 설치되어 있었다.[41]

미군사정부가 여운형을 고문회의 위원으로 선정했던 사실을 상기시키며 한국언론은 누가 '광대극'을 지원하느냐고 반문하였다. 한국인들은 해방군이 탄압군으로 되었으며, 과거 일본점령자와 새로운 점령자간의 차이는 '피부색' 뿐이라고 생각하였다. 미드(Meade)는 "미군의 한국 주둔의 유일한 목적이 한국인들로 하여금 자유로운 선택에 의하여 민주적인 독립정부를 수립하는 것을 지원하는 것이라면, 또한 워싱턴 정부가 한국인들 스스로 필요한 경제와 정치체제를 결정할 수 있는 권한을 인정한다면, 인민공화국이 왜 그러한 취급을 받아야 했는가?"라는 의문을 표시하였다.[42]

소련이 북한을 점령한 이후 인민공화국의 조직을 사용한 것처럼 미국도 인민공화국이라는 '사실상(de facto) 정부'를 공식적으로 승인하고 이를 통한 점령통치를 하였다면 한반도는 점령 초기에 통일된 독립국가를 수립할 수 있었을 것이다. 비록 인민공화국은 미국식 사고가 지배하지는 않았지만, 미국인들은 의장과 내각각료로 임명되었던 이승만과 우익인사들을 통하여 인민공화국의 공산화를 막을 수 있었을 것이다. 만약 미 점령당국이 인민공화국을 승인하였다면, 임시정부의 환국을 기다리던 우익 인사들이 인민공화국에의 참여 이외의 다른 대안을 마련할 수 없었을 것이다.

인민공화국을 불법화하려는 하지의 정책은 38선 이남에 존재하는 모든 정치단체를 지배하도록 하고, 미군사정부의 목적에 부합되는 민주정당의 설립과 활동을 격려하라는 10월 17일자 워싱턴 정부의 명령에 의하여 합리화되었다. 이 명령은 또한 한국의 임시정부 또는 유사한 정치단체를 공식적으로 승인하거나 정치적 목적으로 사용하지 말도록 하였고, 군사점령에 필요하거나 점령군에 협조하는 정치단체에 대해서는 격려를 하되 점령군은 이 단체를 반드시 통제할 수 있는 조치를 취하여야 한다고 지시하였다.[43] 이는 다시 말하면 친미적인 성격을 가진 정치단체만을 존속시키고 세력을 키워주라는 뜻이었다. 이러한 명령을 받은 하지는 인민공화국 측에 이름에서 '공화국'이라는 단어를 삭제하기를 요청하였고, 인민공화국 측이 이를 거부하자 그는 인민공화국의 활동을 중단시키기 위하여 '선선포고'를 해야 한다고 생각하였다.[44]

모든 정치단체의 등록을 지시한 결과 공산당, 민족정당, 중도정당을 포함한 54개의 정당이 등록을 하였다. 미군사정부는 민주주의 원칙에 따라 공산당도 법을 준수하는 한 다른 정당들과 같은 대우를 받아야 한다며 형식적으로 모든 정당에 대하여 중립적 태도를 보였다. 그러나 하지는 급진좌익은 한국정치에 있어서 '불필요한 집단'이라 간주하고, 보수우익정당들이 강한 대중적 지지를 획득하고 미국의 목표에 동참하기를 희망하였다. 그러나 우익정당들은 대체로 지지기반이 약했고 유능한 지도력을 결하고 있었으며, 대개가 친일파들이었다. 따라서 하지는 임시정부가 중국에서 환국하기를 바랐고, 이승만도 미군사정부에 협력하고 당시 고문회의 위원들과 동등한 조건으로 이 회의에 참여한다는 조건 하에 개인자격으로 귀국하기를 희망하였다.[45]

1945년 10월 16일 귀국한 이승만은 지지자들을 결속하며 한국의 정치권을 지배하기 위한 행동을 전개하기 시작하였다. 10월 20일 하지는 5만 명 이상이 군집한 야외집회에서 이승만을 한국인들에게 소개하였다. 하지는 이승만을 한국 군중들에게 소개함으로써 한국인들이 미국인들에게 감사한 마음을 가지게 하고 이에 따라 한국인들의 반미감정을 줄이는 기회로 이용하려 하였다. 그러나 이승만은 한국인들이 스스로를 통치할 수 있는 능력이 있으므로 강대국은 즉시 독립할 기회를 제공해야 한다면서, 10월 25일 '한국독립촉성위원회'를 조직하였다. 이 위원회는 임시정부를 전적으로 지지하였고 조속한 환국을 강조하였다. 위원회는 남한에 존재하던 54개의 정당 중 43개 정당의 지지를 받음으로써 임시나마 우익정당들의 결속을 도모하는데 성공하였다.[46]

이 결과는 하지로 하여금 미래 한국정부의 모델로써 이승만을 지도자로 하고 임시정부 임원들로 구성되는 '통치 위원회'를 구상하게 하였다. 하지는 한국인들이 이러한 정치조직을 지지할 것이고, 여론의 압력을 받아 소련도 미국의 정책에 협력할 것이라고 생각하였다. 극동지역에 주재하던 미국인들은 한국인들이 정부조직에 참여할 수 있도록 미국이 적극적인 행동을 취하여야 한다는 인식을 가지게 되었다.[47] 극동주재 미국인들이 이러한 인식을 가지게 된 것은 점령이 끝날 때까지 한국에 임시정부를 세우지 않으려는 워싱턴 정부의 의중을 몰랐거나, 워싱턴을 향하여 이러한 정책을 바꾸도록 요청하는 것 중 하나였을 것이다.

미 국무성은 이러한 요청을 받아들일 의사를 전혀 가지고 있지 않았다. 첫째, 제2차 세계대전 기간 이승만의 임시정부 승인을 요구하는 끈질긴 투쟁 때문에 국무성은 그에 대하여 별로 좋은 시각을 가지고 있지 않았으며, 일부 미국 관료들은 이승만을 '불평분자(grumbler)'로 간주하고 있었다. 둘째, 국무성은 남한지역에 반소 성향의 위원회를 설립하게 되면 소련을 자극할 것이라는 우려를 하였다. 빈센트(John Vincent) 극동 국장은 미국이 특정 한국인 단체를 지지하게 되면 소련도 북한 지역에서 유사한 방식을 택하게 될 것이고, 이는 한반도 통일에 장애가 될 것이라고 주장하였다.48) 아직 제2차 세계대전 기간에 이루어진 소련과의 우호관계가 유지되고 있었지만, 미국인들은 소련이 이미 북한지역에 소련의 취향에 맞는 체제를 수립하고 있다는 사실을 모르고 있었다.

상황이 점차 불확실하고 불투명하게 전개되자 이에 불안을 느낀 한국인들은 1945년 11월 모든 정치단체들이 회합하는 자리를 마련하였다. 공산주의자들까지 참여한 이 회합은 통일된 한국을 조직할 수 있는 기회가 한국인들에게 주어져야 한다는 공동선언서를 발표하였다. 이 선언서에서 한국인들은 한반도의 분단은 자신들이 자초하지 않은 '매우 심각한 실책(most serious blunder)'이라고 규정하였다.49)

남한지역의 불안정한 정국상황에 더하여, 한반도 분단의 지속은 미 군사정부가 직면한 중대한 문제가 되어 가고 있었다. 남북한 어느 쪽도 상호간의 협조 없이 경제적으로 자립할 수 없었기 때문에 미·소점령 당국이 한반도를 하나로 통일된 바탕에서 지배할 수 있는 협정을 체결할 필요성을 느끼게 되었다. 아직 국제적인 차원에서 미국과 소련은 제2차 세계대전의 협력적 관계를 미미하게나마 유지하고 있었으므로 미국은 한반도 점령의 파트너인 소련과의 협력을 기대하고 있었다. 미국이 가장 중요하게 생각하던 한반도에서의 목표는 남한지역

의 정치를 안정시켜 미국을 지향하는 민주주의를 정착시키고
영광스럽게 철수하는 것이었다. 한반도의 통일도 중요하지만
더 중요한 것은 어떠한 방식으로든 한반도에서 미국의 영향력
을 유지하는 것이었다.

분단의 고착화:
통일정부
수립의 실패

한반도를 점령한 이후 미국인들은 자국의 외교정책에 있어서 한반도 문제에 그다지 높은 가치를 부여하지 않았다. 전후 한반도 처리에 성공적으로 참여하였다는 안도감에서 장기적인 정책수립 없이 임기응변적인 대처만을 해나감으로써 남한의 정국을 불안정하게 만들었다. 미국인들은 남한을 비국화시키는 일이 수월할 것이라고 예상했던 것으로 보인다. 소련도 북한을 적성국가로 만들지 않는다는 목표 이외의 다른 구체적인 지침을 가지고 북한을 점령한 것으로 보이지 않는다. 소련 점령 당국이 처음부터 김일성에게 북한통치권을 허용하였다는 구체적인 근거는 찾아보기 어렵다. 김일성은 북한의 다른 지도자들이 소련에 협조하기를 거부하였기 때문에 선택된 것으로 보인다.

한국인을 통하여 북한을 통치한 소련과 달리 미국은 군사정부를 수립하고 직접통치를 시작하였다. 만약 미국인들이 여운형이 설립한 인민공화국을 인정하였다면, 한반도의 조기 통일과 독립이 가능했을 것이다. 이는 신탁통치를 거치든, 안 거치든 인민공화국을 통일된 중앙정부로 인정하는 미국과 소련의 합의에 의해서 가능했을 것이다.

제2차 세계대전 이후 시작된 새로운 국제질서인 '냉전'의 개념이 양극체제에서 두 적대세력이 실전으로 확대될 가능성이 있는 대립을 하는 상태라 한다면, 한국에서의 냉전은 미국과 소련이 점령한 초기부터 시작되었다고 할 수 있다. 특히 한국을 둘러싼 미국과 소련의 대결은 폭발하기 일보직전이었다고 해도 과언이 아니다.

1946년과 1947년의 미국과 소련의 협상과정에서 양국은 새로 세워질 한국정부는 자국에게 충성하는 정부는 아니더라도, 적어도 자국에게 적대적인 정부가 아니어야 한다는 원칙을 분명히 하였다.

제7장_ 통일정부 수립의 실패 :
대내외적 갈등의 점증

점령초기 미국인들은 한국정치에 미국식 정치이념을 주입시
키는 것이 별로 어렵지 않을 것이라고 생각하였다. 이 목적으
로 한국에 존재하던 모든 정치단체들을 불법화하고 미국에 협
조하는 조직만을 육성하였다. 그러나 한국의 강한 민족주의는
이에 대하여 거부반응을 보였으며, 이러한 상황에서 분단된
남한에 친미정부를 세우는 것은 시간도 걸리고 매우 어려운 작
업이 될 것이라고 느끼기 시작하였다. 대다수의 한국인들이
미군사정부에 협력하는 태도를 보이지 않고 점령군의 인기가
날로 실추하게 되자, 미국은 4개국 신탁통치안을 부활시켰다.
사실 미국정부로서는 신탁통치안을 재부각시켜 소련과 협상
하는 것 외에 격동기의 한반도 문제를 해결하는 별다른 방안을
강구하기가 힘들었다.

신탁통치안의 부활과 한국인들의 반탁운동

하지의 정치고문이었던 국무성의 베닝호프는 본국정부에 전
문을 보내 전쟁종료 이전에 합의되었던 신탁통치안을 기초로
하여 협상을 재개하는 것이 유일한 한반도 문제 해결방법이라
는 제의를 하였다. "가까운 장래에 이러한 방법에 의한 접근이
이루어지지 않는다면 미국이 한국의 민주주의와 독립을 획득

하는 것에 협조할 의사가 전혀 없다고 한국인들은 생각할 것이며, 이 경우 미국이 한국에서 영위하던 신의와 권위를 땅에 떨어뜨리려 하는 한국선동가들의 욕구만 충족시켜 줄 것"이라고 베닝호프는 경고하였다.[1]

1945년 10월 20일 국무성 극동국장 빈센트(John Carter Vincent)가 미국외교협회에서 한국에 대하여 신탁통치를 실시할 가능성을 시사하였고, 이 사실이 한국 내에 보도가 됨으로써 한국인들은 처음으로 한반도 신탁통치안을 접하게 되어 여론이 비등하게 되었다. 미국인들은 한국정부를 세우지 않고 신탁통치를 실시한다면 신탁통치에 포함될 4개국 중 영국과 중국은 공산주의자에 의한 한반도 독점을 막으려는 미국의 대한정책에 지지와 협조를 할 것이라 자신하고 있었다. 트루먼 대통령은 1945년 11월 10일 영국과 캐나다 수상을 만났을 때 한반도 신탁통치안에 대한 동의를 받아냈다.[2]

자신들의 미래에는 신탁통치 이외에 다른 대안이 없다는 것을 알게 되자, 한국인들은 격렬하게 반탁운동을 전개하였다. 1945년 10월 16일 귀국한 이승만이 11월초에 결성한 독립촉성 중앙협의회는 국내 각 정파와 정당을 대표하여 연합국에 보내는 신탁통치반대 결의서를 준비하였다. "미소에 의한 남북분할 점령의 중대과오는 우리가 자취한 바가 아니요, 우리에게 강제된 바이며, 조선신탁통치 제안은 새로운 중대과오가 될 것이다"는 경고로 시작된 결의서는 다음과 같은 세 가지 결의를 내용으로 하고 있다.

1. 우리는 자주할진대 1년 이내에 국내를 안돈(安頓)할 수 있을 뿐 아니라 외국의 물질적 기술적 후원으로써 비교적 단시일 안에 평화로운 보통생활을 회복할 수 있다. 이 사실을 부인하는 자는 아직도 일본인의 선전술에 마취한 자들이다.
2. 우리는 연합국과 우호관계로 협력할 것이며 극동평화 유지에 응분의 노력을 경주할 것이다.
3. 우리 임시정부가 연합국의 승인을 받은 후 1년 이내에 국민선거를 단행할 것으로 1919년에 선포된 독립선언서에 천명된 민주주의의 정치원칙을 어디까지나 존중할 것이다.

이 결의서는 연합국이 한국을 점령한 것이 아니라고 지적하면서, 한국인들은 단연코 공동 신탁제도를 거부하며, 기타 여하한 종류를 물론하고 완전독립 이외의 모든 정책은 반대한다고 끝맺고 있다. 이승만은 미국인들이 한국을 정복지역으로 생각하는 것은 절대로 잘못된 것이기 때문에, 한국인들이 신탁통치를 거치지 않고 스스로의 운명을 결정할 능력이 있다는 점을 보여줄 수 있는 기회가 주어져야 한다고 요구하였다.

이승만이 워싱턴에서 설립한 '한국위원회(The Korean Commission)'의 위원장인 임병직은 11월 7일 빈센트 국장에게 이승만과 한국정치가들을 대표하여 장문의 항의편지를 전달하였다. 이 편지는 무엇보다도 즉각적인 총선거를 시행해야 한다는 점을 강조하면서, 정치 경제적 단일성을 회복하고 총선거를 위한 통신의 자유를 확보하기 위하여 미국과 소련은 즉각

사진 7-1 신탁통치 반대 운동

적으로 상호협정을 맺고 한반도에서 철수해야 한다고 주장하였다. 한국문제를 세계문제와 연계시키며, 3천만 한국인의 자립의지를 꺾으면 또 다른 세계전쟁이 유발될 것이고, 즉각적인 독립과 한반도에서의 평화는 세계의 민주제도와 평화를 강화시키는 역할을 할 것이라고 선언하였다.[3]

11월초 공산주의자들을 포함한 남한지역의 모든 정파들은 회합을 가지고 한국인들 스스로가 통일된 정부를 수립할 수 있는 기회가 주어져야 한다는 내용의 공동선언을 하였다. 그들은 한반도의 분단은 그들이 자초하지 않은 "가장 처절한 비극"이라며 울분을 토하였다.[4] 좌익과 우익은 정부를 수립하는데 있어서 경쟁적 태도를 보였지만, 그들이 즉각적으로 독립정부를 수립할 능력이 있다는데 대하여는 공감하고 있었다.

워싱턴에 있는 미국관리들은 새로운 미소협상을 위하여 신탁통치를 하나의 대화조건으로 내세우려 했지만, 하지를 비롯한 한국이나 일본에 주재하던 미국의 군인이나 관리들은 한국인들의 강력한 반대를 직접 경험하면서 신탁통치의 실현에 회의적인 태도를 보였다. 한국인들은 이승만을 우상시하고 있었고 중경의 임시정부에 대한 많은 기대를 가지고 있었으므로, 하지는 한국 미래정부의 모델로 이승만을 위원장으로 하고 임시정부의 요원들로 구성되는 '통치위원회(governing commission)'를 구상하였다. 한국인들은 이 기구에 대하여 전폭적인 지지를 보낼 것이고, 한국인들의 여론에 밀려 소련도 이에 동의할 것이라고 하지는 예상하였다.[5]

아이러니컬하게도 1942년 처음으로 신탁통치안을 발상하였던 하지의 정치고문인 랭던(William Langdon)은 도덕적이나 현실적인 관점에서 신탁통치안은 한국에 적합하지 않으므로 포기를 요구하며, 신탁통치를 강행하려면 무력행사를 통한 방법밖에 없다고 경고하였다. 한국인들은 숟가락으로 밥을 먹여주는 것을 증오하고 오로지 독립만을 원하고 있다고 주장하였다. 그는 당시까지 미국의 대한반도 정책은 구체적 계획 없이 소련의 협조만 기대하는 것이었다고 비판하였다. 랭던은 신탁통치 대신에 김구를 최고 지도자로 하는 독립국가를 세우는 안을 제의하였다. 김구는 독립정부의 초대 대통령으로서의 자격을 갖추고 있었고, 거의 모든 정파가 그를 지지하고 있다고 논평하였다.[6]

1945년 9월부터 미 국무성과 군사정부는 신탁통치가 실시되면 이를 위하여 설립될 임시정부에 중경에 있던 임시정부 세력을 활용하는 국내정치세력의 개편과 통합계획을 구상하였다. 미국은 중경 임시정부 세력을 확대 개편하면서 중도좌파를 흡수하도록 계획하여 미국에 유리한 정부수립 의지를 보였다. 하지는 중경 임시정부를 귀국시켜 섬령기산과 선서가 가능하기까지 한국인들을 인정시키기 위한 방편으로 활용하자는 건의를 하였다. 10월 2일 미군사정부는 해외 망명정부 인사들을 미군정의 자문인사로 기용할 것이라는 의사를 밝혔고, 11월 2일 미군정 참모회의에서 하지는 '요리의 소금'에 비유하면서 김구에 대한 기대감을 나타냈다.[7]

하지도 랭던의 신탁통치포기 제의에 찬성하고, 신탁통치는 한국인들의 '물리적 저항'만을 유발시킬 것이라고 경고하였다. 미군사정부가 해야 할 일은 38선을 제거하는 협정을 소련과 체결하고, 신탁통치 포기 선언을 하고, 일본의 한국에 대한 대규모 배상을 약속하고, 특히 한국의 조기 독립에 대하여 연합국들이 약속을 하는 것이라고 하였다. 이러한 것들을 할 수 없다면 미국은 소련과 협정을 체결한 후 양국이 한반도에서 철수를 하여 한국인들이 스스로 운명을 결정할 수 있는 기회를 줘야 한다고 주장하였다.[8]

전쟁성 차관이었던 매클로이(John McCloy)는 한국을 방문하여 하지와 대화를 한 후, 미군사정부는 '합리적이고 존경받는 정부'를 설립하기 위하여 되도록 많은 수의 임시정부 요원들을 활용해야 한다고 국무장관에게 권고하였다. 그의 이러한 요구에 따라 김구와 임시정부 요원들은 일반 시민의 자격으로 11월 23일 귀국하였다. 그들이 중국을 떠날 때 장개석은 많은 액수의 돈과 중국인 고문을 제공하였다.[9] 장개석은 임시정부가 생존하여 중국의 영향력이 확대되기를 원하였던 것으로 보인다.

미 행정부는 진퇴양난에 빠지게 되었다. 한국인들은 신탁통치에 대하여 강한 반발을 보이고 있었고, 극동주재 미국인들도 신탁통치의 포기를 권고하고 있었지만 12월말 경에 열릴 모스크바 삼상회의에서 한반도 신탁통치 문제가 거론될 것은 분명하였고, 미국이 처음 발상한 신탁통치안을 미국이 반대한다는 것은 국가체면 등의 이유에서 바람직한 일이 못되는 것은 당연하였다. 이에 따라 새로운 대안을 준비하게 되었다.

그들이 생각해 낸 주도면밀한 아이디어는 미국과 소련이 남북 각 지역에서 최고 5년간의 신탁통치를 따로 실시한 후 즉시 미소점령군을 철수시키고 독립을 시키되, 신탁통치 기간에 남북간에 자유여행과 물자교환을 실시하여 통일을 위한 여건을 조성하자는 것이었다.[10] 분단이 고착화되어 가는 상황에서 미국이 제시할 수 있는 가장 현실적인 안이었으나, 미국이 한반도를 점령한 목적에 대한 의심받을 만한 위험한 요소를 내재하고 있던 안이었기에 정식으로 채택되거나 공식적으로 제의되지는 않았다.

반면에 번즈 국무장관은 만약 소련으로부터 한국의 통일과 독립에 '적절한 특별보장'을 받을 수 있다면, 미국으로서는 신탁통치에 대한 지지를 그만둘 수도 있다고 생각하였다.[11] 여기서 말하는 적절한 보장이란 틀림없이 소련의 위성국이 아닌 방향에서의 통일과 독립을 의미하는 것으로 해석된다.

1945년 12월에 접어들어 분할점령을 위하여 그어진 38선은 이미 국경선과 유사하게 고정화되어 가고 있었고, 한반도의 통일은 점점 요원해져만 갔다. 한반도를 분단할 당시 어느 한쪽도 스스로 자립할 수 있는 경제구조를 가지지 못하고 있었기 때문에 남한을 자립시키려면 막대한 투자를 해야 하고 장기간에 걸친 점령을 해야 하는 부담이 생긴 것이다. 특히 북으로부터 공급되던 석탄의 부족으로 미국은 일본점령사령부에 요청을 하여 매달 7만 톤의 석탄을 규슈로부터 부산으로 공급하는 조치를 취하기도 하였다.

남북한을 비교해 보면 북한에는 12만 ㎢에 900만 명이 살고 있었고, 남한지역에는 9만 5천 ㎢에 2,100만 명이 살고 있었다. 해방 후 100만 명 이상의 한국인이 일본으로부터 귀환하였으며, 10만 명 가까운 수가 중국 및 기타 국가에서 남한으로 유입되었기 때문에 남한인구가 크게 증가하였다. 더구나 약 100만 명의 북한지역의 주민들이 보다 나은 생활조건과 자유를 찾아 남한으로 이주하였다. 1945년 말까지 남한 인구의 10% 이상이 피난민들이었다. 이로 인하여 남한은 극심한 식량난을 겪게 되었다.

남북한의 산업구조를 보면 북한지역에는 전력(94%), 중공업(86%)이 편중되어 있었고, 남한지역에는 농업토지(63%), 경공업(74%)이 주된 산업으로 자리잡고 있었다. 소련 점령지역에서 생산되는 것으로 미국 점령지역에 필요한 품목들은 석탄,

콩, 소금, 선철, 알루미늄, 중석, 비료, 황산염, 황산암모늄 등이었다. 전력과 중공업의 대부분이 북한지역에 편중되어 있었기 때문에 남한에서는 비료마저 생산하기 어려운 상황이었고, 북한으로부터 비료공급 없이 남한 농민들은 필요한 농작물을 생산하기가 매우 어려운 형편이었다. 또한 화학제품, 석탄, 원자재 등이 부족하여 남한 경제는 거의 마비상태에 놓여 있었다. 1945년 11월 남한지역의 물가지수는 통제불능의 악성 인플레로 인하여 치솟기 시작하였다.

미국과 소련에게는 통일된 정부가 친미가 되느냐 친소가 되느냐를 놓고 골치 아프게 논쟁을 벌이지 않고 한반도 내에 각자의 세력권을 형성해 놓는 방법은 당시의 분단상태를 유지시키면서 각 지역에 자기에게 충성하는 정부를 세우는 것이었음이 당연하다. 이 문제는 특히 미국에게 절실한 것이었다. 좌익계열이 미군정을 비판하는 것은 말할 것도 없었고, 우익도 반탁운동을 전개하며 미 점령군에 반기를 들었으므로 미국은 의지할만한 한국인 지도자와 단체를 찾을 수가 없었다.

반면에 소련 점령군은 북한에서 조만식을 중심으로 한 우익민족세력을 제거해 가면서 안정된 기조로 김일성을 주축으로 한 친소세력의 형성에 성공하고 있었다. 이 상태에서 신탁통치를 위한 통일된 한국중앙임시정부를 세운다면 소련이 추천한 한국인들은 소련의 이상에 부합되게 활동할 것이 예상되었던 반면, 미국으로서는 추천할만한 한국인들을 찾기가 어려울 뿐더러, 혹시 추천을 하더라도 이 한국인들이 미국의 뜻대로 움직여 줄까 하는 우려를 하고 있었다.

모스크바 삼상회의의 신탁통치 결정

1945년 12월 모스크바에서 미국·영국·소련 3국의 외상회담이 열렸다. 회의 벽두부터 중국에 미군이 계속 주둔하고 있는 문제와 일본을 미국이 독점하려는 데 대하여 소련이 공세를 펼쳐 미국은 수세에 몰리게 되었다. 한국문제에 관하여 미국은 보다 더 시급한 세부문제를 해결하기를 원하였다. 그 문제들은 화폐, 물자의 거래, 교통, 체신, 전력공급과 해양운송 문제 등이었다. 미국의 번즈 국무장관이 먼저 한반도 신탁통치에 대한 언급을 하였는데, 그는 4개국 신탁통치 기간을 5년으로 하되 4국의 합의에 의하여 10년으로 할 수 있도록 하자는 제안을 하였다. 미국대표는 또한 신탁통치의 방법으로 한국인에 의한 임시정부를 세우지 말고 4개국의 대표로 단일행정부를 구성하여 입법, 사법, 행정권을 수행하자는 제의를 하였다. 미국이 제출한 제안의 골자는 다음과 같다.

1. 미·영·중·소 4개국이 신탁통치 체제의 최고 권한자가 되어 유엔헌장 제79조에 규정된 기본목적에 따라 행동한다.
2. 1인의 고등판무관(High Commissioner)과 4개 신탁통치국의 대표로 구성되는 집행위원회를 통해서 통치권한과 기능을 수행한다.
3. 한국의 통일행정체제, 즉 신탁통치 체제에는 한국인을 행정관, 상담역, 고문으로 고용한다.

4. 신탁통치 기간은 5년으로 하되 필요하다면 4개 신탁
   통치국가 간의 협의로 다시 5년을 연장할 수 있다.

미국의 제안을 분석해 보면, 미국정부는 남한의 우익진영 거의가 신탁통치를 극렬히 반대하고 있었고, 미 점령군의 인기하락으로 말미암아 친미정부를 구성하는 것이 거의 불가능했으므로 일단 신탁통치 기간 동안에는 한국의 임시정부 없이 외세가 통치를 하도록 하는 의도를 가지고 있었다. 미국의 입장에서 한반도에서 공산주의 팽창을 봉쇄하는 최선의 방법은 신탁통치 기간 동맹국들인 영국과 중국을 활용하는 것이었다. 반면 소련인들은 단기간의 신탁통치 아이디어를 고수하였다. 그들은 소련점령군이 북쪽에서 주민들을 통제하는데 성공한 반면 남한에서의 정치적 혼돈상태 때문에 신탁 이후의 통일정부가 친소정부가 될 것이라는 우려에서 벗어날 수 없었다.

소련대표는 신탁통치 기간을 5년으로 제한하고, 장기간의 '일본점령의 잔재'를 청산하기 위하여 한국인들에 의한 임시정부를 수립하여 이를 통한 신탁통치를 하자고 제의하였다. 앞에서 언급하였다시피 소련은 점령 직후 부산, 인천, 제주도의 통제권을 획득하는 전략을 추구하였으나, 1945년 12월 모스크바 삼상회의 직전에는 이 계획을 포기하였다. 당시 스탈린의 한반도에 대한 주관심사는 일본의 부활을 막는 것이었다. 특히 미 점령군이 일본의 한반도 점령 당시의 통치체제를 그대로 활용하고, 일부 일본 관리들과 친일파들을 지도층으로 활용하는 것을 보고 일본의 한반도에 대한 영향력을 단절하는 것이

시급하다는 생각을 하였다. 특히 한반도에 수립될 통일정부가 반소적이 되지 않도록 하기 위해서는 일본세력을 완전히 제거하는 것이 필요하다고 생각하였다.12)

회의기간 내내 수세에 몰리던 미국은 소련의 제의를 수용하지 않을 수가 없었다. 마침내 미국·영국·소련의 외무장관들은 신탁통치에 활용될 한국임시정부를 수립하기 위하여 공동위원회를 설치하기로 합의하였다. 12월 28일 합의된 협정의 내용은 아래와 같다.13)

1. 조선을 독립국가로 재건설하며, 조선을 민주주의적 원칙 하에 발전시키기 위한 조건을 조성하고, 가능한 한 속히 장구한 일본의 조선통치의 참담한 결과를 청산하기 위하여, 조선의 공업, 교통, 농업과 조선민중의 민족문화발전에 필요한 모든 조처를 취할 임시조선민주주의정부를 수립할 것이다.

2. 조선 임시정부 구성을 원조할 목적으로, 먼저 그 적절한 방책을 연구조정하기 위하여 남조선 미합중국 점령군과 북조선 소련연방점령군의 대표자들로 공동위원회가 설치될 것이다. 그 제안을 작성하는데 있어서 공동위원회는 조선의 민주주의 정당 및 사회단체와 협의하여야 한다. 그들이 작성한 제안은 공동위원회 대표들의 정부가 최후 결정을 하기 전에 미·영·중·소 각국정부에 참고가 되도록 제출되어야 한다.

3. 조선민중의 정치적, 경제적, 사회적 진보와 민주주

의적 자치발전과 독립국가의 수립을 원조 협력할 방
안을 작성함에는 또한 조선임시정부와 민주주의 단
체의 참여 하에서 공동위원회가 수행한다. 공동위원
회의 제안은, 최고 5년 기한의 신탁통치를 협약하기
위하여 미·영·중·소 제국 정부가 공동 참작할 수
있도록 조선임시정부와 협의한 뒤 제출되어야 한다.
4. 남·북조선에 관련된 긴급한 제 문제를 고려하기 위
하여 또한 남조선 미합중국 관구(管區)의 행정·경
제면의 항구적 균형을 수립하기 위하여 2주일 이내
에 조선에 주둔하는 미·소 양군사령부 대표로써 회
의를 소집할 것이다.

일부 미국 외교관들은 한국에 관한 모스크바 협정에 대하여
신랄하게 비난하였다. 이에 대하여 돕스(Dobbs)는 다음과 같
이 기록하였다.

케넌(George Kennan) 주소공사는 번즈의 태도는 국내
정치가 국제무대로 이식되었을 경우의 위험을 극명
하게 나타냈다고 생각하였다. … 그(케넌)는 국무장관
이 국내정치에 영향을 미칠 수 있도록 협정의 체결만을
원하였다고 생각하였다. 그는 러시아인들이 이 '형식상
의 성공'으로부터 큰 대가를 도출해 낼 것이라는 확신
을 하였다. 반덴버그(Arthur Vandenberg)가 통솔하
는 공화당 상원의원들도 번즈가 너무 유화적이라고 하
면서, 소련이 목표하는 것에 대하여 우려를 하였다. 트

루먼 대통령도 불만족하였고, 장관이 독자외교를 펼치
고 있다는 불만을 가졌다.[14)

한편 소련인들은 모스크바 협정을 환영하였다. 소련언론은
신탁통치 결의안을 전적으로 지지하였다.

이는 주요 동맹국간에 실시하는 합동 신탁통치의 첫 번
째 사례가 될 것이다. 만약 성공한다면 ─ 적절히 실시된
다면 실패할 이유가 없지만 ─ 향후 수많은 식민지역의
유사한 문제를 해결하는데 적용될 수 있을 것이다.[15)

신탁통치를 둘러 싼 이념적 분열

예상했던 대로 모스크바 협정 직후 미군사정부는 한국인들의
저항과 비협조 캠페인에 직면하게 되었다. '신탁통치 반대 국
민 총동원 위원회'를 설립한 김구는 모든 국민은 '자유와 평등'
을 누릴 수 있고, 자치할 수 있는 권리를 가져야 한다고 주장하
였다. 좌우를 막론하고 모든 한국인들은 신탁통치가 한반도의
독립을 지연시킬 것이라는 불안감을 가지게 되었다.

특히 우익단체들은 소련이 참여하는 어떠한 임시국제통치
기구에 참여할 수 없다는 입장을 명확히 하였다. 이승만과 김
구를 중심으로 한 정당·사회단체에서는 ① 자유를 위해서 죽
을 때까지 싸울 것, ② 신탁통치에 찬성하는 반동주의자들을

일소할 것, ③ 임시정부를 중심으로 연합할 것, ④ 임시정부의
법통을 회복할 것, ⑤ 일본에 협력한 자를 처벌할 것, ⑥ 군정
을 철폐하고 외국점령군대를 철수시킬 것 등을 행동강령으로
내세워 반탁시위를 연일 계속하였다. 또한 그들은 행정부에서
일하는 모든 사람들은 파업을 하고 전국적 대중집회를 가질 것
을 요구하였다.[16]

　가장 강력한 반탁운동을 한 사람은 김구였다. 그는 모스크
바 협정 발표 당일 임시정부 긴급 국무회의를 소집하여, 미·
영·중·소에 보내는 아래 내용의 '반탁결의문'을 채택하였다.

　1. 신탁통치는 민족자결의 원칙에 반한다.
　2. 신탁통치는 제2차 세계대전 중의 연합국의 약속에
　　 반한다.

3. 유엔헌장이 규정하는 3종류의 신탁통치 적용 조항
   중 어느 것에도 한국은 해당되지 않는다.
4. 한국에 신탁통치를 실시하는 것은 극동의 평화를 파
   괴한다.[17]

1945년 12월 31일 임시정부의 신익희 외무부장은 미군사정
부 산하의 한인 경찰 및 직원은 모두 임시정부의 지휘 하에 소
속하도록 하여 반탁운동을 계기로 미군사정부의 존재를 부인
하고 임시정부의 주권을 선언하였다.[18]

반면 모스크바 협정에 관한 소식이 12월 29일 소련점령지
역에 유포되자, 조만식과 민족주의자들은 "조국을 소련에 팔
아먹었다"면서 신탁통치 계획에 강한 저항을 하였다. 초기에
김일성과 공산주의자들도 신탁통치를 반대하였다. 조선공산
당은 대변인 정태식을 통하여 "5년은 커녕 5개월의 신탁통치
도 반대한다"라는 성명을 발표하였고, 12월 30일에는 조선청
년동맹이, 31일에는 좌익계의 40여개 단체 100여명이 반파쇼
공동투쟁위원회 결성 총회를 개최하고 신탁통치안의 철폐를
요구하는 성명을 발표하였다.[19]

이에 따라 며칠 동안 한반도 전체의 여론은 만장일치로 신
탁통치를 거부하였다. 그러나 1946년 1월 2일 북한 공산당은
다음과 같이 모스크바 협정 지지 성명을 발표하였다.

모스크바 3상회의에서 이루어진 협정은 … 정의와 진실
의 표현이다. 따라서 우리는 진심으로 이 협정을 지지

하며 이 협정에 기초하여 독립되고 민주적인 한국정부를 수립하는데 전력을 기울일 것이다.

한 걸음 더 나아가 그들은 소련의 지원이 없이 한국의 신속한 발전을 이룰 수 없다고 선언하였다. 소련의 지시를 받은 남쪽의 공산주의자들도 입장을 전환하였다. 1946년 1월 2일 평양을 다녀온 박헌영은 조선공산당 중앙위원회 명의로 찬탁을 호소하였다. 모스크바 삼상회의의 결정을 신중히 검토한 결과 "문제의 5년 기한은 그 책임이 삼상회의에 있는 것이 아니라 실인즉 우리 민족자체의 결점(일제점령과 민족적 분열)"에 있기 때문에 반성해야 한다면서, 민족통일을 위하여 미국과 소련 등 연합국들과 협력할 것이라고 선언하였다.[20] 공산주의자들은 신탁통치 결정이 '배신행위', '기만'도 아니고, '국제법 위반'도 아니라고 주장하였다.[21]

커밍스는 공산주의자들이 입장을 선회한 것은 남한의 우익계열에 대한 반감 때문이었다고 주장한다. 구체적으로 우익의 반탁운동 주도권 장악, 우익의 지속적인 소련과 공산주의에 대한 비판, 미국의 우익 지지 성향이 공산주의자들로 하여금 신탁통치를 지지하게 하였다는 것이다.[22] 결국 미국과 소련정부, 한국의 공산주의자들이 신탁통치를 지지하였고, 한국의 우익계열만이 강력한 반탁운동을 전개하였다. 이에 따라 미군사정부는 매우 곤혹스런 입장에 처하게 되었다.

신탁통치 추진 협상: 제1차 미소공동위원회

점령 후 4개월 동안 미국과 소련의 점령정책은 완전히 다른 모습을 보여 주었다. 소련은 신탁통치를 위하여 조속한 시일 내에 임시정부 수립을 원하였고, 미국은 한국인들의 참여를 배제하고 4개국으로 행징조직을 구성하여 직접통치를 하거나, 아니면 신탁통치 없이 점령을 지속하기를 원하였다. 모스크바 삼상회의 직후 번즈 국무장관은 공동위원회 기간 미·소 점령당국은 신탁통치를 실시하지 않는 방법을 강구할 수 있을 것이라고 공공연하게 발언하였다. 하지도 번즈의 발언을 지지하면서, 미국은 신탁통치 실시를 의도하지 않고 있다고 말하였다.[23] 이러한 점에서 미국은 신탁통치 실시에 대하여 매우 소극적인 입장을 견지하고 있었다. 한반도 북쪽지역에 친소 통치기구를 설립하는데 성공한 소련점령군에 비하여 미국은 미국정책에 만족하지 못하는 우익집단들을 결속시키는데 많은 어려움을 겪고 있었다.

1946년 2월 6일 서울에 설치된 미소공동위원회는 임시정부를 수립하기 위한 준비작업으로 남북한의 정당에 대한 상담을 준비하기 시작하였다. 이를 전후하여 미국과 소련 점령당국은 새로 설립될 정부가 완전히 그들에게 충성하는 정부가 되도록 하기 위하여 각 점령지역의 정치구조를 재편성하기 시작하였다.

2월 8일부터 9일까지 소련점령군은 북조선 각 정당·사회단체, 각 행정국 및 각 도·시·군 인민위원회 대표 확대협의회를 개최하고 조만식이 통솔하던 5도 행정국 대신 북조선 임시

미소공동위원회

모스크바 3상회의의 결정에 따라 한반도 신탁통치를 위한 임시정부 수립방안을 협의하기 위해 설립된 미국과 소련 양국의 점령군 대표자 회의였다. 1946년 1월 16일 예비회담을 가진 후, 3월 20일 서울 덕수궁에서 미국측 대표로는 A. V. 아널드 소장, 소련측 대표로는 T. E. 슈티코프 중장이 배석한 가운데 제1차 회의를 개최했다. 회의는 모스크바 3상회의의 결정을 지지하는 정당·사회단체들만이 미소공동위원회와 임시정부 수립문제를 협의할 대상이 될 수 있다는 소련측 주장과 신탁통치 반대세력들도 협의대상이 되어야 한다는 미국측의 주장이 대립하여 난항을 거듭했다.

1946년 4월 18일 과거의 신탁통치 반대행위를 불문에 붙이고 모스크바 3상회의의 결의에 지지서명을 하는 정당과 사회단체들을 협의대상으로 삼겠다는 내용의 공동성명 5호가 발표되면서 회의는 타결될 전망을 가지게 되었다. 그러나 미국측의 협의대상 정당단체 명부작성의 편파성(20개 중 17개가 우익)과 공동성명의 선언에 서명하는 행위는 신탁통치 반대를 포기하는 행위가 아니라는 미 점령군 사령관이었던 J. R. 하지 중장의 성명이 문제가 되면서 5월 9일부터 무기휴회에 들어갔다. 1947년 5월 21일 제2차 미소공동위원회가 개최되었으나, 7월 소련측이 미국측의 지지기반인 신탁통치 반대투쟁 단체를 제외하자고 주장하면서 완전히 결렬되었다. 1947년 10월 미국은 미소공동위원회의 소관사항이었던 한국문제를 유엔으로 이관하였다.

인민위원회를 중앙 통치기구로 조직하였다. 이 위원회는 김일성을 위원장으로 하고 연안파 수장이었던 김두봉을 부위원장으로 하여 23인으로 구성되었다. 이 위원회는 점차적으로 소비에트 체제와 유사한 형태의 사법, 경찰, 집행기구를 포함하는 행정기관으로 발전해 갔다.[24] 이때부터 소련에 충성하는 인사만이 북한지역의 행정기구나 정치계에서 고위직을 가질 수 있었다.

하지에게 있어서 그가 신뢰할 수 있던 보수층들은 신탁통치를 강력히 반대하여 매우 곤란한 입장에 놓이게 되었다. 그가 우려하는 것은 만약 그가 남한의 우익인사들을 지지한다면 소련이 모스크바 계획을 방해하는 배신자라 비판하며 미국을 계속 비난할 것이라는 점이었다. 그러나 하지로서는 우익인사들이 소련의 팽창주의를 봉쇄하는 유일한 장벽 역할을 할 것이기 때문에 그들을 지지하지 않을 수 없었다. 하지는 2월 14일 이승만을 의장으로 하고, 김구와 김규식을 부의장으로 하는 '대표민주의원(代表民主議院)'을 설치하였다.[25] 이 의원은 점령정책 수립에 있어서 한국인들의 역할을 증대시키기 위한 자문기구였다. 하지는 25명의 위원 중 거의 대부분을 우익인사들로 충당하였지만, 광범위한 정치적 협력을 획득하기 위하여 공산주의자들도 참여하도록 요청하였다.

그러나 박헌영과 여운형을 비롯한 좌익인사들은 이 요청을 거부하고 2월 16일 '민주주의 민족전선(민전)'을 설립하였다. 민전의 창립총회는 1946년 2월 15일에서 16일 사이에 서울에서 50여 개의 좌익 정치조직의 2천여 대표자가 참석한 가운데

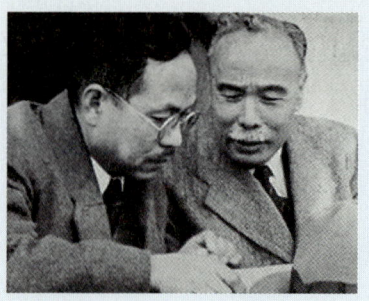

사진 7-2　여운형과 박헌영, 1946년 2월

개최되었다. 민전은 여운형의 인민당, 박헌영의 조선공산당, 노동자들의 전평, 농민들의 전농 등을 망라하였다. 민전의 구성원은 좌익뿐만 아니라 종교집단, 산업, 문화, 그리고 여러 사회조직에 열려 있었다.26) 민전은 대표민주의원을 '반역자, 친일주의자와 파시스트의 소굴'이라 비난하였다. 민전은 북한의 김일성을 중심으로 하여 같은 날 설립된 임시인민위원회에 대한 남한 좌익들의 대응적 조직이라고 할 수도 있다. 따라서 민전 고위직의 어느 누구도 소련으로부터 훈련받고 지시를 받는 인사는 없었다.27)

미 점령군이 민전을 보는 시각은 분열되어 있었다. 공식적인 반응은 민전이 공산주의자가 통제하고, 북한 인민위원회가 제시하는 구호, 정강과 정책들을 되풀이 해 주장하는 조직으로 생각하였다. 그러나 긍정적 시각도 존재하고 있었다. 랭던(William Langdon)은 "진실로 애국적이고 진보적인 다수의 사

람들이 민전을 지지한다"고 생각하였다. 미 군정은 온건 민주
세력의 합작을 위하여 민전에 참여한 인사들이 공산주의의 지
배로부터 벗어나도록 격려하고, 정부사업에 더욱 많이 참여시
켜야 한다고 생각하였다.[28]

　미소공동위원회 1차 회의는 아놀드(A. V. Arnold) 소장과 슈
티코프(Terenty Shtykov) 중장을 대표로 하여 1946년 3월 20
일 한국임시정부를 설립한다는 목적 하에 개최되었다. 1946년
1월 16일부터 2월 5일까지 15차례의 예비회담이 개최되었다.
이 예비회담에서 남북간의 철도, 자동차, 연안 여객선의 운행
등 15개 항목의 공동안건이 제출되어 본 회담에서 토의키로
합의하였다. 회담 개최 축하행사 연설에서 슈티코프는 "한국
이 장래 소련을 공격할 기지가 되는 것을 막기 위해 소련에 우
호적이고 진실로 민주적인 독립정부가 수립되는 것을 원한다"
고 선언하였다.[29] 초기부터 소련은 반소 인사들이 임시정부에
참여하는 것을 허용치 않을 것이라는 점을 암시하였다.

　소련은 1945년 12월 모스크바 삼상회의에 참여할 당시 한
반도의 통일정부는 일반, 비밀, 평등선거에 의하여 '대표인민
회의'를 구성한 후 이를 바탕으로 수립되어야 한다는 전략을
수립하고 있었다.[30] 당시 소련은 남한의 우익진영이 모스크바
삼상회의 결정을 극렬 반대하리라 예상을 하지 못하였으므로,
어떻게 하면 소련에 우호적인 정부를 수립하는가에 대하여 고
심을 하고 있었다. 남한지역에서 미 점령군이 한국인들로부터
인기를 잃은 상황에서 선거를 하면 소련에게 유리한 결과가 나
올 것이라는 기대를 하고 있었던 것이다.

소련이 한반도에 우호정부를 수립하여야 한다는 데에는 두 가지의 큰 목적이 있었다. 첫째, 정치적으로 반공·반소주의자였던 이승만과 김구를 통일정부 수립과정에서 배제하는 것이었다. 친일파들을 배제한 선거를 실시하면 이 목적을 달성할 수 있을 것이라고 생각하였다. 둘째, 북한지역에 대한 경제적 이익도 무시할 수 없었다. 소련은 일본인들이 북한지역에 건설한 방위산업과 중공업 시설이 소련에 대한 '보상' 차원에서 제공되어야 한다고 생각하였다. 일본이 1918년부터 1923년까지 극동에 침입함으로써 소련이 입은 '대규모 손해'를 보상해야 한다는 논리였다.[31] 이러한 목적으로 소련은 북한에 우호적인 정부를 수립하기 위한 명분을 찾고 있었는데, 남한 우익의 반탁은 이러한 소련의 딜레마를 해결하는데 기여하였다. 이때부터 소련은 모스크바 결정을 지원하는 정치집단만 임시정부에 참여해야 한다는 주장을 하기 시작하였다.

4월 17일 미국과 소련대표는 임시정부를 수립하기 위하여 '진실로 민주적인' 정당들을 추천하기로 합의하였다. "모스크바 결정의 목적을 지지하고 … 한국 과도정부의 구성에 대한 공동위원회의 결정을 준수하고 … 모스크바 회담의 신탁통치 조항에서 예시한 조치들을 실천하기 위해 공동위원회와 협력할 것을 천명함으로써 그 목적과 방법이 진실로 민주적인 한국 단체들과 협의할 것을 합의한다."

미국과 소련 양측은 진실로 민주적이라는 의미를 서로 다르게 해석하였다. 소련 측은 모스크바 합의에 대하여 이의를 제기하는 한국인 단체의 임시정부 참여를 거부하였다. 이 의미는 남한의 반공주의적인 우익인사 대부분을 임시정부로부터 배제시키는 결과를 초래할 것으로 예상되었다. 미국인들은 모스크바 결정의 이행을 방해하는 어느 한국인 단체도 옹호할 의사는 가지고 있지 않았지만, 그러한 단체를 배제하는 것은 표현의 자유를 포함하는 민주주의 개념에 어긋나기 때문에 동의할 수 없다는 입장을 밝혔다. 소련 측이 신탁통치를 반대하는 단체들을 제외시키자는 요구를 계속하자, 미국은 많은 좌익단체들이 '비민주적'이라고 하며 이들 또한 제외하기를 요구하였다.[32] 소련이 국제협약에 도전하는 한국단체들의 배제를 요구하자 미국은 매우 난처한 입장에 놓이게 되었다. 반탁운동을 하는 우익인사들을 임시정부에서 배제하는 것은 공산주의의 득세를 의미하는 것이었기 때문이었다.

소련은 한국의 우익인사들, 특히 이승만과 김구에 대하여 부정적인 시각을 지니고 있었다. 소련은 이승만을 미국의 '주구'로 생각하면서, 한반도 내 지주와 자본가들의 지원을 받는 인물로 간주하고 있었다. 김구에 대해서 소련은 미국이 미래에 한반도 정치의 지도자로 활용할 것으로 생각하였다. 소련의 입장에서 이러한 적대적 인물들이 주도하여 한반도 통일정부를 독점하는 것을 용납하기가 어려웠다.[33]

특히 소련은 반탁세력을 임시정부에 포함하는 것을 반대하였는데, 이는 1946년 3월 16일에 하달된 훈령에 의하여 확인되었다. 이 훈령은 각료회의 형태로 구성되는 임시정부의 중앙정부 구성, 인민위원회를 통한 지방행정권의 행사, 정부조직에 있어 친일파의 배제, 18개 항의 반제반봉건 정강정책을 지시하면서 모스크바 3상회의 결정에 반대하는 정당 및 사회단체와의 협의를 배제시키라는 내용을 담고 있었다. 이에 따라 소련대표는 임시정부 논의의 전제조건으로 반탁세력의 공동위원회 참여를 반대하였다.[34]

미국과 소련대표는 제의와 역제의를 거듭하였으나, '민주적' 정당과 사회단체의 성격에 대한 합의를 도출하는데 실패하였다. 미국대표는 최종적으로 한반도 통일에 장애가 되는 38선의 제거에 대한 토의를 제안하였다. 그러나 소련 대표는 '민주적' 정당을 선정하는 문제를 해결하기 이전에 38선 제거를 논의하는 것을 반대하였다.

24차례에 걸친 회의 동안 아무런 합의점을 도출하지 못한 상황에서 5월 6일 휴회에 들어갔고, 이틀 뒤 슈티코프는 북한으로 북귀하라는 지시를 받았다고 하지에게 통고한 후 서울을 떠났다. 출발 직전 성명에서 스티코프는 소련은 한국의 가까운 이웃이기 때문에 소련에 충성하는 정부가 한반도에 수립되는 것이 소련의 한반도에 대한 국가이익이라는 점을 재강조하였다.

이에 대해 하지는 "우리도 확실히 우리에게 적대적인 정부가 수립되는 것을 원하지 않는다"고 대답하였다. 양측은 '서로 다른 정부체계와 다른 민주주의'에 대한 인식 때문에 공동위원회에서 완전한 합의에 도달하는 것이 어렵다고 느끼게 되었다.[35] 하지는 맥아더에게 보내는 보고서에서 소련 측이 한반도에 완전히 공산주의가 통제하는 정부 이외에 다른 정부를 수립하는데 대하여 협력하지 않을 것이라고 주장하였다.[36]

이러한 갈등이 지속되어 임시정부 수립이 어려울지도 모르는 상황이 되자, 미국은 미국에게 유리한 새로운 안을 비밀리에 준비하고 있었다. 신탁통치에 참여할 4개국이 '한국을 위한 연합국 위원회(Allied Commission for Korea)' 또는 '한국에서의 연합국 협력위원회(Allied Cooperating Commission in Korea)'라는 조직을 만드는데, 인원 배분은 미국 225명, 소련 175명, 영국 50명, 중국 50명, 총 500명으로 구성하는 안이었다. 미국인들은 신탁통치를 위한 '행정 및 집행기구'로 미군사정부가 북한의 임시인민위원회를 흡수하여 확대 개편하는 안을 준비하였다. 북한지역에는 소련이 군사정부를 세우지도 않았고, 각 도에 지역행정위원회만 존재하였지 중앙행정부가 없는 상태였으므로, 남한에 유일하게 존재하는 미 군사조직을 활용하는 것이 타당하다는 견해였다. 이 위원회의 활동 일정표는 아래와 같이 준비되었다.

> 1946년 6월 30일 : 장관급과 고위관료의 인선완료. 한국임시민주정부(Korean Provisional Democratic Government)의 헌장과 강령준비
> 1946년 7월 : 임시정부의 남북한에서의 동질화 작업, 남한행정조직을 확대하고 북한의 조직을 흡수
> 1946년 7월 30일 : 4개국 정부의 승인
> 1946년 8월 1일 : 임시정부의 수립과 함께 1차 외국군 철수
> 1946년 8월~11월 : 국가권력을 임시정부가 장악. 신탁통치에 참여할 4개국 인사의 인선. 제2차 외국군 철수

1946년 12월~1947년 1월 : 4개국 고등판무관(High Com-
  missioner)임명. 신탁통치기구 조직.
1947년 2월 : 외국군 철수 완료[37)]

　이러한 안을 준비한 미국의 목표는 한반도에 소련의 지시를
받는 공산정부를 수립하는 것이 아니라 '진실로 민주적'인 정
부를 수립한다는데 큰 의미를 부여하였다.[38)] 이에 반하여 소
련은 그들이 폴란드, 루마니아와 헝가리에서 경험했던 것처럼
완전히 공산주의의 지배를 받는 정부가 수립되지 않으면 주민
대부분이 쉽게 반소경향으로 될 것을 우려하고 있었다. 결국
양측이 협상을 할만한 여지는 전혀 보이지 않았다.

미·소의 남북한 정치개혁 추진

미소공동위원회 1차 회의 실패 직후 미국과 소련 점령 당국은
각 점령지역의 정치개혁이 필요하다고 느끼게 되었다. 소련과
북한 공산주의자들은 보다 중앙집중된 체제를 필요로 하였다.
첫째, 그들은 1946년 7월 22일 통일전선의 결집체로서 '북조
선 민주주의 민족통일전선 위원회'를 구성하였다. 소련은 이
를 통하여 북한의 모든 정당을 지휘 감독하려 하였다. 이 위원
회에 편입됨으로써 두 개의 비공산 정당이었던 조선민주당과
천도교 청우당이 독립적 지위를 잃고 공산주의자들의 '민주적
개혁'을 집행하는 도구가 되었다. 이 정당들은 이미 비공산 민

족주의자들의 숙청과 공산주의자들의 침투로 공산화 과정을 겪고 있었다. 둘째, 김일성에 의하여 통솔되던 공산당과 김두봉을 지도자로 하던 신민당이 1946년 8월 20일 북조선 노동당으로 병합하였다.

셋째, 1946년 11월 3일 노동당과 소련점령당국의 통제 아래 인민위원회의 대표를 선출하기 위한 첫 지방선거가 실시되었다. 다른 공산주의 국가에서와 마찬가지로 선거는 연합전선의 인사들만의 단일 후보등록에 의하여 실시되었다. 1947년 2월 17일부터 20일까지 실시된 임시인민위원회 총회에서 237명으로 구성된 인민회의가 입법기구로 설립되었다. 이어서 김두봉을 장으로 하고 11명으로 구성되는 상임위원회를 조직하고, 김일성이 이끄는 22인의 '북조선 인민위원회'를 구성하였다. 총 22명의 위원 중 16명이 노동당 간부였고, 민주당과 청우당 소속이 각 2명, 무소속이 2명이었다. 북조선 인민위원회는 북한의 공식 정부가 수립될 때까지 최고집행기관의 기능을 하였다. 북한 정치구조의 재편성 이후 소련인들은 '민주화'의 분야에서 상당한 발전이 있었다고 발표하였다.[39] 소비에트화를 민주화로 간주한 소련인들은 38선 이북지역에서의 별도 체제 설립을 위한 정지작업을 하고 있었다. 이러한 과정을 거쳐 북한은 사실상의 국가로 정착되어 갔다.

소련인들과 달리 미국관리들은 남한지역에 새로운 정치질서를 수립하는데 있어서 여러 가지 어려움에 봉착하였다. 첫째, 반탁이 격화되었고 반소운동도 점차 확대되어 나갔다. 공동위원회 기간 좌익과 우익단체간 갈등도 고조되기 시작하였다.[40] 둘째, 미군사정부가 의존하고 있는 보수층의 반대 때문에 사회개혁과 토지개혁이 불가능한 상황이었다. 대개가 친일 경력을 보유한 보수주의자들은 상당한 토지를 소유하고 있었으며, 관료나 경찰 지위를 가지고 있었다. 셋째, 워싱턴으로부터의 지휘나 지시가 미군사정부의 의견이나 한국인들의 여론과 상충되는 것이 많았다.

하지와 그의 정치 자문관들은 한국인들 중 어느 집단을 지지하여야 할지 결론을 내리지 못하고 있었다. '민전'에 '진실로 애국적 한국인들'이 많이 있다고 생각한 하지는 이 애국자들을 '공산주의의 지배를 봉쇄'하도록 격려하고 싶었고, 하지가 창설하려고 구상 중이었던 한국인들로 구성된 내각과 입법기구에 그들이 참여하기를 기대하였다. 김구는 그의 '정치적 우둔함(ineptitude)' 때문에 배제되어 있었다. 이승만은 미래 정부에 적합한 인물이라고 생각하지 않았지만 그의 협력 없이 미국은 남한을 효과적으로 통치하기 어려웠다. 왜냐하면 그는 모든 층의 여론을 수렴하고 있었기 때문이었다. 그러나 하지는 이승만이 1946년 5월 단독정부 수립을 공개적으로 제의하고 그의 지지자들이 폭력적인 반공 시위를 벌이자 이승만의 신뢰성에 의혹을 가지기 시작하였다.[41]

미소공동위원회 기간 하지는 소련과 협상을 하는데 있어서 가장 큰 걸림돌이었던 남한의 우익진영을 보호하는데 염증을 느끼기 시작하였다. 따라서 그는 남한지역에 새로운 정치구조를 건설하여야 한다고 생각하였다. 워싱턴으로부터 온건주의자들을 지원하라는 훈령을 받고 하지는 '좌우합작위원회'를 설립하였다. 좌우합작위원회는 미 군정의 랭던, 버치(Leonard Bertsch) 등 정치고문관들이 주도하였다. 이 위원회에 참여한 주요 인사로는 우익의 김규식, 원세훈, 김명준, 안재홍, 최동오 등이었고, 좌익에서는 여운형, 허헌, 정노식, 이강국, 성주경 등이 참여하였다.

이에 발 맞추어 한국인들에 의한 좌우합작운동도 전개되었다. 남한의 중간 좌파와 중간 우파의 지도자인 여운형과 김규식이 좌우합작운동을 주도하였다. 이들은 이데올로기의 측면에서 박헌영, 김일성 등의 좌익과 이승만, 김구 등의 우익 보다는 온건한 편이었다. 좌우합작위원회가 가동되기 시작한 1946년 5월부터 8월까지는 허헌, 이강국 등 좌익진영의 핵심인사들이 민주주의민족전선(민전) 소속으로 참여하였으며, 우익진영에서 한민당의 원세훈 등과 임시정부의 김봉준, 최동오 등도 대표민주의원 소속으로 참여하여 명실상부한 좌우합작을 시도하였다. 그러나 1946년 8월말 이후 미군사정부가 좌익진영을 탄압하려는 움직임을 보이자 공산주의자들이 이탈했다. 또한 10월 4일 좌우합작위원회 위원들이 합의한 좌우합작 7원칙에 대해 한민당이 10월 8일 반대성명을 발표하고 탈퇴했다. 이에 따라 좌우합작은 좌우익은 모두 탈퇴하고 중간파들만 남아 온건한 집단으로 남게 되었다.[42]

경제개혁이 김규식과 여운형의 입지를 강화시킬 것이라는 판단 하에 하지는 토지와 부의 재분배를 계획하였다. 그는 소련이 북한지역에서 이미 토지개혁과 산업의 국유화를 실시하였기 때문에 남한지역에서도 개혁을 하여야 한다는 압박감을 느끼고 있었다. 정치분야에 있어서 하지는 8월 24일 '과도입법의원'을 설치한다는 법령을 포고하였다. 90명으로 구성되는 의원의 반은 선거에 의하여 선출하고 나머지 45명은 임명되도록 하였다. 그는 이 기관이 점증하는 행정적 책임을 수행하는데 있어서 가치있는 경험을 한국인들에게 제공하기를 희망하였다. 만약 10월로 예정되어 있는 선거에서 온건파가 우위를 점한다면 이 체제는 소련을 설득하여 통일과 독립을 달성할 수 있을 것이라고 기대하였다.[43]

미국은 좌우합작을 추진하여 과도입법기구를 설치하고, 민주적 개혁안을 수립·실천함으로서, 한국인들이 미국정책을 지지하도록 하는 목적을 수립하고 있었다. 이에 대하여 소련이 압력을 느껴 미소공위에서 미국측 주장에 따르게 하는 '거창한' 계획을 수립하고 있었다. 물론 여운형과 김규식도 이승만의 남한 단독정부 수립을 반대하여 통일정부 수립을 위한 좌우합작의 필요성을 인식하고 있었다. 이들은 남한에 좌우합작을 한 후 북한과의 협상까지 계획하고 있었다.

좌우합작 초기 미군정의 지원 하에 양 진영은 순조로운 협의를 해 나갔다. 좌파를 대표한 민전은 1946년 7월 27일 5개 원칙을 제시하였고, 우익 대표였던 대표민주의원 인사들은 이틀 뒤인 7월 29일 8개 원칙을 제의하였다.[44] 열띤 토의를 거쳐 합의하여 10월 4일 다음과 같은 내용의 7개 합작원칙을 발표하였다.

1. 조선의 민주 독립을 보장한 모스크바 협정에 따라,

남북을 통한 좌우 합작에 의하여 민주주의 임시정부를 수립할 것.

2. 미소공동위원회의 재개를 요청하는 공동 성명을 발표할 것.

3. 토지개혁에 관해서는 몰수 혹은 조건부 몰수, 체감매상 등에 의하여 얻은 토지를 농민에게 무상 배분할 것.

4. 본 합작위원회가 친일파, 민족 반역자 처리 법안을 새로 설립되는 '입법기관'에 제안하여, 이것을 심의 실시케 할 것.

5. 군 정부에 의하여 체포된 정치 지도자를 석방하고, 남북조선에 걸친 테러 행위를 중지시킬 것.

6. 본 합작위원회가 장래의 '입법기관'의 기능을 약술한 계획을 기초할 것.

7. 조선 전역에 걸쳐서 언론, 출판, 집회, 결사, 교통, 투표 등의 자유를 보장할 것.[45]

이렇게 순항하던 좌우합작은 1947년 재개된 미소공동위원회의 실패와 국내 공산세력 및 이승만 등 우익의 견제로 말미암아 세력 확대를 꾀하지 못하였다. 1947년 7월 여운형이 암살되면서 좌우합작운동은 유명무실하게 되었고 결국 1947년 12월 해체를 결의하였다. 이후 김규식, 안재홍 등 우파 민족주의자들은 민족자주연맹을 결성하고 단독정부 수립을 반대하며 남북협상에 참여하였다. 그들은 이승만 정권이 수립된 이후 반독재 민주세력의 핵심역할을 담당하였다.[46]

미국이 신탁통치에 반대하는 한국인들을 지원한다는 소련

의 비난을 피하기 위하여 미국의 이념과 일치하지 않는 좌우익의 혼성집단을 지원하기 시작한 것은 '임시미봉책'에 불과한 것으로 평가되었다. 이러한 임시변통의 정책을 추진하였지만, 과연 소련과 38선을 제거하는 합의를 도출해 낼 수 있을 지에 대하여는 회의적이었다. 이러한 어려움을 극복하기 위하여 미국은 '미국식 민주주의'만이 전후 세계가 필요로 하는 최선의 것이라는 점을 극대화시켜야 한다는 필요성을 느끼기 시작하였다.[47] 그러나 미국은 좌우합작위원회를 지지하는 정책을 채택하였기 때문에 딜레마에 빠지게 되었다. 미국식 민주주의를 신봉하는 우익계열이 한반도 독립을 위한 투쟁을 전개하면서 미국의 정책을 강하게 비판하고 나선 것이다.

미 점령군과 좌·우익 한국인들의 대립

미국의 의도와 달리 온건주의자들을 고무하기 위한 선거는 이승만이 권력을 장악하는 기회로 작용하였다. 지주 등 부유한 보수주의자들과 미군사정부내의 한국인 근로자들은 성향상 또한 그들의 신분보장을 위하여 이승만을 지지하였다. 선거가 다가오면서 하지는 선거 방해공작을 막기 위하여 공산주의자들을 탄압하기 시작하였다. 극좌 성향의 신문과 출판물의 발행을 금지시켰고, 공산주의 지도자들의 체포를 명령하였다. 이러한 통제를 시작하자 공산주의자들의 폭동이 광범위하게 일어나면서 점차 격화되었다.

공산주의자들에 의한 폭동의 단초가 된 사건은 '정판사 위폐사건'이었다. 1946년 5월초 경찰은 16명의 조선공산당 간부와 당원들이 관련된 위조지폐단을 적발했다는 발표를 하였다. 위조지폐 3천만 원이 압수되었고, 위폐범에 대한 재판을 실시하는 과정에서 무죄를 주장하는 일부 군중들은 폭도화하였다. 결국 위폐범 중 3명이 종신형을 선고받았고, 이 위폐사건을 계기로 남한의 좌익단체들이 경찰의 습격을 받기 시작하였다. 8월 16일에는 '조선노동조합전국평의회(전평)' 본부가 기습 조사를 받았으며, 회원기록, 재정장부 및 기타 문서들이 압수되었다.[48) 9월 7일에는 조선인민보, 중앙신문, 현대일보 등 좌익신문 또는 좌익을 선동한 신문들이 폐간 당하였다. 박헌영, 이강국, 이주하 등 조선공산당의 체포 명령이 떨어짐과 동시에 조선공산당이 불법화되었다.

이러한 탄압에 대항하여 좌익세력은 1946년 9월 대규모 파업운동을 전개하였다. 총파업의 슬로건으로 임금인상, 해고·감원 반대, 미군정 관리인 거부 등을 내세웠다. 1946년 9월 13일 서울 용산에 소재하고 있는 경성공장 철도노조의 3천명 노동자들이 시작한 총파업은 전국 각지로 확산되었다. 9월 23일에는 부산 철도 노동자 8천여 명이 파업에 돌입하였고, 다음날 서울에서는 1만 5천 명의 노동자들이 부산 파업에 호응하여 파업을 시작하였다. 9월 26일 전평은 서울 용산에 '남조선 총파업투쟁위원회'를 조직하고, "조국의 완전한 자주독립을 위하여 남조선의 4만 철도노동자를 선두로 사생존망(死生存亡)의 일대 민족투쟁을 개시한다"고 파업목적을 선언했다.[49)

이러한 총파업에 대하여 미군정은 강경한 진압정책을 펼쳤는데, 경찰과 함께 청년단이 탄압의 주요 역할을 하였다. 하지는 우익 청년조직에게 공산주의자들의 폭동을 막아달라는 요청을 하였다. 그는 과거 중국망명정부의 일원으로 장개석과 긴밀한 관계를 가졌던 이범석 장군에게 '조선민족청년단(족청)'을 무장하고 훈련시설을 건립하는데 사용하도록 500만원을 제공하였다. 이 청년단은 우익의 이익을 보호하기 위하여 정치활동을 하면서 폭력을 일삼았다. 많은 미국인들과 한국인들이 그 청년단체 요원들을 '파시스트'로 불렀으며, 그들의 훈련과 조직은 '나치청년단의 방식'과 유사하였다. 이승만의 청년단체였던 대한독립촉성청년연맹도 파업진압에 동원되었다. 9월 30일 용산의 총파업투쟁위원회에 경찰과 청년단이 습격하여 3명의 노동자가 살해되었고, 40명이 부상당하였으며, 1,700명이 검거되었다. 결국 9월 총파업에서 1만 1,624명의 노동자가 검거되었다.50)

총파업이 발생하고 미군정이 이를 강경탄압하자 친일파 지주 제거와 토지개혁을 요구해 온 농민들이 이에 합세하여 파업을 민중봉기로 전환시켰다. 가장 큰 규모의 봉기는 10월 1일 대구에서 시작된 시위였다. 농민들은 폭도화하여 지주의 집과 경찰서를 습격하였고, 결국은 미군부대가 동원되어 이를 진압하였다. 이 봉기는 전국적으로 확대되었으며, 많은 노동자와 농민들이 이 봉기에 참여하였다. 인구가 320만이었던 경상북도에서는 총 77만 3,200명의 노동자와 농민이 봉기에 참여하였고, 특히 1만 명의 군중들이 영천 경찰서를 습격하고 군수를 사살하기까지 하였다. 다른 지역에서도 비슷한 규모, 비슷한 형태의 봉기가 발생하였다.

이것이 전국적으로 160만이 참여한 '10월 민중봉기'이다. 이 봉기의 특징적 현상으로는 첫째, 일제시대의 조선인 경찰을 직접적 타도 대상으로 하고 있었고, 둘째 노동자의 파업운동으로부터 시작된 봉기가 농촌에 파급되면서 지주제에 반대하는 농민운동으로 발전된 것이었다. 따라서 10월 민중봉기의 성격은 '경제적 투쟁'인 동시에 '정치투쟁'이었으며, 또한 '반식민, 반봉건의 민족운동'인 동시에 '계급투쟁'이었다는 평가를 받고 있다.[51)]

이러한 혼란 가운데 1946년 10월 17일부터 22일까지 실시된 선거에서 우익진영이 승리를 거두었다. 그들은 45석중 38석이나 차지하였다. 좌익진영은 이승만이 선거결과를 남한지역만의 독립을 위한 국민투표로 사용할 것을 우려하며 선거를 거부하였다.[52)] 이승만을 중심으로 한 우익진영은 선거결과에 만족감을 보이며 이를 남한에 독립정부를 수립하려는 선동으로 활용하기 시작하였다.

10월 13일 하지는 자신이 임명하게 되어 있는 45명의 위원 대부분을 대체로 좌우합작위원회에서 임명한 후 '남조선 과도입법의원'을 설립하였다. 45명중 17명은 김규식을 지지하는 중립적 우익인사로, 15명은 지방을 대표하는 중도인사로, 나머지 12명은 여운형 계열의 좌익인사로 충당하였다. 이승만과 우익진영은 이 임명내용에 분개하여 향후 그들은 미군사정부의 정책에 대하여 '공개적 반대'를 하겠다고 경고하였다. 이와 같이 하지는 강력하고 대중적인 그룹을 상실하는 대신 미약한 온건주의자들만 옹호세력화하게 되었다. 당시의 혼잡스러웠던 한반도 상황을 비판한 영국인들의 분석처럼 미군사정부는 한국문제를 다루기에 확실히 능력이 부족하였다.[53]

하지의 정책에 불만을 품은 이승만은 1946년 12월 미국을 방문하였다. 미국에서 그는 소련과의 협상이 성공할 가능성이 거의 없어졌기 남한지역에 단독정부를 수립하여야 한다는 주장을 하였다.[54] 온건연합 세력을 지원하는 미국의 정책은 이승만으로 하여금 더욱 더 단독정부 수립을 추진하도록 하였다. 미국을 방문한 자리에서 이승만이 끈질기게 단독정부 수립을 요구하였기 때문인지 일부 한국인들은 미국도 남한만의 단독정부 수립을 고려하고 있다고 생각하였다. 이에 대하여 하지는 강력히 부인하면서 이러한 소문은 사실을 잘 모르거나 한국국민들을 속이려는 악의에 찬 의도에서 비롯된 것이라고 비난하였다. 그는 단독정부 수립은 미국의 정책과 완전히 배치되는 것이라고 일축하였다.[55]

하지와 한국인들의 관계는 남조선 과도입법의원이 1947년 1월 20일 하지의 정책을 비난하고 신탁통치를 반대하는 결의안을 통과시킴으로써 더욱 악화되었다. 입법의원이 하지에게서 등을 돌린 이유는 하지가 입법의원에 권한을 거의 주지 않았고 하지가 입법의원의 결정에 사사건건 '거부권'을 행사하였기 때문이었다. 1946년 12월 12일 개원 이후 1948년 5월 19일 과도정부 법률 제12호로 해체될 때까지 입법의원은 11건의 법률을 공포하고, 50여건의 법률을 심의하였다. 반면 미군사정부는 80여건의 법령을 입법의원을 거치지 않고 공포하였다. 이러한 상황에서 1947년 3월 2일 과거 중경에 위치하였던 한국임시정부가 스스로를 남한의 법적(de jure) 정부라 선언하고 14명의 장관을 이승만 대통령, 김구 부통령과 함께 발표하였다. 하지는 이 행위는 불법적인 것이라 선언하고 한국인들이 이 집단을 지지한다는 증거가 없다고 주장하였다.

자본주의와 공산주의 냉전 대립의 도화선이 된 1947년 3월 발표된 트루먼 독트린은 우익진영으로 하여금 하지에 대한 저항을 더욱 격화하도록 하였다. 소련과의 냉전을 시작하는 미국의 공식적 선전포고로 평가되는 트루먼 독트린은 남한의 우익진영의 반공, 반소이념을 강화시켰다. 트루먼 독트린을 환영하고 찬양한 후 이승만은 "세계정세의 변화에 따라 한국국민들의 참담했던 앞날에 서광이 비추기 시작하였고, 하지의 한국에 대한 정책도 그의 정부의 정책에 따라 변화하지 않을 수 없을 것"이라고 선언하였다.[56] 이러한 상황에서 미군사정부의 위신은 한국인들에게 있어서 최저점으로 하락하지 않을 수 없었다.

제1차 미소공동위원회에서 소련과의 협상이 실패로 돌아가자 미국인들은 비관론에 빠지게 되었다. 1946년 말과 1947년 초는 미국의 대한반도 정책의 전환기였다. 소련 공산주의의 유럽과 중동에서의 팽창은 미국의 강력한 대응을 요구하고 있었고, 1946년 미 의회는 국방비 지출을 규제하기 시작하였기 때문에 행정부는 세계전략의 목표와 수단을 재점검하기 시작하였다. 한국의 우익인사들은 미국의 보호로부터 벗어나는 것을 원하지 않았지만, 미국이 남한의 통치권을 한국인들에게 돌려주도록 압력을 가하고 있었다.

소련주재 미 대사관은 극동의 한반도는 유럽의 폴란드와 유사한 운명을 가지고 있다고 보고하면서, 소련인들은 한국이 '실질적 자치권'을 가지도록 허용하지 않을 것이라고 주장하였다. 소련이 한반도의 모든 문제에 대하여 접근하는 태도를 보면 소련은 한반도에 민주적 정부를 수립하려는 의사를 전혀 가지고 있지 않은 것으로 해석된다고 보고하였다. 미소공동위원회를 통한 소련과의 협상이 더 이상 진전을 보기 힘들 것이라고 예상한 맥아더와 하지는 본국정부에 전문을 보내 소련과 정부차원에서의 접촉을 강력히 제의하였다. 공동위원회 재개를 지연시키면 다음과 같은 이유로 미국의 대한반도 정책적 목표 달성에 장애가 된다고 경고하였다. 첫째 한반도내 지역적 이념적 균열의 확대, 둘째 미국의 한국 내에서의 인기하락, 셋째 우익의 무관심과 좌익의 비협조 또는 저항, 넷째 소련의 북한에 대한 영향력 확대. 그러나 SWNCC(국무성-전쟁성-해군성 합동위원회)는 그러한 시도는 미국의 '조급함과 약점'을 보여주는 결과만을 초래할 것이라는 전술적 이유로 반대의 입장을 표명하였다.[57] 미국정부는 소련에게 미국의 목표가 달성될 때까지 미국은 한국에서 떠나지 않을 것임을 확실히 보여주고 싶었다.

제2차 미소공동위원회: 미소협상의 완전 실패

공동위원회 개최가 지연되고 한국인들이 미군사정부에 적의를 보이는데 대하여 낙담한 하지와 맥아더는 1947년 1월 적어도 2개월 이내에 국가차원의 '적극적 조치'가 취해지지 않는다면 미국은 한국에서 목적했던 임무를 달성할 기회를 잃게 될 것이고 폭동이 발생할 위험에 직면하게 될 것이라고 경고하였다. 맥아더는 네 가지 권고안을 제시하였다. 그들은 한국문제의 유엔 상정, 이해관계가 없는 국가들을 포함한 위원회 구성, 미국, 영국, 소련, 중국의 정부차원 회의 개최, 미국과 소련간의 고위층 대화 등이었다. 심층 검토 후 미 행정부는 한국문제의 유엔 상정 같은 독자활동과 4개국 외상회의는 고려대상에서 제외시켰다. 그러한 행위는 '미국의 위신에 해가 되는 효과'를 주고, 미국이 매우 '불리한 상황'에 처하게 될 것이라고 결론지었다. 만약 다른 노력이 수포로 돌아간다면 유엔에 상정시키는 것이 바람직할 것이라고 생각하였다.[58]

그 동안 미 전쟁성에는 인력 및 물자부족과 의회의 국방예산 긴축조정 때문에 한국에서 군대를 철수시켜야 한다는 분위기가 일고 있었다. 1947 회계년도의 한국점령 비용으로 5천만 달러를 배정 받았는데 실제로는 이 액수의 두 배 내지 세 배가 필요한 상황이었다. 그러나 미 국무성은 미군이 한국에서 떠난다면 일본과 중국이 미국의 신뢰성에 의문을 제기할 것이라며 한국으로부터의 철수를 반대하였다. 국무성은 한국문제에 대하여 소련이 더 이상 고집을 부리지 못하게 하는 장기계획을

수립하여야 할 필요성을 제기하였다.[59]

미육군의 일부 장성들도 한국에서의 조기철수에 대하여 반대하였다. 합참 기획국장인 노스타드(Lauris Norstad)와 육군 정보국장인 챔벌린(S. J. Chamberlin) 장군은 한국에 주둔하고 있는 미군은 일본을 점령하는데 있어서 정치적인 의미가 크고, 소련의 한반도에 대한 전략적 가치를 상쇄하기 때문에 계속 주둔해야 한다고 주장하였다.[60]

한국에 대한 장기계획을 수립하기 위하여 마셜 국무장관과 패터슨(Patterson) 육군성 장관은 1947년 2월 '한국에 관한 특별합동위원회(Special Inter-Departmental Committee on Korea)'를 조직하였다. 미국은 국가위신 때문에 한국에서 철수할 수 없다는 결론을 내리며, 특별위원회는 한국에 대한 대규모 원조안과 한국인들이 행정부에 더 직접적으로 참여하는 안을 제시하였다. 구체적으로 3년에 걸친 6억 달러의 지원계획을 수립하였는데 그중 2억 5천만 달러는 1948년에 집행하도록 하였다. 이러한 '공격적이고, 적극적이고, 장기적인 계획'은 남한을 '자립할 수 있는 기반'으로 올려놓을 것이라고 확신하였다. 결국 이러한 원조를 북쪽에 제공할 능력이 없는 소련은 미국의 협상안을 받아들이지 않을 수 없으리라는 것이 이러한 안을 준비한 미국인들의 생각이었다.

한국문제를 담당하였던 미국관리들, 빈센트(Vincent), 힐드링(Hildring), 그류(Grew), 마셜(Marshall), 하지 등도 이 보고서를 지지하였다.[61] 이 보고서는 한국에 대한 미국과 소련의 입장을 전환시키는 역할을 하였다. 의욕적인 3개년 원조계획은 미국이 우위의 입장에서 소련과 협상할 수 있는 기회를 제공할 것이라는 기대를 가지게 하였다. 또한 미국인들은 이 계획이 한국인들의 미국에 대한 지지를 확산시킬 것이라고 믿었다. 만약 소련과의 협상이 실패하더라도 이 계획은 남한지역에 단독정부를 수립시키는데 기여할 수 있을 것이라고 예상하였다.

기대했던 대로 소련은 조속한 시일 내에 미소공동위원회를 개최하자는 마셜의 제안을 받아 들였다. 소련 정부는 '모스크바 협정의 정확한 이행'을 목표로 공동위원회를 재개하는데 합의하였다. 소련은 미국이 점령지역에서 추진하려는 '정치, 경제 교육 차원의 부흥정책'을 포기시키려는 의도로 유화적인 태도를 보이기 시작한 것이다. 몇 차례에 걸친 서신 교환 후 양측 대표는 1947년 5월 21일 서울에서 대면하였다. 양측은 조금씩 양보의 태도를 보여 회담은 순조롭게 진행되었다.

5월 22일 회의에서는 모스크바 협정 제2항에 따라 임시정부의 창설을 구체적으로 논의하기 시작하였다. 이 구상에는 임시정부의 형태, 구성, 인원, 임시정부가 구성해야 할 기본법규 준비, 임시정부의 강령 제정 등이 포함되었고, 이를 위하여 세 가지 소위원회를 설치하기로 합의가 되었다. 2차 공동위원회에서는 소련의 강경한 입장이 많이 완화되었다. 소련 측은 과거에 반탁운동을 하였지만 앞으로 공동위원회에 협조하겠다는 약속을 하는 단체를 임시정부에 포함시킬 용의가 있다는 선까지 양보하였다.[62]

만약 우익이 이 조건을 받아들인다면 하지로서도 최상의 타협안이 될 수 있을 것으로 생각하였다. 그러나 하지가 우익진 영의 협력을 받을 수 없게 되면 미국이 더 이상 다른 대안을 제시하지 못하고 소련이 이득을 볼 수 있는 위험한 타협안이 될 수도 있었다. 그러나 미국이 기대한대로 미·소간의 합의 가능성이 높아지자 이승만은 공식적으로 공동위원회를 거부하지 못하였다.63) 이승만은 점령군에 의하여 수립되는 정부에서 제외되지 않기 위하여 반탁 입장을 선회하였다. 그가 하지와 미군사정부에 대하여 적대감을 지속하게 되면 미국이 김규식, 여운형 등 온건세력을 중심으로 하여 소련과 합의를 할 가능성이 높아질 것이라는 우려도 가지고 있었다.

한국에 대한 2억 1,500만 달러의 원조안을 통과시켜 달라는 대통령의 제안을 의회에 제출한 미 국무성은 모든 일이 낙관적으로 해결될 것이라고 기대에 부풀어 있었지만, 한국에 대한 원조안은 미 의회에서 난관에 부딪히고 말았다.64) 반덴버그(Arthur H. Vandenberg) 상원의원을 비롯한 공화당 의원들은 그리스나 터키에의 원조 필요성은 인식하고 있었으나, 한국에 대한 원조계획에 대하여는 반대하였다. 트루먼 행정부는 유럽에서의 냉전에 따른 원조의 중요성을 의회에 충분히 설명을 할 수 있었지만, 한국이 대규모 원조를 받을 만큼 전략적으로 중요하다는 이해를 구하기가 힘들었다. 공화당 의원들의 반대에 직면하여 미 국무성 관리들은 1947년 7월 8일 마셜 장관에게 한국원조 계획을 통과시키기 위한 의회에서의 노력을 더 이상 기울일 수 없게 되었다는 보고를 하였다.65)

트루먼이 시도한 한국에서의 봉쇄정책을 위한 원조안이 실패로 돌아가자, 미소공동위원회도 소련의 태도 돌변으로 좌초에 부딪치게 되었다. 미 의회의 한국원조안 토의 거부일로부터 나흘 뒤인 1947년 7월 12일 소련은 임시정부 참여를 위한 남한의 심사대상 단체를 대규모 축소하도록 요구하고, 반탁위원회에 참여하고 있는 우익정당의 배제를 요구하였다. 소련의 요구를 받아들이면 거의 모든 우익 인사들이 배제되어야 하고, 이에 따라 425개의 신청단체가 118개로 줄어들게 되었다.[66]

신청단체의 숫자에 대하여 혼란이 있었다. 소련 점령지역에서는 38개 단체가 지원했는데 소속인원은 1,330만 명에 달하였다. 북한지역 성인 전체는 450만에 불과하였다. 미국점령지역에서 신청한 425개 단체의 총인원은 5,200만에 달하였다. 남한지역의 성인인구는 950만이었다. 미국 측의 분류에 의하면 425개 단체 중 51%가 우익 또는 온건우익, 48%가 좌익 또는 온건좌익성향을 보였다고 한다.

소련의 요구를 거부한 미국은 양측이 각 지역에서 적격단체를 분리 심사하여 임시정부에 참여시키자는 제안을 하였다. 소련은 이 제안을 거부하였고, 이어서 몇 차례의 제의, 역제의를 거듭하다가 회의는 완전 교착상태에 빠지게 되었다. 1947년 8월 23일 모로토프는 반탁운동에 참여한 경력이 있는 단체를 임시정부에 절대로 포함시킬 수 없다고 선언하였다. 그리고 그는 모스크바 합의를 지지하는 정당중 남북한 동수로 구성되는 '임시의회(Provisional Assembly)'의 설립을 제의하였다. 미국은 양 지역의 '인구 차이'를 거론하며 이 제의를 받아들이지 않았다.[67] 결국 미소공동위원회는 1947년 10월 18일 공식적으로 결렬되었다.

미소공동위원회의 결렬은 역사적으로 한국문제를 해결하기 위하여 미소 간에 개최된 최후의 양자회담을 기록하였다. 미국의 한국에 대한 대규모 원조안이 의회통과를 실패한 후 소련은 더 이상 통일정부를 수립하는 협상을 서두를 필요가 없게 되었다. 미소공동위원회의 실패과정을 분석해 보면, 소련은 이승만과 김구를 미군사정부로부터 분리시키고 남한의 주민들이 미국인들에 대하여 저항하도록 하는 선동의 도구로 공동위원회를 사용한 감이 없지 않다. 결국 공동위원회와 원조안의 실패는 많은 한국인들이 소련진영에 편입될지도 모른다는 우려를 가지게 하여 미군사정부로 하여금 '매우 어렵고 골치아픈 입장'에 놓이게 하였다.[68]

실제로 양 점령당사국 간의 협상이 실패로 돌아갔다는 소식이 알려지자 남한지역의 내부갈등이 심각한 양상으로 확대되었다. 이승만과 김구는 소련과 미군사정부를 비난하는 시위를 조직하였다. 1947년 7월 13일부터 24일까지 남한의 64개 도시에서 101차례의 시위가 발생하였다. 이 와중에 7월 19일 여운형이 19살의 극우청년에 의하여 암살당하였다.

이승만은 하지로부터 새로운 것을 기대할 수 없다고 하며 그 자신의 계획을 실행에 옮기기 시작하였다. 그는 총선거에 의하여 대표를 선출하여 입법기구를 구성하고, 이 기구가 헌법을 제정하고 대통령을 선출하는 안을 공표하였다. 하지는 이승만이 승인도 받지 못할 정부를 수립하려 한다고 비난하면서, 한국인들은 '정치적 파벌주의와 속임수'에서 벗어나지 못하고 있다고 비판하였다.[69] 미국인들도 공동위원회 실패 이후 과연 진실로 남한지역에 강력한 반공정부가 단독 수립되는 것을 반대하였는지에 대해서는 미국이 추진한 정책들을 보면 많은 의문이 간다. 당시 그들은 전 한반도의 공산화방지, 즉 한반도에 미국의 영향력을 유지시킬 수 있는 '거점'을 마련하는 점령당시의 목표를 달성하고 소속히 골치 아픈 남한지역에서 철수하는 방법을 강구하는 것이 급선무였다.

제8장_ 남북한 단독정부 수립 과정

2년에 걸친 소련과의 지루하고 무익한 대화가 실패로 돌아가자 이승만을 중심으로 한 남한의 우익진영은 한국의 독립을 위하여 새로운 접근법을 찾아야 한다고 주장하였다. 이승만을 대신하여 워싱턴 소재 '한국위원회(Korean Commission)'의 올리버(Robert T. Oliver)는 미 국무성에 한반도 문제 해결을 위한 6개항의 건의를 포함한 비망록을 제출하였다.

1. 즉각적인 선거를 실시하고, 국민이 선택한 정부에 주권이 있다는 점을 공식적으로 인정할 것.
2. 38선 분단에 따라 피폐된 경제를 복구하기 위한 미국의 경제원조.
3. 북한군대에 대응하기 위하여 남한군대를 훈련하고 무장할 때까지 미군의 주둔.
4. 한반도 전체를 대표하는 법적 정부(de jure)로 남한 정부에 대한 미국의 승인 (영국과 중국도 유사한 내용의 승인 요구). 주된 이유는 ① 북한 출신의 주요 정치 지도자들이 남한에 망명자로 거주하고 있으며 이들이 정부의 주요 직책을 차지할 것이고, ② 분단이 지속되는 최악의 상태를 막을 수 있는 최선의 방법임.
5. 미국은 새로운 한국정부가 유엔에 가입할 수 있도록 지원할 것. 만약 소련이 거부권을 행사한다면, 이는 소련의 참여를 배제하고 유엔이 새로 구성되어야 하

는 여러 이유 중의 하나가 될 것임

6. 일반적인 아시아의 평화를 위하여 소련의 북한으로
   부터의 철수를 목적으로 한 노력이 지속되어야 함.[1]

미국 내부에서도 한국문제 해결을 위하여 새로운 방법을 강
구히는데 대한 논의기 시작되었다. 미소공동위원회가 완전히 실
패한 후 하지의 정치자문관이었던 제이콥스(Joseph Jacobs)
는 4강대국 회의나 유엔을 통한 한국문제 해결과 '소련의 음모
와 이중성'을 막기 위하여 임시정부 보다는 영구적인 정부를
수립하여야 한다고 본국정부에 건의하였다. 그는 또한 좌익단
체들이 미군의 철수를 요구하는 이외에 우익단체들도 미국이
한반도에서의 임무수행을 불가능하게 하지는 않더라도 매우
어렵게 만들 가능성이 크다고 경고하였다. 미국이 그가 건의
하는 방식의 조치를 선택하지 않을 경우의 '안전한 대안'은 소
련과 양 점령군의 동시 철수를 합의하고 한반도가 스스로 독립
을 하도록 방치하는 것인데, 이는 아마도 한반도에 또 다른 '소
련위성국'이 설립되는 것으로 귀결될 것이라고 경고하였다.[2]

한국문제의 유엔화와 점령군 철수 논쟁

1947년 8월 4일 미국의 SWNCC는 한반도 전체를 공산주의자
들이 장악하도록 포기하지 않고 한국으로부터 철수하는 방안
을 강구하여야 할 때가 도래하였다고 결론을 내렸다. 그 방안

으로 미국은 4강대국 회의를 통하여 유엔 감시하의 한국 임시 정부를 수립하는 합의를 유도하되, 만약 소련이 이를 거부하면 미국은 한국문제를 유엔에 상정하여야 한다는 결정을 하였다.[3]

8월 26일 미국의 로벳(Robert Lovett) 국무차관은 입법기 구 설립을 위한 양 지역의 선거 조기 실시, 입법기구에 의한 임 시정부 수립, 양 점령군의 철수를 논의하기 위한 4강대국 회의 를 9월 8일 워싱턴에서 개최하자는 제의를 하였다. 모로토프 는 그러한 회의는 모스크바 합의 내용을 벗어나는 것이라며 미 측의 제의를 거부하였다. 결국 로벳은 한국의 독립이 지연되 는 것을 더 이상 묵과할 수 없다고 하며 한국문제를 유엔에 상 정하겠다는 내용의 서한을 9월 16일 모로토프에게 보냈다.

다음날 미국정부는 한국독립 문제는 유엔의 다른 회원국들 의 공명정대한 판단을 필요로 하는 문제가 되었다고 강조하며 공식적으로 유엔에 상정하였다. 미국의 결정을 전해들은 영국 인들은 "유엔이 소련의 한반도 지배를 지연시키는 것 이상의 일을 할 수 있겠는가"는 의문을 가졌다.[4] 한반도가 통일된다 면 그 정부는 친소정부가 될 가능성이 높다는 것이 당시 국제 여론의 지배적인 견해였다.

실제로 미국인들은 소련이 미국의 계획에 대하여 합의하기 를 기대하지도 않았고 원하지도 않았다. 그들이 원한 것은 세 계여론을 등에 업고 남한지역에 독립정부를 수립하는 것이었 다. 4강대국 회담을 거부한 소련이 유엔의 한반도 문제 처리과 정을 거부할 것이 확실하였지만, 미국은 당시까지 미국이 짊 어지고 있던 부담을 유엔으로 이양하기를 원하였다. 또한 미국은 위신과 극동에서 점한 군사적 지위를 잃지 않고 조기에 철수하기를 원하였다. 만약 유엔이 한국문제를 해결하지 못한다면, 미 행정부는 남한에 대한 정치적·경제적 지원을 하며 남한이 단독으로 독립하도록 할 것이 확실하였다.[5] 따라서 미국이 유엔을 활용하는 것은 이미 결정한 남한 단독정부 수립을 위한 정당성 확보의 복석이 있었다고 할 수도 있다.

소련은 한국문제를 유엔에 상정시킨 미국의 정책을 '유엔의 권위를 이용하여 한국에서 일방적이고 비합법적인 행동'을 하려는 정치적인 음모라고 비난하였다. 한국의 독립 문제는 모스크바에서의 국제합의가 있기 때문에 유엔에서 다룰 수 없다고 강조하였다. 그러나 소련은 한국문제에 대한 유엔에서의 토의 자체를 거부할 의사는 보이지 않았다. 유엔주재 소련 대표는 1948년 초에 양 점령군이 철수하고 한국인들 스스로가 정부를 구성하는 기회를 주자고 제의하였다. 미소 공동위원회의 소련대표도 1947년 9월 26일 양 점령군의 철수를 제의한 바 있다.[6] 소련은 미국이 동시철수안을 거부하게 되면 미국이 남한지역에서 더 인기를 잃게 되어, 결국 미국은 유엔에서 한국문제를 철회하게 될 것이라고 기대한 것으로 보였다.

하지는 동시철수를 제의한 소련의 전략을 다음과 같이 분석하여 본국 정부에 보고하였다.

1. 미 점령군의 인기를 더욱 하락시키고 소련이 한반도 전체를 지원하고 있다는 인상을 심으려는 전략.
2. 소련은 약소국들을 흡수하려는 제국주의 정책을 추

진하지 않으며, 약소국의 완전한 독립과 민족자결
을 소련이 적극 지지한다는 믿음을 약소국에게 심으
려는 전략.

3. 한국에 대한 원조계획은 실패할 것이고, 점령군 철수
에 대한 강력한 요구가 일어날 것이라는 점을 부각시
켜 미국 의회와 국민들을 혼란에 빠지게 하려는 전략.

4. 신탁통치 발상과 문제점의 책임을 미국이 부담하게
하고, 소련이 이를 포기시켰다는 점을 한국인들에
게 알리려는 전략.

5. 유엔에서 한국문제에 대한 혼선을 빚게 하여 결국은
한국문제를 유엔으로부터 철회시키려는 전략.[7]

1947년 10월 17일 미국은 한국문제를 공식적으로 유엔에
상정하였다. 구체적으로 유엔감시 하에 1948년 3월 31일까지
각 지역에서의 점령군에 의한 선거실시, 정부수립, 자체군대 창
설과 점령군 철수를 제의하였다. 로벳은 점령군 철수 문제는
독립정부를 수립하는 '총체적 안건'의 일부분으로 다루어야 한
다고 주장하였다.[8]

대체로 미국인들은 남한에 독립정부가 수립되고 자체군대
가 창설된 이후에 점령군이 철수되어야 한다는데 동의하고 있
었다. 미국이 소련의 동시철수 제안을 받아들이지 못한 가장
큰 이유는 철수 이후 초래될 남북한 군사력의 불균형 때문이었
다. 미국인들은 조기철수는 필연적으로 한반도에 내전을 발발
케 할 것이고, 그 결과는 공산주의의 승리가 될 것이라고 우려
하였다. 미국은 15만 내지 20만의 북한 인민군이 남한을 정복

하지 못하게 하려면 시간이 필요하였다. 철수 이전에 미국은 적어도 6개월의 기간을 가지고 남한 군대 6개 사단을 무장하고 훈련시켜야 한다는 계획을 수립하고 있었다.[9]

1947년 9월 중국과 한국에 대한 현장조사를 마친 웨드마이어(Wedemeyer) 장군은 남한지역의 부동항을 포함한 한반도 전체를 군사기지로 자유롭게 사용하러 하는 소련의 징책을 봉쇄하는 것을 목적으로 한 당시의 미국 정책을 유지시켜야 한다는 보고를 하였다. 그는 미군의 철수는 아시아인들로 하여금 '도덕적 위신(moral prestige)'에 대하여 의구심을 가지게 할 것이라고 경고하였다.[10]

미국인들은 또한 이념적인 중요성 때문에 남한으로부터 즉각적인 철수를 할 수 없었다. 국무성 동유럽국 부국장이었던 스티븐스(Francis Stevens)는 이념적인 이유를 들면서 미군의 철수를 반대하였다.

한국은 … 동서진영간의 대결에 있어서, 또한 아시아인들에게 민족주의적 목표를 달성케 하는데 있어서 중요한 세계전략의 상징이다. 만약 우리가 소홀히 대하여 한국이 소련의 위성국가로 전락하게 한다면, 세계는 우리가 소련과의 또 다른 시합에서 패배한 것으로 생각할 것이고, 그렇게 되면 우리의 위신은 추락하게 될 것이다.[11]

조기철수를 반대한 미국인들은 한국에 대한 의무를 포기하는 것은 다른 중요지역에서 미국의 위신에 해를 미치는 결과를 초래할 것으로 생각하였다.

그러나 일부 미국인들은 범세계적인 전략의 관점에서 철수를 서둘러야 한다고 주장하였다. 미 군부는 점령에 많은 비용이 소요되기 때문에 한국은 '자산(asset)'이라기 보다는 '부담(liability)'이 된다고 생각하였다. 미 합참은 한국에 군대와 기지를 유지하는 것은 아무런 '전략적 이익'이 없다는 결론을 내렸다. 합참의 견해에 동조하면서 맥아더는 어떠한 경우에도 '소련의 위성국'이 될 운명에 처해 있으므로 미국이 한국에 계속 주둔할 필요가 없다고 말하였다. 그는 아시아 '본토문제'인 한국문제는 일본의 안보와 직접적인 관련이 없다고 생각하였다.12) 정책기획국(Policy Planning Staff) 국장이었던 케넌(George Kennan)은 한국이 미국에게 군사적으로 중요하지 않다고 생각하였다. 그는 미국의 정책은 점령비용을 줄이기 위하여 '영광스럽게 그렇지만 되도록 조기'에 철수하여야 한다고 믿고 있었다.13)

유엔의 한반도 총선 결의안 채택

1947년 10월 유엔이 한국문제에 대한 토의를 시작하자 덜레스(John Foster Dulles)는 점령군의 철수는 한국국민들을 대표하는 단일정부를 설립하기 위한 제도적 장치가 마련된 이후에 이루어져야 한다고 강조하였다. 그로미코(Andrei Gromyko) 소련대표는 외국군이 완전히 철수되기 이전에 한반도에 자율적인 정부가 수립되기 어렵다고 반박하였다. 이어서 그는 유엔이 미국과 소련정부에게 1948년 초까지 군대를 동시에 철수하도록 권고하는 결의안을 제출하였다. 이 방식만이 한국문제를 '가장 현명하고 간단하게' 처리하고, 외세의 영향을 배제할 수 있는 방식이라고 주장하였다.

소련의 제의를 거부하면서 유엔은 1948년 3월 31일 이전에 실시될 한반도 총선거를 감시할 유엔한국임시위원단(UNTCOK: United Nations Temporary Commission on Korea)을 설립하고, 새 정부 수립 이후 90일 이내에 점령군이 동시 철수하는 내용의 미국 결의안을 11월 14일 통과시켰다. 임시위원단은 호주, 캐나다, 중국, 엘살바도르, 프랑스, 인도, 필리핀, 시리아, 우크라이나 대표로 구성하도록 결의되었다.[14] 결국 유엔은 한국문제를 국제문제화하여 해결하려는 미국의 의도를 따르지 않을 수 없었다.

소련정부는 점령군의 조기철수는 공산측이 목표를 달성하는데 유리하고, 유엔의 개입은 미국에게 유리할 것이라고 판단하고 있었다. 따라서 소련인들은 유엔이 북한지역에 개입하는 것을 봉쇄하였다. 유엔이 미국의 결의안을 통과시키기 전날인 1947년 11월 13일 그로미코는 미국 결의안이 '한국의 미래에 대한 적절하고 공정한 해결'을 방해하고 있다고 주장하면서, 북한대표가 토의에 참여하지 않은 상태에서 임시위원단이 구성되면 소련은 이 위원단의 활동을 인정할 수 없다고 경고하였다.[15] 공산측이 임시위원단의 북한지역에서의 활동을 봉쇄한다 하더라도 미국의 입장에서는 그 동안 우려하던 한반도 전체의 공산화는 막을 수 있기 때문에 어느 정도의 여유를 가질 수 있었다. 이러한 점에서 미국의 결의안과 소련의 거부는 한반도에서의 '영향권 분할'이라는 동일한 목적을 가진 것으로 평가할 수 있다.

유엔임시위원단은 1948년 1월 12일 서울에서 활동을 시작하였는데, 원래 9개국으로 편성되었으나 우크라이나가 불참하여 8개국으로 구성되었다. 임무를 확실히 하기 위하여 위원단의 활동구역은 '한반도의 일부가 아니라 한반도 전체'라는 내용의 결의안을 통과시켰다. 그러나 미국인들은 소련의 거부를 예상하고 있었다. 소련이 거부하더라도 3천만 인구 중 2천만이 살고 있는 지역의 총선거 실시는 정통성을 가질 것으로 생각하였다.[16)]

예상했던 대로 메논(K. P. Menon) 임시위원단 단장이 인사차 북한 지역을 방문하려 하자 공산측은 받아들이지 않았다. 그로미코는 유엔에서 소련대표가 취하였던 '부정적 태도'를 상기시켰다. 결국 임시위원단은 원래의 목표를 이룰 수 없게 되어 유엔 임시총회에 자문을 구하였다. 메논과 위원단의 사무총장이었던 후(Victor Hoo)가 유엔 임시총회를 방문하였다.[17)]

1948년 2월 개최된 임시총회에서 메논은 소련의 완고함, 긴장된 한반도의 정치상황과 미국의 유엔감시 총선거실시 압력 등을 언급하면서 한국에서 개인의 자유가 제한 받고 있다고 주장하였다. 한국인들은 '원시적 취급'을 받고 있으며, 38선이라는 '재앙의 상징'에 의하여 한국의 국토와 민족은 인위적으로 양분되어 있다고 하였다. 한국인들은 통일을 갈망하고 있으며, 민주적 자주정부를 수립할 능력이 있으며, 유엔은 한국인들의 '마지막 희망'이라는 내용의 연설을 하였다. 만약 이 희망이 수포로 돌아간다면 한국사회는 '폭발'할 것이고, 이는 아시아와 세계의 '대규모 지각변동'으로 이어질 것이라고 경고하였다.18)

토의 과정에서 전통적으로 미국의 우호국이었던 인도, 캐나다, 호주 등 영연방 국가들이 남한지역에 단독정부를 수립하려는 미국의 정책에 반대 입장을 보여 미국은 매우 난처한 상황에 처하게 되었다. 그들은 소련이 유엔결의안을 준수하지 않는 것보다 한반도를 영구히 분단시키는 것이 더 심각한 문제라고 믿었다. 캐나다의 피어슨 외무장관은 미국정책의 합법성과 합리성 측면에 대한 의문을 제기하면서, 한반도 전체에 대한 총선거 결의를 한 총회의 결의와 다른 제안을 하는 것은 임시총회의 권한 밖이라고 주장하였다. 호주대표도 미국제의는 불법적인 것으로 결론지었다. 남한에 정부를 수립하게 되면 경쟁적인 정부가 북한에 반드시 설립될 것으로 예상하였다. 호주대표는 북한에 설립된 정부가 남한에 위협을 가한다면 유엔은 남한정부를 "적극적으로 보호하던가, 또는 유엔이 설립한 정부에 대한 모든 책임을 회피하던가" 둘 중의 하나를 선택해야 하는 기로에 놓일 것이라고 경고하였다.19)

이와 같이 한반도 분단이 고착화되어 가는 과정에서 주요 영연방 국가들은 미국이 남한에 단독정부를 수립하여 분단을 영구화하려는 정책에 대하여 비판적인 태도를 가지고 있었다. 강한 고립 외교정책을 추진하던 캐나다의 킹(Mackenzie King)

수상은 캐나다가 유엔한국임시위원단에 참여하는 것 자체도 반대하였으나, 미국의 압력과 피어슨(Lester B, Pearson) 외무장관의 권고로 받아들였다.[20] 스튜웍은 영연방 국가들은 다음과 같은 이유로 미국의 남한 단독정부 수립을 반대하였다고 주장하였다.

> 초기에 캐나다와 호주는 영국의 영향을 받았다. 영국정부는 미국이 한국으로부터 철수하기 위한 도구로 유엔을 사용하고 있다고 생각하였다. 영국 지도자들은 38선 이남에 단독정부를 수립하지 못하게 하면 미국은 한국에 묶여 있을 수밖에 없을 것으로 예상하였다.[21]

영연방 국가들의 반발에도 불구하고 미국정부는 원래의 계획을 변함없이 추진하였다. 미국인들은 유엔의 지원 하에 남한에 정부를 수립하는 것이 실패로 돌아간다면 미국은 원하지 않는 군사점령을 지속하거나, 아니면 한국에 대한 개입을 중단하고 소련이 힘의 공백을 채우게 내버려 두는 수밖에 없을 것이라고 우려하였다.

미국의 압력 결과 유엔 임시총회는 한국임시위원단이 감시 가능한 지역에서만 총선거를 실시하도록 하는 미국 결의안을 통과시켰다. 미국의 우호국이면서 임시위원단의 일원이었던 호주와 캐나다가 반대표를 던졌고, 통상적으로 미국 결의안에 찬성표를 던지던 3개의 남미국가들과 3개의 스칸디나비아 국가들이 기권하였다. 소련진영은 투표를 거부하였다.[22] 이러한 점에서 보면, 적지 않은 유엔 회원국들이 한반도의 분단을 영구화시킬뿐만 아니라 냉전 적대감을 고조시키는 미국의 정책은 잘못된 것이라는 판단을 하고 있었다.

수차에 걸친 격한 토론 끝에 임시위원단은 찬성 4표, 반대 2표, 기권 2표로 유엔 임시총회의 결의안을 실행하기로 결정하였다. 중국, 엘살바도르, 인도, 필리핀이 찬성하였고, 호주, 캐나다가 반대하였으며, 프랑스와 시리아가 기권하였다.[23] 임시위원단의 위원은 미국이 거의 일방적으로 지정하고 임명하였는데도 미국 결의안에 대한 투표 결과 50%만 지지하였기 때문에 위원단의 임무 수행이 쉽지 않을 것이라는 우려를 낳게 하였다.

유엔한국임시위원단이 남한지역에서 활동하는데 대한 북한과 소련의 반발은 거세었다. 김일성은 미국이 미소공동위원회를 고의로 방해하였고, 모스크바 합의를 파기하였고, 포츠담 합의를 위반하면서 한국을 '식민지화'하려 한다고 비난하였다. 남한지역에 '반동적인 정부'를 수립하기 위하여 실시되는 선거에 반대하는 대규모 시위가 북한의 주요도시에서 개최되었다. 소련 공산당은 유엔 임시총회의 결의안은 남한지역을 '극동에서 미국의 팽창을 위한 기지'로 전환시키는 총체적인 계획의 일부라고 주장하였다.

초기에 이승만은 소련의 개입을 우려하며 총선거의 유엔감시를 반대하였다. 그러나 그는 소련이 유엔의 계획에 참여하지 않는다는 소식을 듣고 입장을 전환하였다. 이승만과 그의 지지자들은 공산주의자들의 침투를 막기 위해서는 남한에 강력한 정부가 수립되어야 한다는 견해를 가지고 있었다. 한민당 위원장이었던 김성수는 '반신(半身) 만이라도 속박에서 벗어나 전신(全身)의 자유로운 활동'을 하여야 한다고 주장하였다. 반면, 좌익진영은 남한의 단독선거는 "단일 민족국가의 팔과 다리를 자르고 중간을 반 동강 내고, 제국주의의 군화로 아름다운 영토를 짓밟으려는 미 제국주의자들의 획책"이라고 비난하였다. 그들은 폭동, 전복행위와 함께 전국적인 파업을 주도하였다. 전국적으로 경찰과 시위대간에 산발적인 무력충돌이 발생하였다.24)

남북연석회의 실패와 단독정부 수립

김구와 김규식은 '통일'이 한반도 문제해결에 있어서 최우선 순위에서 고려되어야 한다고 주장하였다. 그들은 임시위원단에게 남한지역에 단독정부를 수립하면 소련은 북한에 공산정부를 수립하여 한반도 분단이 고착화될 것이라고 경고하였다. 유엔의 결정에 실망한 두 김씨와 김창숙, 조완구, 조성환, 조소앙, 홍명희 등 7명의 민족지도자들은 한국의 통일과 독립을 위하여 함께 노력하고, '한 가족을 몰살시키는' 결과를 초래할 남한에서의 단독선거에의 불참을 약속하는 성명을 1948년 3월 12일 발표하였다. 그들은 동시에 김일성과 김두봉에게 편지를 보내 민주적인 통일정부를 수립하기 위한 남북한 정치 지도자회의를 제의하였다. 3월말 김일성은 이 제의를 받아들여

15명의 우익지도자들과 좌익단체 전체를 초청하였다.25)

남북한 지도자 회의가 알려지자 많은 한국인들이 흥분하여, 한반도의 독립과정에서 '한국의 호랑이'인 김구가 '북쪽의 여우'들을 능숙하게 다룰 수 있을 것이라는 기대를 하였다. 당시 남한의 저명한 작가와 언론인 108명은 4월 14일 공동선언문을 발표하여, "소국이 시금 독립이냐 예속이냐, 또 통일이냐 분단이냐 하는 갈림길에 있을 때 조국을 구하는 유일한 길"은 남북협상이라고 주장하였다.26)

유엔한국임시위원단의 호주와 캐나다 대표는 김규식을 격려하며, 그가 북한에서 좋은 성과를 거둔다면 남한의 단독선거를 연기할 것을 약속하였다. 그러나 이승만은 두 김씨가 나라를 공산주의자들에게 팔아먹으려 한다면서 남북정치회담을 적극 반대하였다. 하지는 그가 지지하던 김규식이 그에게서 등을 돌려 매우 거북한 상태에 빠지게 되었다. 결국 하지도 4월 5일 남북회의를 비난하며 국민들에게 지지하지 말도록 성명을 발표하였다.27)

평양에서 1948년 4월 19일에 개최된 남북정치회담에는 양측 16개 정당과 40개의 사회단체로부터 695명(남측 240명, 북측 455명)의 대표가 참석하였다. 이 회의는 해방 이후 한반도의 독립과 통일을 협상하기 위하여 남북한 대표가 만난 첫 회합이었다. 비록 회의진행은 공산주의자들이 조종하였지만, 4월 30일 다음과 같은 내용의 공동성명서를 발표할 수 있었다.

1. 조선에서 외국군대가 즉시 철수하는 것이 현상태 하

에서 조선문제를 해결하는 유일한 방법이다.

2. 남북 지도자들은 조선에서 외국군대가 철수한 이후 내전이 발생할 수 없다는 것을 확인하며, 통일에 대한 조선인들의 열망에 배치하는 여하한 무질서의 발생도 용납하지 않을 것이다.

3. 외국군대가 철수한 후에 '전조선 정치회담'을 소집하여 '민주주의 임시정부'를 수립할 것이다. 이 임시정부는 일반, 직접, 평등, 비밀투표로 통일된 조선입법기관의 선거를 실시하며 선거된 입법기관은 조선헌법을 제정하여 통일된 민주정부를 수립할 것이다.

4. 본 성명서에 서명한 제 정당, 사회단체들은 남조선 단독선거의 결과를 결코 승인하지 않을 것이며 그 선거로 수립된 단독정부를 결코 지지하지 않을 것이다.[28]

공동성명 발표 직후 소련정부는 소련군을 철수하기 위한 '필요한 조치'를 취하고 있다는 성명을 발표하였다. 이때부터 북한 언론은 하지에게 쓸데없는 헛고생하지 말고 한국으로부터 철수하라는 압력을 가하였다.[29]

1948년 5월 5일 서울로 귀환한 두 김씨는 북한당국이 단독정부를 수립하지 않고, 남한에 전기를 공급하고, 빠른 시일 내에 조만식을 석방하겠다는 약속을 하였다고 발표하였다. 이 발표 직후 그들의 인기와 권위는 높게 상승하였다. 많은 남한 주민들이 그들을 '구세주'로 표현하면서 열광적으로 지지하였다. 그러나 두 김씨의 통일을 위한 호소는 그들을 향한 이승만과 하지의 연합된 비방을 막아내기에 힘이 약하였다. 결국 미국과 이승만이 뜻하는 대로 남한에서의 단독선거가 실시되었다.

선거날짜가 다가오면서 우익과 좌익은 테러단을 조직하는 등 극렬한 선거 캠페인을 실시하였다. 두 김씨와 마찬가지로 공산주의자들도 총선거를 거부하고 선거를 방해하기 위한 물리적 행사에 돌입하였다. 1948년 2월 7일부터 5월 9일까지 선거 지지파와 반대파의 무력충돌로 245명이 사망하였고, 559명이 부상당하였다. 선거 당일인 5월 10일 44명이 사망하고 62명이 부상당하였다. 특히 우익 청년단체들이 주민들에 대한 위협을 지속적으로 가하였고, 그 결과 선거를 반대하였으나 공산주의자로 오인 받지 않기 위하여 선거인 명부에 등록하는 사람이 많이 늘어났다.[30) '공산주의'로 모함하는 것은 남한정치에 있어서 정적을 탄압하기 위하여 편리하게 그리고 빈번히 사용되던 정략이었다. 이러한 상황에서 남한 주민들은 선거에서 선택의 자유를 행사하기 어려웠다.

사진 8-1 남북연석회의 당시 김구와 김일성, 1948년 4월

1948년 5월 10일 선거권자의 75%인 750만 명이 참여한 총선거 결과 이승만의 한국독립촉성중앙위원회와 한국민주당이 승리하였다. 200석 중에 이승만 계열이 54석, 한국민주당 29석, 이청천의 대동청년단 12석, 14석은 기타 군소 정당, 6석은 기타 청년단이 차지하였고, 나머지 85석은 무소속이 당선되었다. 무소속의 분포를 보면 45석이 우익진영에 속하였는데, 7석은 이승만 지지, 38석은 한국민주당을 지지하였다. 나머지 40명은 온건 우익인사들이었다. 이중 지주가 84명, 자본가 32명, 부일 협력자 23명이 포함되어 있었다.[31]

미국과 이승만 진영은 총선거의 결과를 '민주주의의 대승리와 공산주의에 대한 거부'로 인정하며 환영하였다. 선거를 거부하였던 좌익과 온건세력들은 선거를 '광대극(farce)'에 비유하면서 의사표현을 자유롭게 할 수 있는 환경 하에서 실시되지 않은 부정선거였다고 주장하였다. 유엔한국임시위원단의 무길(Mughil) 시리아 대표는 선거 자체가 '범민족적'이 아니었으며, 선거법 위반행위가 많이 적발되었다고 주장하였다. 무길의 주장에 흥분한 주한미군의 제이콥스 정치자문관은 유엔한국임시위원단에 호주의 잭슨(Jackson)과 캐나다의 패터슨(Patterson)이 선동하는 공산조직이 있다고 보고하였다. 그들은 임시위원단의 활동이 실패하고, 그 결과 한반도가 소련의 위성국이 되기를 원하고 있다고 비난하였다.[32]

해방일로부터 만 3년이 되는 일자인 1948년 8월 15일 대한민국 정부가 공식적으로 수립되었다. 5월 10일 총선거 실시 이후 7월 17일 제헌국회가 헌법을 제정하였고, 7월 29일 이승만이 초대 대통령으로 선출되었으며, 8월 4일 내각을 구성하였다. 정치제도로는 미국식의 대통령 중심제를 채택하였다.

대통령중심제를 채택하였으나 원래 헌법기초위원회는 의원내각제를 구상하였다. 대통령중심제는 의회와 상관없이 행정부를 책임지는 대통령을 선출하여 모든 국정을 대통령이 단독으로 행사하는 제도이고, 의원내각제는 의회의 과반수 세력이 국가 행정권도 장악하는 제도로써 의회와 행정부가 융합되어 있는 제도이다. 헌법기초위원들은 제도원리적 측면에서 '정치안정'과 '독재방지'를 위하여 의원내각제가 더 바람직하다는 의견을 제시하였다. 위원들은 의원내각제가 국회와 정부의 대립을 제도적으로 해결할 수 있으므로, 대통령중심제 보다 정국안정을 달성하는데 용이하다고 주장했다.

이에 대하여 차기 대통령으로 예정되어 있는 이승만은 오히려 '정부의 안정'을 위하여 임기가 보장되는 대통령중심제가 바람직하다고 주장하였다. 그러나 헌법기초위원들은 헌법 초안의 국회상정 3일전인 6월 20일까지 의원내각제 헌법을 고수하였다. 그러자 이승만은 헌법기초위원회에 출석하여 "이 헌법 하에서는 어떠한 지위에도 참여하지 않고 민간에 남아 국민운동을 하겠다"고 정치적 협박을 하였다. 일부 한민당 의원들은 이승만의 압력을 받아 대통령중심제를 지지하였고, 결국 6월 22일 헌법기초위원회는 대통령중심제 초안을 통과시켰다. 이에 따라 대통령중심제를 정체로 하여 대한민국 정부가 탄생하였다.[33]

대한민국 정부 수립일에 하지는 미군사정부의 임무종료를

선포하고, 한국정부의 안정을 위하여 모든 지원을 하겠다고 선언하였다.[34] 미국의 입장에서 남한에서의 단독정부 수립은 성공적인 것으로 평가되었다. 대한민국 정부가 소련과 적대적인 정책을 유지하는 한 미국의 아시아에서의 가장 중요한 기지인 일본의 안보를 공산주의 침투로부터 막아낼 수 있었기 때문이었다.

대한민국 국회는 북한지역의 대표를 위하여 300석 중 100석을 남겨 두었으며, 6월 12일 북한에서 100석을 채우기 위한 선거를 실시하도록 요구하는 의안을 통과시켰으나, 북한은 8월 25일 자체적으로 '전국적인' 총선거를 실시하였다. '조선민주주의인민공화국'이 1948년 9월 9일 평양에서 설립되었음을 선포하였다. 북한 당국에 의하면 남한의 유권자 총수 868만 1,746명 가운데 76.5%에 해당하는 676만 2,407명이 비밀지하투표에 참가했다고 한다. 여기서 선출된 1,002명의 대표들이 해주에 모여 8월 21일부터 26일까지 '남조선 인민 대표자 대회'를 열고 남한을 대표하는 최고인민회의 대의원 360명을 선출하였다고 한다. 북한의 유권자수는 452만 6,065명이었는데 99.97%에 해당하는 452만 5,932명이 투표에 참가하였으며, 여기서 212명의 대의원이 선출되었다. 남북한에서 선출된 572명의 대의원이 임시인민위원회를 대체하여 최고인민회의를 구성하였다.[35] 한 땅덩어리, 한 민족이 두 개의 정부를 구성하고 양대 초강대국의 영향권 하에서 이념적인 대립상태로까지 나아가게 됨으로써 결국은 피를 흘리는 비극을 피할 수가 어렵게 되었다.

제9장_ 미·소 점령군의 철수

제2차 세계대전 이후 미국이 한국점령에 적극적으로 참여한 이유는 한국에서 소련의 팽창정책을 견제하려는 목적에서였다고 할 수가 있다. 점령 이후 성공적으로 공산세력의 남하를 봉쇄하는 동시에 남한지역에 친미정부를 세움으로써, 미국이 목적하던 바를 이룰 수가 있었다. 한국의 통일을 위한 소련과의 협상이 실패하자 미국은 위신을 잃지 않고 한반도에서 철수할 수 있는 방법을 강구하여, 결국 한국문제를 유엔에 상정하여 남한지역에 총선거를 실시하여 친미정부 수립을 완수한 것이다.

냉전의 개념이 양극체제에서 두 적대세력의 대립이 실전으로 확대될 가능성이 있는 상태라 한다면, 한국에서의 냉전은 미국과 소련이 점령한 초기부터 시작되었다고 할 수 있다. 특히 한국을 둘러싼 미소의 대결은 폭발하기 일보직전이었다고 해도 과언이 아닐 것이다. 1946년과 1947년의 미·소협상과정에서 양국은 새로 세워질 한국정부가 자국에게 적대적인 정부는 아니어야 한다는 원칙을 직간접으로 표출하였다.

서방국가들이 주도하고 있던 유엔이 치르는 총선거에 의하여 정부가 수립된다면 친미정부가 될 우려가 많았으므로 소련은 유엔의 제의를 거부하였고, 미국도 적지 않은 수의 서방국가들이 분단의 영구화를 우려하며 남한 단독선거를 반대하였지만 한반도의 공산화를 막는다는 대의명분하에 남한만의 단독정부를 수립케 하였다. 이러한 갈등의 역사는 2년 뒤 피비린

내 나는 내전을 예고하는 것이나 마찬가지였다.

남북 점령지역에 새로운 정부가 구성된 뒤 미소 점령군은 그들의 국익을 손상시키지 않고 새 정부의 안보를 유지시키면서 한국으로부터 철수하는 방안을 강구하였다. 소련은 북한지역에 완전한 친소국가를 설립하는데 성공하였으나, 미국은 한반도에서 미소의 영향력을 균형시키는 점령목적을 달성하지 못한 상태였다. 남한정부는 남한주민들 전체로부터 지지를 받지 못하였을 뿐더러 북한의 침략 위협 하에 놓여 있었으므로 취약한 남한정부를 방치한 채 떠나는 것은 바람직하지 않다는 판단을 하고 있었다.

미행정부는 한국이 미국의 원조에 의하여 자립자존하여 미국이 다시 개입하는 상황이 발생하지 않기를 원하였다. 미국은 한국정부를 세운 미국과 유엔의 체면유지를 위해서도 한국정부의 몰락을 내버려 둘 수가 없었던 것이다. 마셜 국무장관은 미군의 철수시기는 '유연성'을 가지고 결정되어야 하고, 그 이전에 미 육군은 한국 경비대를 2만 5,000명에서 5만 명으로 증원 무장시켜야 한다고 주장하였다.[1]

미국 내 '조기철수론'에 대한 논쟁

대한민국 정부 수립을 전후한 미국의 대한정책은 남한의 자위능력을 강화시켜 주는 것이었으나, 외부의 공격이나 내부 전복사태시 미국이 군사적으로 개입하여 정치적 독립과 영토적 통합을 보장해 주는 정책은 지양하고 있었다. 미 국가안보회의(NSC)는 1948년 4월 미국이 "한국사태에 되돌이킬 수 없을 만큼 깊이 개입하지 말아야 한다"면서, 미군철수는 1948년 12월 31일까지 '부정적 영향'을 최소화하면서 완료하여야 한다는 내용의 NSC-8을 채택하였다. 이러한 목적으로 미 행정부는 경제원조와 경비대의 자위능력을 '실현성 있고 가능한 한도' 내에서 확대시켜 남한정부가 북한이나 다른 나라의 침략으로부터 자위능력을 가지도록 하는 안을 준비하였다.[2] 이 안을 자세히 음미해 보면 미국의 직접적인 군사개입을 되도록 줄이면서, 원조확대의 방법으로 한국정부를 발전시켜 공산화를 막으려는 봉쇄정책을 시도하고 있었음을 알 수가 있다.

이에 따라 육군성은 1948년 5월 15일부터 철수준비 계획을 수립하였다. 합참은 하지에게 '크랩애플(CRAPAPPLE)'이라는 이름의 작전 하에 1948년 8월 15일에 철수를 시작하여 12월 15일에 종료시키라는 명령을 하달하였지만, 국무성과 점령 사령부는 조속한 철수에 대한 반대 의견을 제시하였다. 5월 26일 하지의 정치자문관이었던 제이콥스(Joseph Jacobs)는 1947년과 1948년의 상황을 비교하는 논리를 전개하였다. 1947년은 '좌절과 패배'의 기운이 감돌아 미 군부는 한국을 포기할 상황까지 갔지만, 1948년에는 상황이 변하여 위협에 대응할만한 '활기와 의지'가 태동하고 있다고 하였다. 한국에서 진정한 의미의 민주주의를 위한 투쟁이 이제 막 시작하였다는 주장을 하였다.[3]

서방국가들도 미군이 한국으로부터 조급히 철수하는 것을

반대하였다. 호주 외무장관인 에밧(Herbert Evatt)은 주한미군이 지역안정에 있어서 중요한 역할을 하므로 호주의 안보에도 기여를 한다고 하며 주한미군의 철수를 반대하였다. 캐나다 정부의 대변인인 브레이뎃(J. A. Bradett)은 남한에 새로 설립될 정부가 충분한 방위력을 갖추기 전에 미군이 철수한다면 '혼란과 분열'만이 생길 것이라고 주장하였다.⁴⁾

1948년 여름과 가을 동안 미 국무성은 미군철수의 연기를 강력히 제의하였다. 1948년 6월 23일 마셜 국무장관이 로열(Kenneth Royall) 국방장관에게 철수계획은 '충분한 유연성(sufficient flexibility)'을 가져야 한다고 재차 강조하였다. 로열은 철수의 연기보다는 한국에의 원조를 관리할 위원회를 구성하여 철수로부터 파생되는 '부정적 영향'을 극소화시키는 것이 바람직하다는 응답을 보냈다. 계획대로 철수는 12월에 완료가 될 것이라는 의지를 확고히 하였다.⁵⁾

육군성의 강력한 의지 표명에도 불구하고, 국무성 관리들은 미국의 목표를 달성할 수 있는 확고한 프로그램을 준비하지 않은 채 미국이 한국으로부터 철수할 경우, 한국은 외부로부터의 위협을 적절히 대처할 능력을 가지지 못할 것이고, 세계 여론은 미국의 주도하에 유엔이 설립한 한국정부를 포기하였다고 미 행정부를 비난할 것이라는 우려를 가지게 되었다.

1948년 7월 8일 국무성 로벳(Robert Lovett) 차관은 로열에게 다음과 같은 내용의 비망록을 보냈다.

한국의 발전은 아직 진행 중에 있으므로, 지금과 같이

이른 시기에 미국의 정책적 목표가 달성되었는지를 판단하기는 어렵다. … 이러한 점 때문에 나는 당신이 수립한 계획에 대하여 동의할 수 없다. … 미국의 정책적 목표의 달성 정도에 따라 당신의 철수 계획은 중지, 연기 등 충분한 유연성을 가져야 한다.[6]

육군성이 한국으로부터 8월 15일에 철수를 시작한다는 크랩애플(CRAPAPPLE) 계획은 한국정부가 1948년 7월 1일에 수립된다는 예상 하에 수립된 것이었다. 그러나 한국정부가 8월 15일에 수립된다는 정보에 접한 육군성은 철수를 30일 연기하도록 결정하였다. 따라서 미군철수는 9월 15일 시작되어 1949년 1월15일 완료되도록 수정되었다.[7]

그럼에도 불구하고 철수반대 분위기는 대한민국정부 수립을 전후하여 최고조에 달하였다. 철수반대의 새로운 논리에 의하면 미군철수는 신정부에 대한 유엔총회의 승인결정이 이루어진 이후에 수행되어야 한다는 것이었다. 제이콥스는 마셜 장관에게 강력한 어조로 유엔이 한국문제를 처리하기 이전에 미군이 공개적으로 철수를 한다면 미국은 그동안 한국에서 얻은 것을 모두 잃을지 모른다고 경고하였다.

하지도 철수를 반대하였는데, 그 이유는 당시 진행되고 있던 베를린과 독일에 대한 소련과의 협상결과가 분명히 밝혀질 때까지 미국은 한국을 비롯한 소련의 영향권 어느 곳에서도 확고한 태도를 견지하여야 하기 때문이라는 것이었다.[8] 당시 소련은 베를린의 독점지배를 기도하고, 동독지역에 새로운 화폐를 사용케 하는 등 서방측에 강력한 도전태세를 갖추고 있었다. 이러한 문제들 때문에 서방국가의 외교관들은 소련의 모로토프 및 스탈린 등과 8월말까지 일련의 협상을 거듭하고 있었다.[9]

국무성 관리들은 미군의 철수연기 요청에 대하여 군부가 강한 반발을 보이리라 예상하고 있었지만, 철수연기는 이전 NSC의 결의 내용 중에 있는, 철수가 미국의 한국에서의 장기목표를 달성하는데 도움이 되도록 해야 한다는 내용에서 크게 벗어나지 않는다고 생각하였다. 이승만 대통령이 한국이 자체방어능력을 가질 때까지 미군이 한국에 남아 있어야 한다는 요구도 미 국무성이 조기철수를 반대하는 명분이었다. 또한 국무성은 미군의 철수는 한국의 신정부와 미국이 유엔한국임시위원단(UNTCOK)과의 협의 하에 '필요한 조치'를 취한 후에 개시되어야 한다는 과거 유엔 총회의 결의안을 재언급하였다.[10]

실제로 한국의 군사력은 영토를 자력으로 방어하기에는 너무나 취약한 상태였다. 육군성이 하지에게 철수할 수 있는 환경을 조성하라는 지시를 하였을 때 그는 한국군을 훈련시키기 위한 미 임시군사고문단(American Provisional Military Advisory Group)을 조직하였지만 임무를 완수하려면 많은 시간이 필요하였다. 하지는 철수를 며칠 앞당김으로 해서 미국이 과거 3년 동안 투자한 노력과 수백만 달러의 가치를 공산측에 넘겨주는 결과를 초래할 것이라고 경고하였다. 하지의 의견에 동조한 국무성 극동국장인 버터워드(Walton Butterworth)는 군부를 중심으로 해서 결정된 철수일자는 '계획수립의 편의'를 위해서

수립된 것이지 '목표일'은 아니라고 선언하였다.11)

국무성의 최종 입장은 마셜이 로열에게 8월 20일 재차 보낸 서한에 표현되었다. 마셜은 철수를 준비하고 실행하는 데 있어서 충분한 '유연성'을 가지도록 다시 요구하였다.12) 국무성은 기본적으로 미군철수 자체를 반대하는 입장은 아니었으나, ⏚ 철수는 한국에서의 봉쇄정책이 최대한의 실효를 거둘 때 실행되어야 한다는 것이 국무성의 기본정책이었다. 이러한 국무성의 입장은 한국정부가 수립된 이후 더욱 강화되었다.

그러나 1945년 8월 15일 대한민국정부가 수립되자 미국의 정책결정자들은 한국에서의 철수를 위한 분위기 조성을 시작하였다. 첫째, 미국의 조기철수 계획에 대하여 강한 불만을 표명하였던 하지가 면직되었다. 미 국무성은 하지와 이승만 사이의 '심각한 개인적 원한' 때문에 하지가 이승만 정부의 '기피인물(persona non grata)'이 되었음을 인식하고, 사령관의 교체에 아무런 이의를 달지 않았다. 점령기간 그의 여러 가지 실수에 대한 비판에도 불구하고 트루먼 대통령은 남한지역에 합헌정부를 수립하는 훌륭한 임무를 성공적으로 마쳤다는 치하를 하였다. 실제로 그의 실수에 대한 책임은 부적절하고 명료하지 않은 지시와 지침을 그에게 보낸 정책결정자가 부담하여야 할 부분도 많았다. 점령사령관 자리는 쿨터(John Coulter) 장군이 승계 하였지만, 한미간의 주요 업무는 주한미대사로 임명된 무쵸(John Muccio)가 맡아보게 되었다. 8월 27일 육군성은 미군의 점진적인 감축 계획을 수립하고 이 감축을 수행할 수 있도록 환경을 조성하라는 지시를 하였다.13)

둘째, 트루먼 대통령은 한국에 대한 원조 업무를 육군성으로부터 경제협력관(Economic Cooperation Administrator)인 호프먼 (Paul G. Hoffman)에게로 이양하였다. 호프먼은 1949년 3월까지 육군성이 한국에 대한 원조활동을 할 것이라고 하였지만, 육군성은 철수를 완료하기 이전에 원조임무를 호프먼에게 이전하기를 원하였다. 결국 트루먼은 미군철수 예정일인 1949년 1월부터 임무를 시작하도록 호프먼에게 지시하였다.14)

주한미군 철수를 위한 세 번째 분위기 조성은 NSC가 소련의 '오판'에 의한 공격에 대비하여 미국과 동맹국들의 방어력을 강화시키기 위한 계획인 'NSC 20/2'를 채택한 것이다. 그 문서는 소련의 정치적 압력에 대항하는 국가의 의지를 고무하기 위하여 미국은 '확고한 힘과 결의'를 유지시켜야 함을 강조하였다.15) 물론 한국도 이에 포함되는 것은 당연한 사실이었다. 한국은 미국 외교정책에 있어서 중요한 상징이었고, 미국이 소련과 직접적으로 경쟁하는 지역 중의 하나였기 때문에 미국은 한국을 NSC20/2이 언급하는 지역에서 제외할 수 없었다. 그러나 이 문서는 미국의 직접적인 군사개입에 대한 언급을 회피함으로써, 미국의 주변국가에 대한 정책이 소련에 대항하는 국가를 정신적이나 물질적으로 지원하여 봉쇄한다는 정책으로 선회하고 있음을 보여주고 있었다. 이와 같이 8월 25일 일어난 세 가지 사건은 미국이 한반도에서 철수하되 남한정부가 자립할 수 있도록 지원한다는 점을 확실히 하고 있었다.

대한민국의 안보위기와 대응정책

직접적인 군사 개입을 피하면서 한국인들을 정신적 물질적으로 지원하여 소련의 팽창정책을 봉쇄한다는 것이 미행정부의 기본정책이었으나, 일부 미국인들은 이 정책에 대하여서도 의구심을 보였다. 한국에 대한 미국의 원조가 소련의 미국에 대한 적대감을 더욱 부채질할 지도 모르고, 연약한 한국정부가 과연 미국의 원조를 받아 극동에서의 대공산주의 봉쇄역할을 제대로 해낼 지 의문을 가진 것이다. 솔츠먼(Charles Saltzman) 국무성 차관보는 한국에 대한 장기적인 원조계획을 세우는 것이 미국국익에 도움이 되겠지만, 한국인들과 협상을 할 때에는 첫해 분에 대해서만 협의를 하고, 이 첫해 분의 성과를 보고 지원 여부를 결정할 것이라는 점을 한국인들에게 이해시켜야 한다고 강조하였다.[16]

그러나 한국인들은 공산주의자들과의 대결에서 승리하고 봉쇄정책의 선봉국이 되기 위하여 미국으로부터 충분하고 장기적인 원조를 기대하고 있었다. 그들은 남북한 군사력의 불균형을 느끼는 동시에, 남한에서의 공산게릴라들의 활동을 심각하게 우려하고 있었다. 이승만 대통령은 1948년 9월초 트루먼 대통령에게 법, 질서와 국내안보를 유지할 수 있도록 한국에 무기와 원조를 제공하기를 요청하였다. 공산주의자들로부터의 공격에 대한 방어의 목적에서 한 걸음 더 나아가 한국정부는 북한을 해방시키는 데 미국이 일조하기를 원하였다. 1948년 9월 8일 윤치영 내무장관은 성명을 통해, 남한이 북한을 2

주일 이내에 점령할 수 있을 만큼 강력한 군대를 가질 때까지 미군이 적어도 3년 이상 남한에 주둔해 주기를 원하였고, 북한을 점령하는데 필요한 10만 병력의 한국군대를 확보하도록 미군이 지원해 주기를 요청하였다.17) 이러한 요청은 미국이 한반도의 분쟁에 자동 개입되는 결과를 초래할 것이므로 미국으로서는 받아들이기 힘든 제안이었다. 오히려 이 성명은 미국이 철수를 서두르는 역효과를 초래하였을 뿐이었다.

예정대로 미군철수는 1948년 9월 15일부터 비밀리에 시작되었다. 우연스럽게도 이 날짜는 한반도의 통일을 위하여 외국군을 즉각적으로 동시에 철수하라는 북한 최고인민회의의 성명이 있은 바로 다음날이었다. 북한은 외국군이 동시 철수한 이후 질서가 문란해지고 내전이 일어날지 모른다는 주장은 근거 없는 낭설에 불과하고 이는 한국인들의 '민족적 존엄성'을 모독하는 언사라고 주장하였다. 북한당국은 그러한 우려는 '미 제국주의자들과 추종자들'이 조작한 것이라고 비난하였다.18) 소련정부는 소련군 철수를 10월 중순에 시작하여 12월 말에 완료하겠다는 성명을 발표하였다. 미국도 이 기간 내에 철수하기를 요구하면서, 소련은 한국뿐만 아니라 독일과 오스트리아에서의 평화도 원하고 있으므로 두 강대국이 독일로부터 철수하자는 제안을 함께 하였다.19)

북한과 소련의 철수 주장이 이어지자, 미국인들은 북한의 김일성 체제가 자체방어를 할 수 있도록 군사적으로 강력해졌고 결속력도 강하므로 소련이 일방적으로 철수를 하여도 소련에게는 큰 문제가 없을 것이라고 생각하였지만, 이승만 정부의 상대적인 열세로 말미암아 미국은 철수를 공개적으로 할 수 없다는 결론을 내리게 되었다. 따라서 미국은 이미 철수를 시작하였으면서도, 철수문제는 향후 유엔에서 토의될 한국의 독립과 통일에 관한 큰 문제의 일부분이라고 하면서 소련의 제의를 묵살하였다.[20] 이미 철수를 시작한 미국이 아직 철수를 시작하지 않은 소련의 농시절수 요구를 거부하는 기현상이 초래되었다.

1948년 9월 15일 시작된 미군철수가 실제로 조급하였고 근시안적이었다는 평가를 받았다. 우선 한국원조의 업무를 육군성으로부터 인계 받은 경제협력관인 호프먼은 한국원조에 대한 검토를 마친 후 원조 프로그램은 1949년 7월 1일부터 시작되는 1950 회계연도에야 가능하다는 결론을 내렸다. 그는 그의 참모들에게 1949년 7월 1일부터 1950년 6월 30일까지의 한국원조법안을 의회에 제출하고 기금을 준비하도록 지시하였다.[21] 이는 만약 미군이 1949년 2월에 철수를 완료한다면 한국은 미국의 아무런 지원도 없이 불안정한 상태로 5개월을 지내야 하는 결과가 되는 것이었다. 더구나 이 원조안이 미 의회에서 통과되리라고 장담할 수도 없는 상황이었다. 따라서 미 행정부는 적어도 한국 원조안이 의회에서 통과된 후에 철수를 시작했어야 했다는 비판을 면할 수가 없게 되었다.

미군철수가 성급했다는 점을 입증하는 두 번째 사건은 1948년 10월에 일어난 여순, 순천 반란사건이었다. 한국군 14연대에 침투한 공산주의자들은 폭동을 일으켜 10월 20일 두 도시를 점령해 버렸다. 이 반란을 제압하기 위하여 광주에서 파견된 4연대도 이 폭동에 가담하였고, 2,000명의 반란군은 근처 도시들까지 폭동을 확대시켰다. 그들은 '인민위원회'를 조직하여 5백 명 이상의 공무원을 처형하는 등 대한민국 정부의 안보 상태를 뒤흔들어 놓았다. 진압군이 이 도시들을 탈환하였을 때 수백 명의 반란군은 산악지대에 피신하여 게릴라 활동을 계속하였다.

이와 유사한 폭동이 11월 2일 대구에서 발생하였다. 이 폭동도 진압되었지만 많은 게릴라들이 산악에 숨어서 활동을 하였기 때문에 무질서 상태가 지속되었다. 많은 지역에서 낮에는 한국정부가 장악하고 밤에는 공산 게릴라가 통치하는 상태가 지속되었다. 11월 13일 이승만 대통령은 남한의 1/4에 이르는 지역에 계엄령을 선포하기에 이르렀다. 주한미군의 쿨터(Coulter) 장군은 한국국내문제이기 때문에 미국은 진압작전에 참여하지 않을 것이라 하며, 미군은 오로지 미국인의 생명과 재산을 보호할 필요가 있을 때에만 개입할 것이라는 성명을 발표하였다.[22)]

이러한 반란사건들은 한국정부의 안보에 큰 위협이 되었다. 한국정부를 장악한 극우주의자들이 공산주의자들에 대한 강경책을 취함으로써 공산주의자들은 지하에 숨어들어 게릴라 활동을 시작하였다. 이러한 상황에서 북한이 남침을 한다면 이승만 정부는 양 방향에서, 즉 북한 인민군과 남한의 공산 게릴라로부터 공격을 받는 결과가 되는 것이 뻔하였다.

심각한 위기감을 느끼게 된 이승만은 1948년 11월 19일 미군이 한반도에 계속 머물러 주던가, 한국군 5만 명을 증강하도록 미국이 지원해 주기를 요청하였다. 그로부터 이틀 후 한국

국회는 한국군대가 질서를 유지할 수 있을 때까지 미군의 계속 주둔을 유엔이 승인하도록 요구하는 결의를 하였고, 이범석 국무총리는 만약 미군이 떠난다면 한국은 38선에서 남침을 위하여 대기 중인 북한군대의 위협 하에 놓이게 된다는 성명을 발표하였다. 소련은 한국에 대하여 '정치적인 욕심'이 없다고 하지만, 공산진영의 지령을 받는 25만 명의 북한군대는 남침을 준비하고 있다고 경고하였다.[23]

주한미국대사였던 무쵸도 당시 상황에서 대한민국 정부의 전복을 막을 수 있는 유일한 방법은 미군의 주둔뿐이라 하며 마지막 철수를 몇 달 연기하도록 요청하였다. 북위 38도선과 39도선 사이에 집중하고 있던 북한군대는 내전이 발생하면 승리할 수 있는 충분한 군사력을 보유하고 있다고 경고하였다.

> 남침의 가능성이 있고, … 주한미군과 한국군은 이를 물리칠 수 있는 군사력을 보유하고 있지 않다. 미국이 개입되는 한반도 분쟁의 위험은 국제적인 파장을 불러 일으킬 것이다. 미군의 주둔은 지역적인 안정의 효력을 발생할 것이다. 그러나 상징적인 군대는 정복당하기 쉽고 이 경우 미국의 위신은 실추될 것이다. 현재 계획되고 있는 철수를 연기시키는 것만이 미국정부의 전체적인 정책에 유익할 것이다. 따라서 고위층은 모든 요인들을 분석한 후 결정을 내려야 할 것이다.[24]

미군철수를 연기시키고 미국의 대소정책을 강경하게 만드는 상황은 유럽에서도 벌어지고 있었다. 전통적으로 아시아보다는 유럽의 방위에 더 깊은 관심을 가졌던 미국정부는 동독지역에서 소련이 세력을 구축하는데 대하여 우려를 하고 있었다. 소련점령군은 1948년 10월 동독지역에 '대규모의 공산화된 준군사적 경찰력'을 재조직하였다. 독일에 주둔하던 미국과 영국의 장성들은 소련점령지역에 20만 내지 30만 명의 경찰이 있으며 그 규모가 날로 확대되어 가고 있다는 보고를 하였다.[25]

1948년은 미국에게 있어서 제2차 세계대전에서 패배했거나 해방된 국가들이 공산화되지 않도록 적극적인 조처를 취해야만 했던 중요한 해였다. 미국이 한국이나 독일 등에 대한 불개입정책을 계속한다면, 두 나라 모두 공산화될 우려가 있었고, 이 경우 미국의 위신이 크게 실추될 것이 확실하였다. 점령기간 그 국가들에 투자한 노력과 비용은 물거품이 될 것이며, 이 상황은 일본이나 중국에 있는 공산주의자들을 고무시키는 동시에 자유를 사랑하며 공산침략에 대항하는 사람들의 의지를 꺾는 결과가 초래될 수도 있었다.

이러한 상황에서 미국은 주한미군 철수를 연기하는 방향으로 나아갔다. 육군성은 1949년 1월15일로 예정되어 있는 철수 완료일에 대하여 국무성에 의견을 타진하였고, 국무성은 유엔이 한국에 대한 결론을 내리기 전에 철수를 끝낸다는 것은 미국국익의 관점에서 볼 때 '조급하고 불리한' 결정이라는 회답을 보냈다. 따라서 육군성은 1948년 11월 15일 맥아더에게 7천5백 명 상한의 1개 연대를 무기한으로 한국에 주둔시키라고 명령하였다.[26]

미국의 철수연기와 소련의 철수 완료

철수를 연기한 후에도 국무성은 동북아시아와 관련된 한국안 보의 중요성을 재강조하였다. 국무성 관리들은 특히 중국 등 의 상황전개에 따라 한국에 대한 미국의 정책을 근본적으로 재 검토 히여야 힌다고 생각하었나. 이 재검토에 의하면 한국은 극동의 전 지역에서 미국이 필요로 하는 국가안보를 기조로 한 전반적인 태평양정책의 한 부분으로 음미되어야 한다고 주장 하였다.27) 허약하지만 친미성향의 정부를 보호하여야 할 필요 성은 NSC-20/4에서 제기되었다. NSC-20/4는 미국이 외교정 책을 추진하는데 있어서 '우유부단, 유화, 기술부족 또는 환상' 때문에 미국의 위신과 영향력이 감소되는 것을 방지하여야 한 다고 경고하였다.28)

국무성 관리들은 또한 일본의 안보에 관련한 한국의 중요성 도 인지하고 있었다. 만약 한반도 전체가 공산화된다면 미국 은 일본경제를 회복시키는데 어려움을 겪으면서 상당 기간 동 안 점령을 계속해야 할 것이다. 이 경우 미국은 일본의 공산화 를 방지하고 일본을 미국의 영향권 하에 유지시키기 위하여 강 력한 도전에 직면해야 할 것이다. 따라서 국무성관리들은 한 국으로부터의 철수정책은 미국 안보이익에 따라 새롭게 검토 되어야 한다는 주장을 하였다.29) 다시 말해서 미국은 동북아 시아에서 공산주의 팽창에 대비한 대한반도 정책을 수립하여 야 한다는 것이었다.

한편, 미 군부는 비록 철수의 연기에 찬동을 하였지만, 한반도에서 일어나는 분쟁에 직접적으로 개입하는데 대하여 반대의 의사를 분명히 하였다. 미군이 한국에 주둔한다면 외부로부터의 공격이나 내부의 전복기도에 대한 억지력의 효력을 가질 수 있고 한국군대에 대한 정신적인 지원을 하겠지만, 내부 질서유지나 외부공격에 대한 방어는 한국군대가 책임을 져야 하며, 미국은 이를 위하여 한국군을 훈련시키고 장비지원만을 해야 한다는 것이 미 군부의 기본입장이었다. 당시 한국에 남아 있던 미군은 전술부대였으며 분쟁이 생겼을 경우 이 부대는 자동적으로 개입될 가능성이 높았으므로 육군성은 미군을 하루 빨리 철수하기를 희망하였다.[30]

미국정부의 철수에 대한 견해를 알지 못하는 김구를 비롯한 한국의 일부 민족주의자들은 주한미군의 즉각 철수를 강력하게 요구하였다. 양 강대국의 세계적 차원의 대립 때문에 한반도의 내부 대립이 격화되었다고 믿으며 외세 배격을 주장하였다. 비록 그들은 공산주의자도 아니었고 반미주의자들도 아니었으나 그들의 외국군 철수 요청은 공산주의자들의 요구와 일치하였다. 그들에게 있어서 최고의 가치는 정치 이데올로기보다는 민족통합이었고, 양 강대국의 갈등 때문에 한반도의 상황은 더 악화되어 가고 있다는 판단 하에 한반도를 '미국과 소련의 굴레'로부터 해방시키기를 희망하였다. 남한 국회에서도 이러한 분위기가 고조되어 갔다.[31]

그동안 유엔은 대한민국 정부를 승인하였다. 1948년 12월 12일 파리에서 개최된 제3차 유엔총회에서 48대 6(기권1)으로 한국승인에 대한 결의문이 채택되었다. "임시위원단이 감시하고 협의할 수 있었고 전체 한국인의 과반수가 살고 있는 한국의 한 부분에 효과적인 통치와 관할권을 갖는 합법적 정부가 수립"되었다. 이 정부는 "한국의 대부분의 유권자의 자유로운 의사의 유효한 표현이었던 선거에 기초하고 있다". 그러나 "한국에 그러한 정부는 하나 밖에 없다(the only such government in Korea)"라고 신인하였나. 나시 말해서 유엔은 대한민국 정부를 한반도 전체를 대표하는 합법정부가 아니라 단지 남한지역에서의 합법정부로 인정을 하고, 38선 이북지역은 국제법에서 통용되는 '무주지(無主地)'로 남겨두었다.

유엔의 대한민국 정부 승인 이후 워싱턴에서는 미군철수의 재개를 위한 분위기가 조성되어 가고 있었다. 더욱이 같은 달 미행정부는 군사비지출 삭감을 결정하고, 다음해 군사비 지출의 상한선을 낮추었다. 육군성 차관인 드레이퍼(Draper)는 솔츠먼 국무성 차관에게 미소점령군 철수를 요청한 유엔결의안을 수행하기 위한 확고한 조치를 빨리 취해야 한다면서, 1949년 2월 1일 철수를 재개하여 3월 31일 이전에 완료하자는 제안을 하였다. 당시 한국에는 1만 6천 명 정도의 미군이 주둔하고 있었다.[32]

그 동안 소련은 1948년 12월 25일 철수를 완료하였고 북한은 완전한 독립을 이루었다는 성명을 발표하였다.[33] 미국측 자료에 의하면 소련은 철수하면서 약 2,000명 규모의 군사고문단과 1,000명의 보안요원을 북한에 남겨 두었다고 한다.[34] 소련이 철수완료를 선언함으로써 공식적으로 미군이 한반도에서의 유일한 외국군이 되었다. 따라서 미국정부는 남은 군대를 언제 어떻게 철수해야 하는지를 결정해야 하는 상황이 되었다. 소련이 미군의 한국주둔을 정치적 선전에 악용하는 반면에, 많은 미국인들과 한국정부가 조급한 철수를 강력히 반대함으로써 미국은 거북스러운 입장에 놓이게 되었다. 미국 내에서 육군성은 빠른 시일 내에 철수를 종결하기를 원하였고, 국무성은 조급한 철수를 반대하였다. 미국 내 어느 누구도 결론을 내리기 어려운 문제였다.

이에 따라 미 국무성은 미군철수 문제를 국무성이나 육군성이 독단적으로 결정할 수 없는 아주 중요한 문제라고 하면서 NSC 등에서 범국가적인 토론을 거친 후에 결정이 되어야 한다고 주장하였다. 국무성 관리들은 미군철수의 재개는 공산주의자들이 남한을 정복할 기회를 제공할 것이라고 우려하였다. 더구나 가까운 미래에 한국에 대한 원조를 기대하기도 어려운 상황이었다. 따라서 그들은 1948년 4월에 준비한 NSC-8에 포함된 한국정책의 재검토를 원하였다. 이러한 목적으로 로벳(Robert Lovett) 국무성 차관은 NSC에 비망록을 보내 한국에 대한 미국의 입장을 재검토 또는 가능하다면 재정의 하기를 요청하였다.

1949년 1월 미 국무성이 준비한 대한 정책 보고서는 철수에 대하여 상반된 두 가지 점을 고려해야 한다는 언급을 하였다. 첫째는 미군의 철수가 극동지역 전체에 미치는 '정치적이고 심리적인 영향과 전략적 의미'를 분석하여 소련의 한반도 지배의도와 연결하여 결정을 해야 하고, 둘째는 철수를 지연시킴으로써 한국문제에 미국이 군사적으로 개입하는 결과를 초래할

지 모른다는 점을 충분히 인식하고 정책결정을 해야 한다는 것이었다.35)

그러나 군부는 국무성의 이러한 주장을 별로 달가워하지 않으면서, 맥아더에게 그의 의견을 물었다. 맥아더는 한국의 장기적인 방어능력에 대하여 회의적인 대답을 보냈다. 한국에 전면선이 일어난다면 만주에 있는 공산군의 참전이 확실하므로 한국군대는 이러한 전면전에서 버티어 나갈 능력이 부족하다. 따라서 미군철수 날짜는 단기적인 군사 및 정치적 고려에 의하여 결정되어야 한다고 주장하며, 맥아더는 한국 총선거 1주년 기념일인 1949년 5월 10일을 철수종료 날짜로 제안하였다. 그는 더 이상 미군이 한국에 주둔할 필요성을 느낄 수 없었고, 한국군의 증강을 위하여 물질적 지원을 하는 것으로 미국의 한국에 대한 임무는 끝이라고 생각하였다.36) 합참은 맥아더의 견해를 즉각적으로 수용하였다.37)

그 동안 중국에서의 상황이 국민당 정부에게 극도로 불리하게 되자, 한국에 대한 정책은 중국에 대한 원조문제와 맞물리게 되었다. 1949년 1월에 접어들어 중국 북부 거의 모든 지역이 공산군에게 점령을 당했지만, 미 정책결정자 대부분은 허약하고 부패한 국민당 정부에 원조하기를 꺼리고 있었다. 미국은 장개석을 지원하기 위한 프로그램을 준비하고 있지 않았지만, 국무성 극동국 관리들은 한국 보다 중국에 더 관심을 가지고 있었다. 미국인들은 부패한 국민당 정부 대신에 모택동 정부와 협상을 하고 관계를 유지하려는 것처럼 보였다. 이 경우 남한은 미국에게 전략적으로 매우 중요한 지역이 될 수 있었다. 만약 미국이 한국을 포기하고 전 한반도가 소련의 위성국이 된다면 미국은 모택동과 협상하는데 있어서 불리한 위치에 놓이게 될 것으로 생각되었다. 이 경우 모택동이 미국의 신의와 능력에 대하여 회의감을 가질 것이 확실하였다.

소련과 북한에게 중국의 공산화는 큰 이득을 가져다 줄 것으로 예상되었다. 가까운 장래에 미군이 한국으로부터 철수하게 되면 북한은 중국과 소련의 지원을 받아 불안정한 남한을 정복하는데 큰 어려움을 겪지 않을 것이었다. 소련은 1949년 3월 17일 북한과 10년 기한의 경제·문화협력 협정을 기존의 무역, 기술, 문화교환을 비롯한 양국의 관계를 재확인하기 위하여 모스크바에서 체결하였다. 협정을 체결한 직후 김일성은 한국인들은 "경제와 문화부흥을 향한 우리의 투쟁이 승리하도록 고무하는 소련의 헌신적인 지원과 우호적인 원조를 절대로 잊지 못할 것"이라고 강조하였다. 경제와 문화의 지원에 더하여, 스탈린은 북한이 남한과의 군사대결에서 승리할 수 있도록 군사지원을 확대하기로 약속하였다.[38]

북한에 대한 지원을 확대하기 시작한 소련은 소련군이 철수를 완료한 이후에도 주둔을 계속하고 있는 미군에 대하여 한반도 통일의 '제일의 장애요인'이라며 비평을 가하였다. 1949년 3월 18일 미국, 캐나다를 포함한 유럽 16개국이 북대서양조약(North Atlantic Treaty)을 체결하자 소련은 미국에 대한 비난을 더욱 강화하였다. 이 조약은 분명히 소련을 향한 '공격적인 성격'을 가지고 있다고 비난하였다.[39]

이러한 소련의 공격적이고 팽창주의적인 태도에도 불구하

고 일부 미국인들은 동아시아의 전략적 중요성을 낮게 평가하였다. 특히 맥아더는 한국이 미국의 극동전략에 필수불가결인 지역은 아니라고 생각하였다. 1949년 3월 그는 영국기자인 프라이스 (G. Ward Price)에게 미국의 방어선은 류큐열도에서 일본으로 이어진다고 말하였다. 아리조나 데일리 스타의 매튜즈(William R. Mathews) 기자에게 미국 육군을 아시아 본토에 개입시켜야 한다고 말하는 사람은 그의 머리를 검사해 봐야 한다는 말까지 하였다.[40]

그러나 북한에 대한 소련의 지원이 증가되자 북한인민군이 한국을 침략할지도 모른다는 우려가 증폭되었다. CIA는 미군의 철수가 '미국의 지원을 받는 대한민국의 붕괴'를 초래하는 반면, 미국의 주둔은 북한으로부터의 침략을 단념시키고 남한의 사기를 북돋을 것이라는 내용의 정보보고서를 작성하였다.[41]

1949년 3월 미국의 대한정책을 재검토한 후 NSC는 한국이 '냉전의 상징'이 되었다는 결론을 내리고 한국에 대한 마셜 원조계획 수립을 결정하였다. 미국의 불개입정책은 한반도 전역을 공산측이 지배할 수 있는 기회를 줄 것이고, 이 경우 극동의 우방국들은 미국의 '배신'을 비난할 것이라고 우려하였다. 이는 이 지역에서 소련에게 유리한 방향으로 세력권이 재편성되는 결과를 초래할 것이라는 결론을 내린 NSC는 1949년 6월 30일을 철수 종료일로 결정하는 동시에, 4,000명의 해안경비대와 3만 5,000명의 경찰을 포함한 잘 훈련되고 무장된 6만 5,000명의 한국군대를 유지하기 위한 지원을 하도록 결의하였다.[42] 미국인들은 전 세계에 미국이 한국에 대한 지원을 감소시키지 않았다는 것을 보여주려 하였다. 그러나 이 지원은 한반도의 공산화를 봉쇄하기 위한 직접적인 군사개입에 의한 지원이 아니라, 정신적이고 물질적인 원조에 국한되어 있었다.

38선 분쟁과 미군 철수 완료

한국정부에게 있어서 미군 철수 그 자체는 안보위협의 중요한 요소로 작용하였다. 그렇지만 미국의 정책에 도전하는 것은 허사라고 느낀 이승만은 한국군대를 충분히 무장시킬 수 있는 원조를 강력히 요청하였다. 그는 20만 군대를 무장시킬 장비와 100대의 비행기를 요청하는 동시에, 북으로부터 공격이 있을 경우 한국의 독립과 안전을 보장하는 한미간의 협정체결을 요구하였다. 이승만은 1882년 한미간에 체결한 수교조약의 효력이 발생한다고 하며, 특히 제3국으로부터의 공격시 서로 돕는다는 내용의 제1조가 재강조되어야 한다고 주장하였다.[43] 38선에서 남북한의 분쟁이 지속적으로 발생하고 있었으므로 한국정부는 시급히 군대를 강화하여야 한다는 정책을 수립하고 있었다.

1949년 5월 3일 북한군대는 개성지역에 대규모 공격을 감행하였다. 이 충돌로 인하여 5월 6일까지 400여 명의 북한군과 17명의 한국군인이 사망하였으며, 이후 8월까지 분쟁이 집중적으로 발생하였다. 개성(5월 3일~8일), 사직리(5월 8일), 백천(5월 17일~20일), 옹진(1차: 5월 21일~6월 30일, 2차: 8

월 3일–7일), 양양(7월 4일), 신남(8월 6일~20일), 대동만 몽금포(8월 16일~17일) 등이 주요 분쟁지역들이었다.[44]

남한측 자료에 따르면 최초 충돌이 있었던 1949년 1월부터 한국전쟁 발발시까지 분쟁은 총 874회 발생하였다. 북한측 자료에 따르면 1949년 1월부터 9월까지 남한이 북한을 침입한 회수는 432회였고, 4만 9,000명이 침입하였다. 양측이 서로 침입한 상황과 회수를 분석해 보면, "초기에는 남한이 좀 더 공격적이었으나 나중에는 북한이 더 공격적으로 바뀌어 갔다. 북한이 더 공격적으로 되었던 것은 남한내륙의 게릴라 투쟁을 도와주기 위한 이유 때문"이었던 것으로 평가되고 있다.[45]

분쟁이 심각한 상태로 전개되자 미 국무성은 과연 한국이 대규모 전쟁에서 자체방어를 할 수 있을지 의문을 가지게 되었다. 따라서 미국정부는 마지막 철수를 앞두고 한국인들을 안심시키고 북한의 공격을 억지할 수 있는 조치를 강구하였다. 이에 따라 5월 15일 무쵸 대사는 한국전쟁이 일어날 것이라는 소문은 '신경과민'에서 나온 것이고, 전쟁이 일어나더라도 한국군대는 충분히 방어할 능력을 보유하고 있다고 주장하였다. 미군이 철수한 후를 대비하여 500명의 인원으로 5월 2일 구성한 군사고문단(KMAG)의 단장인 로버츠(William Roberts) 장군은 미군이 철수할 때 미군이 보유하였던 무기 중 95%를 한국군에게 이양할 것이라는 성명을 발표하였다.[46]

1949년 5월 28일 제5전투연대의 선발대가 하와이를 향하여 인천항을 출발하였다. 미 국무성 관리들은 아직도 미군의 한반도로부터의 철수에 반대하고 있었지만, 반대할만한 뚜렷한 이유를 제시할 수가 없었다. 더욱이 유럽에서 소련의 베를린 봉쇄와 서방의 대응조치가 1949년 5월 12일 해제됨과 동시에 동서진영 간에 어느 정도의 해빙분위기가 감돌고 있었기에 국무성은 한국에서도 강력한 대소견제정책을 취하기가 힘든 입장이 되었던 것이다.

미군이 마지막 철수를 시작한 5월 28일은 영국의 베빈(Bevin)외상이 미국·영국·프랑스를 대표하여 독일 통일안을 외상위원회에 제출한 날이었다.[47] 어떻게 보면 국무성의 입장에서는 주한미군의 철수가 국제무대에서 미국의 위신을 살려줄 수도 있어 보였다. 왜냐하면 한국으로부터 미군을 철수시킴으로써 한국을 미국의 군사기지화하려 한다는 비난을 피할 수 있었고, 아시아에서 영국이 그 동안 시도해 왔던 제국주의 정책을 미국이 떠맡으려 한다는 비판도 면할 수 있었기 때문이었다.

당시 남북한의 군사력은 거의 균형상태를 이루고 있었다. 미국 자료에 따르면 남한군대의 병력은 12만 6,970명이었는데, 그중 육군 7만 1,086명, 해안 경비대 5,450명, 경찰 5만 434명이 포함되어 있었다. 북한군 병력은 10만 2,350명으로, 육군 4만 6,000명, 경찰 또는 준군사병력 5만 6,350명을 포함하고 있었다. 병력 수에 있어서는 북한측이 약간 열세였으나 질적인 면에서 훈련이 더 잘되었으며 보유 장비면에서도 앞서 있었다. 이러한 사실은 1949년 5월말 38선 서부 지역인 옹진반도에서 발생한 무력충돌에서 명확히 드러났다. 4배의 수적인 우세에도 불구하고 남한군대는 남측으로 3마일이나 침투하는 북한군의 공격을 막아내는데 실패하였다. 6월 12일 이승만 대통령은 그의 미국인 자문관인 올리버(Robert T. Oliver)에게 보내는 서한에서 당시의 사태를 매우 우려하였다. 그는 대다수의 남한군인들은 총을 보유하지 못한 상태였고 탄약도 3일간의 전투에서만 사용할 재고를 보유하고 있다고 고백하였다.[48]

한국정부는 미군이 몇 주일 후에 철수를 완료시킬 것이라는 계획을 5월 17일 알게 되었다. 이승만은 이제 미군은 진실로 철수를 끝내려 하고 있으며 소규모의 기동부대를 붙잡아 봤자 별 이득이 없다고 판단하게 되었다. 그는 철수 이후에 미국이 한국의 안전을 보장해 주도록 하는데 총력을 기울였다. 따라서 미군의 한국주둔을 대신할 만한 조치를 취해주도록 세 가지 대안을 제시하였다. 첫째 나토(NATO)와 유사한 형태의 태평양방위기구 설립, 둘째 한미간의 상호방위협정 체결, 셋째 한국이 공산군으로부터 공격을 받을 때 미국이 한국방어를 위한 개입을 하겠다는 공식적인 서약 중 하나를 택하도록 요구하였다. 이승만의 이러한 요청은 미국으로써는 받아들이기 힘든 것들이었다. 미국인들은 자신의 문제점들을 감추기 위하여 미국으로부터 원조를 끈질기게 요청한 바 있는 장개석의 정책을 연상하며 이승만의 제의를 거부하였다.[49]

이러한 이승만의 제의를 묵살한 후 미 국무성은 그 대신 1950 회계연도에 1,500만 달러를 한국에 원조하는 안을 의회에 제출하였다. 원조안과 함께 의회로 보내는 메시지에서 트루먼 대통령은 의회가 한국에 대한 원조안에 동의하지 않는다면 미국의 한국에서의 공산주의 봉쇄정책은 성공할 수 없다고 주장하였다. 그는 이어서 미국의 원조에 의하여 한국은 공산주의 지배에 항거하는 동북아시아 지역의 핵으로 성장할 수 있지만, 원조를 받지 못하면 대한민국은 '필연적이고 즉각적으로' 멸망할 것이라고 단언하였다.[50] 트루먼의 성명은 만약 한국이 미국의 원조를 받아 정치·경제적 발전을 한다면 미국은 아시아에서 공산주의의 팽창을 성공적으로 봉쇄할 수 있다는 시사를 하고 있었다. 따라서 한국은 미국의 세계전략에 있어서 봉쇄정책의 시험대에 오르게 되었다.

1949년 6월 철수가 종료되는 시점에서 한국 원조안이 미 의회에서 토의되었다. 애치슨(Dean Acheson) 국무장관과 케넌(George Kennan) 정책기획국장은 의원들의 불만족한 태도에 정면으로 맞섰다. 케넌은 북한으로부터의 무력공격 가능성이 매우 높다고 경고하였다. 향후 2년 내지 3년 이내에 내전이 발생하더라도 그는 전혀 놀라지 않을 것이라고 언급하였다. 비록 미국은 한반도에서 군대를 사용할 계획은 없지만, 남한은 투자할 가치가 높은 곳이라며 원조안의 통과를 요청하였다. 애치슨은 원조안이 통과되지 않는다면 한국은 자유와 독립을 지켜내지 못하고 결국 공산화될 것이라고 경고하였다. 애치슨이 하원에 입장하자마자 공화당 의원들은 정부의 대중국정책과 대한정책을 비교하며 신랄한 비판을 가하였다. 그들은 주한미군의 완전철수에 대하여 의문을 제기하며, 결국은 공산권에 편입될 운명에 처해 있는 지역에 대한 원조안을 지지하는데 주저하였다.[51]

마침내 1949년 6월 30일 한국에 남아있던 7,500명의 미군은 보유하던 장비를 거의 남겨놓고 철수를 완료하였다. 미국 정부는 철수종료와 함께 성명을 발표하여 미군이 한국에 이양한 장비와 탄약은 5,600만 달러 상당의 값어치가 나가고 5만명의 한국군을 무장시키는데 충분하다고 주장하였다.[52] 미군이 6월 30일 철수를 완료할 즈음 38선 접경의 옹진반도에서는 남북한간의 국경분쟁이 치열하게 전개되고 있었다.[53] 주한미군 철수에 대하여 논쟁도 많았고, 실제로 한국정부는 힘의 공백상태와 끊임없이 계속되는 국경분쟁으로 인하여 안보에 큰 위협을 받고 있었지만, 미군이 철수함으로써 한반도는 20세기 초반 이후 거의 반세기만에 처음으로 외국의 점령으로부터 벗어난 한국인들만의 지역이 되었다.

미군이 철수를 완료한 6월 30일 미 하원 외교위원회는 한국원조법안을 통과시켰는데, "다른 법 조항에 관계없이, 대한민국이 공산당의 당원 중 한 명 또는 수 명이 참여하는 연립정부로 구성될 경우 (미)행정부는 이 법안에 의한 원조를 즉각적으로 중단하여야 한다"는 조건을 첨부하였다. 다시 말해서 미 의회는 친미 반소적인 당시의 한국정부의 색깔을 바꾸려는 어떠한 시도도 용납치 않겠다는 의지를 확실히 하였다. 후일 코널리(Tom Connally) 상원 외교위원장은 "그것은 현명한 조항이 아니었다"고 하며 하원이 제시한 조건을 비판하였다.[54] 그러나 철저한 반공주의자였던 이승만에게 이 조건은 그가 국내정치에 있어서 정치적 반대자들을 공산주의자라는 이름으로 탄압하는데 유용한 수단이었기 때문에 환영할만한 것이었다.

제10장_ 결론

1945년 8월 세계는 지루하고도 처절했던 제2차 세계대전을 끝내고 평화로운 세상을 맞이하여 재건설의 꿈에 젖어 있을 때, 한반도와 한민족은 영토와 민족이 갈라지는 비극을 맞이하게 되었다. 일본의 점령 하에 있을 때만 해도, 그리고 세계대전 중 카이로, 얄타, 포츠담 등의 전시회담에서 한반도 전후처리를 위한 대화가 계속되는 기간에도, 미국, 영국, 소련의 지도자들은 물론이고 한국인 어느 누구도 한반도가 분단되리라고는 꿈에도 생각하지 못하였다. 특히 한국인들은 수십 년간의 외세통치에서 벗어나 민족자결의 원칙에 의거하여 통일된 독립국가를 건설할 수 있으리라 기대하였고, 한반도를 점령하고 있던 일본을 패망시킨 연합국들이 한반도의 독립과 자치정부 수립을 지원하리라 기대하고 있었다. 한국은 패전국이 아니라 패전국인 일본의 지배를 받던 지역이었기 때문에 당연히 독립되어야 한다고 생각하였던 것이다.

돌이켜 보면 1945년 한반도 분단부터 1948년 남북한 정부 수립, 1949년 외국군 철수 완료 과정은 미국과 소련이 주연이었고, 한국인들은 조연 역할밖에 하지 못한 감이 있다. 일제점령 이후 한반도의 운명을 좌우할만한 중요한 시기였는데 한국인들은 자체적인 분열의 이유도 있었지만 전후 처리과정에서 자국의 이익을 극대화시키려는 외세의 틈바구니에서 자신의 운명을 스스로 개척할만한 능동적인 활동을 하기에는 너무 역부족이었다.

한반도 분단의 원인으로 민족적 분열이라는 내인론이 제기되기도 하지만 당시 내부 분열은 한반도를 분단시킬 정도로 심각하지는 않았던 것으로 분석된다. 일제기간 한민족은 일본으로부터의 독립이라는 거대한 목표를 설정하였기에 당시의 민족적 분열은 각 정파들이 경쟁하는 수준이었지 서로 다른 독립국가를 세울 정도로 갈등이 처절한 것은 아니었다. 자본주의와 공산주의라는 이념의 대립이 없었던 것은 아니지만, 이념그 자체의 대립 보다는 친일과 반일노선 때문에 발생하였던 갈등의 성격이 짙었다.

해방 이후 나타나기 시작한 민족적 분열은 한반도에 개입하여 자국의 영향력을 확대하기 위하여, 또한 동서진영간의 냉전에서 우월한 지위를 점하기 위한 강대국의 영향이 더욱 크게작용했다고 할 수 있다. 해방 후 중국의 영향력을 막기 위하여미국은 중국에 편향되어 있던 중경 임시정부의 승인을 거부하였고, 군부 일각에서 대일전을 효과적으로 수행하기 위하여미국의 영향력 하에 있는 한국인들을 선발하여 군사적 목적으로 사용하려는 계획을 수립하는 등 타국의 전후 한국에 대한영향력 배제를 위하여 힘을 기울였다. 신탁통치안, 38선 분할안도 한반도를 위한 것이라기보다는 강대국의 '분할통치' 개념에 입각한 국익추구를 바탕으로 한 제의였다는 점을 부정할 수없다.

제2차 세계대전이 종료된 이후 승전국들인 미국, 소련, 영국이 세계를 재분할하였고, 경쟁적으로 자국의 세력권이 상대적으로 넓은 지역을 차지하도록 여러 수단을 동원하여 전후 정책을 수립해 나갔다. 아시아의 전후 처리과정은 미국이 주도하였는데, 미국은 역사적이고 지리적으로 별 연관성이 없는 한반도에 대하여 특히 적극적인 개입정책을 모색하였다. 아시아 전쟁에서 주도적인 전투를 전개하여 승리를 획득하였기 때문에 미국은 독점적으로 일본을 단독 점령하였고, 한반도에 대해서는 초기에 신탁통치안을 제시하였으나 종전과정에서는 소련과 한반도를 분할점령하게 되었다. 어떠한 방식이든 미국은 동북아 대륙과 연결되어 있는 한반도에 중요한 거점을 마련할 수 있었다.

한국문제에 관하여 미국정부는 태평양전쟁 발발 직후부터 예상되는 중국의 한반도에 대한 영향력 행사를 심각하게 우려하였다. 한국임시정부는 장개석 정부에 과도하게 밀착되어 일종의 종속적인 관계에 놓여 있었고, 광복군도 중국군 사령부의 명령을 받는 하급부대의 위치에 놓여 있었기 때문에, 미국은 해방 후 한반도에 대한 중국의 영향력을 견제할만한 제도적 장치를 구상하였다. 군사적인 면에서는 미국에 거주하거나 미국인들이 통제할 수 있는 한국인들을 한반도에 침투시켜 게릴라전 수행, 또는 첩보활동을 하도록 하는 납코(NAPKO)계획을 마련하였고, 정치 외교적인 면에서는 독립된 한반도를 일정기간 몇 나라의 공동통제 하에 두는 신탁통치안을 준비하였다.

신탁통치안은 40년간의 일본 지배 후에 해방을 맞은 한국인들이 스스로 통치할만한 능력을 가지지 못할 것이 예견되므로 국가통치기술을 교육시킨다는 목적으로 제의되었다. 그러나 한국인의 국민성, 한국의 역사, 한반도의 지정학적 중요성 등을 감안한 최선의 안이라기보다는 강대국의 세력다툼에서 어느 한 국가의 독점적 영향력 행사를 봉쇄하기 위한 전략이라고 할 수 있었고, 특히 미국의 입장에서는 일본이 항복한 이후 미국이 한반도 전후 처리과정에 참여할 수 있는 기회를 잃더라도 미국이 실질적으로 한반도에 세력권을 형성시킬 수 있는 하나의 안전장치로 평가되기도 한다. 한반도와의 역사적·지리적 관계에 있어서 중국과 소련에 비해 열세에 놓여 있는 미국의 영향력을 최대한도로 부상시키기 위한 안이었음을 부인할 수 없다. 따라서 신탁통치안은 미국외교정책에 있어서 목적이 아니라 수단이었고, 그러한 이유로 중국이나 소련의 한반도에 대한 영향력을 극소화시키려는 목적을 이룰 수 있는 더 좋은 방안이 강구되었을 때 신탁통치안은 더 이상 추구되지도 않고 추구할 필요도 없는 상황이 될 수도 있었다.

대일전에 참전한 소련이 빠른 속도로 남진하여 한반도 전체를 점령할 가능성이 높아졌을 때, 상응한 군사력을 한반도에 파견하여 소련의 한반도 전체점령을 봉쇄할 수 없었던 미국에게 있어서 미국의 국가이익을 보호할 수 있는 최선의 대안은 한반도의 분단이었다. 한국전 당시 유엔군이 반격에 성공하여 무력통일을 시도한 경우를 제외하고, 언제나 이 '분할통치' 정책은 고수되었다. 분할통치 정책의 기본 논리에는 한반도가 상대진영에 포함되는 것을 막기 위한 목적이 강하게 포함되어 있었다.

소련은 과거 식민지들에 대한 신탁통치 실시에 대하여 반대 의사를 가지고 있었지만 한국에 대한 신탁통치안에 대하여는 찬성하였다. 신탁통치 이후 한반도에 반소정부가 수립될 것이라는 스탈린의 우려는 미국의 부정적인 점령정책과 한국인들의 미국에 대한 반감으로 불식되었다. 예상되는 일본의 분할점령에서 제외될 것을 우려한 스탈린은 한반도를 독자 점령할 기회가 있었음에도 미국의 한반도 38선 분할 점령안을 받아들였다. 스탈린의 입장에서는 한반도의 반쪽만 점령하면 한반도 전체를 공산화시키는 것은 크게 어렵지 않을 것이라고 판단하였을 것이다.

당시 소련의 국가이익은 한반도보다는 일본을 목표로 하고 있었다. 그러나 스탈린은 한반도가 친미화하여 미국 세력권에 편입되는 것을 원하지 않았다. 한반도에 대한 미국의 독점적 지배를 막기 위하여 소련도 한반도에서의 방어적 거점이 필요하였다. 따라서 미국과 소련은 서로가 상대방이 한반도를 독점 지배하는 것을 방지하고, 세력균형을 이루기 위하여 '분할통치'라는 개념에 대한 서로의 이해가 맞아 떨어졌던 것이다.

점령 당시의 국가이익이 상대국가의 팽창을 봉쇄하는 것이었기 때문에 점령국들은 내부 세력에 침투하여 영향력을 행사할 수 있는 환경 조성을 모색하였다. 특히 남한과 북한 내의 한국인들은 여러 정파로 나누어져 반목과 대립을 하고 있었으므로 이를 교묘하게 이용하기도 하였다. 점령국가들에게 가장 유리했던 점은 내부분열로 인하여 통합된 토착세력으로부터의 강력한 도전을 면할 수 있었다는 점이다.

그러나 점령국들은 한반도를 무한정 점령을 할 수 없는 상황이었기 때문에 토착세력을 이념적·정치적으로 동맹세력화하여 냉전의 전초기지화 하는 노력을 기울였다. 한반도를 점령한 이후 미국인들은 한국이 동북아에 있어서 공산주의에 대한 봉쇄정책의 상징으로 존속하도록 기대하였다. 한반도 전체가 공산화된다면 일본의 안보가 위태로워지고, 미국의 아시아 본토에서의 거점을 잃게 되는 것이다. 한국은 미국에게 있어서 새로운 세력권이었기 때문에 미국인들은 미국식 민주주의를 신봉하는 정부가 수립되기를 원하였다. 이러한 이유로 미국은 한반도 토착 정치세력을 무력화하고 미군사정부를 수립하였다.

미국은 한국점령정책과 달리 일본을 점령한 후 당시 일본에 존속하던 정치체제를 그대로 인정하고 이를 통하여 통치를 하였다. 일본을 소련과 공동점령하지 않고 단독으로 점령을 한 이유 이외에도, 일본의 친서방화 경향, 일본국민의 반공주의적 성향, 그리고 일본과 소련의 역사적 경쟁관계 때문에 일본은 쉽게 공산화되지 않을 것이며, 따라서 친미화도 어렵지 않을 것으로 예상하였다.[1]

한편 소련은 점령 초기 군사정부를 수립하지 않고 국내 정치세력을 활용하여 통치하려는 시도를 하였다. 지리적 또는 역사적으로 한반도는 미국 보다 소련에 근접하여 있었으므로 친소련화하는데 어려움이 없을 것으로 생각하였다. 실제로 소련은 점령 이후 북한을 점진적으로 공산화 해 나가는데 있어서 큰 어려움을 느끼지 않았다.

만약 미국과 소련이 38선에 의한 분할 점령을 하지 않았다면 한반도는 어떻게 되었을까? 승전국들이 어떠한 정책을 선택하는 것이 모든 관련 국가들의 이익을 충족시키는 것이었을까? 38선을 중심으로 한 한반도 분할 점령이 미국과 소련의 국가이익을 비교적 공평하게 충족시키는 것이었다면, 한민족에게 이는 분단 70년이 다가오는 지금까지도 민족의 치욕적 비극으로 비판되고 있다.

1945년 당시의 입장에서 보면 한국인들이 모두 수용할 수 있던 최대공약수는 일단 '중립통일'을 시도하는 것이었다고 판단된다. 유럽에서 오스트리아가 성공적으로 중립국가를 형성하였던 것과 같이 한국도 동북아 열강들 틈바구니에서 하나의 완충국가로 비동맹 중립국가를 건설하여 등거리 외교정책만 제대로 추진하였다면, 내부적 갈등이 전혀 없지는 않았겠지만, 영구적 분단과 6·25라는 내전은 겪지 않고 장기적으로 결속된 국가를 건설할 수 있었을 것이다.

당시 한국인들은 국가의 운명을 냉정하게 판단하고 통일된 독립국가를 건설하기 위하여 적극적인 노력을 하여야 했음에도 불구하고, 그들은 너무 감정적으로 개인의 이익만 생각하고 점령국가에게 분열상을 보였다. 통일을 너무 빨리 포기하고 단독선거, 단독정부 수립을 주장하였고, 유엔을 비롯한 국제사회가 한반도의 분단을 영구화하려 할 때 이에 너무 순응적 자세를 보였던 것도 사실이다. 미국과 소련의 냉전이 시작되었을 때 미국과 소련의 자본주의 대 공산주의 대립에 편승하지 말고 한민족의 독자적 통합의 길을 모색하여야 했음에도 불구하고, 한국의 정치인들은 자신의 입지확보와 용이한 정치적 입신을 위하여 점령당국의 비위를 맞추고 무리한 요구에 순응하는 태도를 보였던 것이다.

돌이켜 보건대 일본 패망직전 일본으로부터 통치권을 비공식적으로라도 인계 받은 여운형이 설립한 건국준비위원회와 인민공화국이 통일된 독립국가를 건설하는데 가장 적합한 정치조직이었다고 평가된다. 당시의 국제적 환경에서 분할점령을 피할 수 없었다면, 분할점령을 조기에 끝내면서 인민공화국을 중심으로 통일국가를 건설하는 노력을 해야만 했다. 인민공화국이 한반도를 통일하였다면 한반도가 공산화되었을 것이라는 주장이 있지만 이를 반박할 수 있는 논리가 더 우세한 것으로 보인다.

첫째, 만약 미국이 군사정부를 세우지 않고 여운형이 좌우익을 망라하여 설립한 인민공화국을 인정하였다면, 인민공화국을 거부하였던 우익인사들이 참여할 수밖에 없었을 것이며 그들은 인민공화국의 공산화를 충분히 봉쇄할 수 있었을 것이다. 당시 한반도 내에서 민족적 지도자로 존경을 받던 인사는 좌익보다는 우익 인사가 더 많았다. 여운형이 인민공화국을 설립할 때 우익인사들이 중요한 자리에 더 많이 임명되었으나 그들은 참여를 거부하였다.

둘째, 공산주의 세력도 여러 분파가 있어서 이들이 통합하여 국가전체를 장악하는 것이 수월치 않았을 것이다. 해방 직후 한반도에는 박헌영 중심의 토착공산세력, 김두봉 중심의 중국출신 연안파 세력, 소련이주 2세 중심의 친소공산주의 세력, 김일성 중심의 갑산파 등 네 종류의 공산주의 세력이 존재하고 있었다.[2] 국내 토착 공산주의 세력인 박헌영 중심 세력은 국내에서 가장 신망 받는 공산주의 집단이었고, 나머지 세력들은 외세를 기반으로 한 공산주의 집단이었기 때문에 이들이 결속한다는 것은 기대하기 어려운 현실이었다.

북한 지역에 중앙 공산주의 세력을 확립시킨 것은 소련 점령당국이 김일성을 지도자로 세우면서 이루어 졌는데, 만약 김일성이 등장하기 이전에 점령이 조기에 종식되었다면 북한 지역의 공산세력은 세력균형과 갈등을 겪으면서 결속되기 어려웠을 것이다. 일제시대 동안 북한지역은 공산세력 보다는 기독교 세력이 우세하였고, 박헌영 중심의 공산세력은 전라도 등 남한지역에서 활동하고 있었다. 우익 진영은 대체로 중경 임시정부를 중심으로 결속할 수 있었으므로, 공산주의 분파세력 보다 더 큰 힘을 발휘할 수 있었을 것이다. 더구나 평양 지역 인민위원장이었던 우익민족주의자 조만식은 서울의 여운형이 수립한 인민공화국을 중앙정부로 인정하였으며, 소련 점령 당국도 점령 이후 적어도 몇 개월 동안은 우익이 지배한 각 지방의 인민위원회를 인정하고 이를 통한 통치를 하였다.

소련과의 협상기간 동안 미국은 미군사정부에 노골적으로 도전을 일삼은 한국인들의 권리를 보호해야 할 입장에 처하게 되었다. 한국 상황이 보다 적극적인 정책을 필요로 한다고 미국인들이 느끼기 시작하였을 때 소련은 이미 그들의 목표를 달성해 가고 있었다. 양차 대전 사이의 20년 동안 이상주의와 윤리적 이데올로기에 치중한 윌슨주의자(Wilsonians)들이 나치로 하여금 제2차 세계대전을 일으키도록 암묵적 방조를 한 것처럼, 제2차 세계대전 직후 워싱턴의 일부 윌슨주 경향의 정책결정자들은 소련에게 아무런 통제를 받지 않고 세력권을 확대시킬 수 있는 기회를 제공하였다.

한반도의 신탁통치 실시를 위한 소련과의 협상이 실패한 이후 미국은 위신손상 없이 한국에서 철수하는 새로운 방법을 강구하기 시작하였다. 한반도는 미국의 극동전략에 있어서 중요하지 않다는 결론을 내린 미 군부는 주한미군을 철수하여야 한다고 주장하였고, 철수 이후 남한의 공산화를 우려한 미 국무성은 한국문제를 유엔에 상정함으로써 남한지역에 단독정부를 조속한 시일 내에 수립하려는 정책을 구사하기 시작하였다.

돌이켜 보건대 미·소협상에 한국인들을 참여시키는 것이 불가능했다면, 미·소협상이 실패로 돌아간 이후 양 점령국은 한국인들이 스스로 협상할 수 있는 기회를 만들어 주는 것이 바람직했다. 이러한 노력을 기울이지 않고 한국문제를 유엔에 제출한 것은 현명한 방법이 아니었고 조급했던 것으로 평가된다. 점령국들은 한국인들이 자력으로 통일정부를 수립한다면 이는 친미정부도 아니고 친소정부도 아닌 비동맹 중립정부가 될 것을 우려했을 것이다. 수 십 년간 일본의 통치를 연상하며 어떠한 외세의 간섭도 배제하는 강한 민족주의 국가가 될 것이 틀림없었다.

현실적으로 점령군의 철수는 미국과 소련에게 득과 실을 제공하였다. 소련에게 3년 동안의 점령기간은 전체주의적인 방법을 통하여 북한지역에 친소정부를 수립하는데 충분한 기간이었다. 소련은 점령기간에 군사정부를 수립하지 않고 한국인들을 통하여 통치하였기 때문에 북한정부가 공식적으로 수립된 이후 더 이상 주둔하고 있을 필요를 느끼지 못하였다. 한반도의 힘의 공백은 미국 보다 소련에게 유리하였다. 지리적이나 역사적으로 1945년 이전의 한반도는 미국의 세력권 하에 놓여 있지 않았다. 소련이 지원하는 강력한 인민군이 존재하고 있었으므로 스탈린은 자신 있게 점령군의 철수를 제의할 수 있었다.

점령군 철수의 의미는 미국으로 하여금 힘든 노력과 많은 비용을 필요로 하는 한국 보호의 책임에서 벗어나게 하는 것이었다. 미국인들은 전략적인 가치가 높지 않다고 생각하는 지역에서 소련과 대치하면서 한국에 주둔할 필요성을 별로 느끼지 못하였다. 반면, 미군의 철수 이후 약한 한국정부가 공산주의의 침투를 막아낼 수 있을 것이라는 자신을 할 수 없었다. 미국인들은 명예와 위신의 실추를 최소화하기 위해서 시간과 명분이 필요했다.

한반도의 공산화는 일본의 반공주의자들에게 부정적 영향을 미치고 아시아의 냉전에서 미국이 패배하였다는 평가를 받을 것이라는 점이 미국인들에게 수치로 여겨졌다. 미국이 점령기간 투자한 3억 달러라는 비용 또한 미국이 한국을 포기할 수 없는 중요한 이유 중에 하나였다. 결국 대한민국 정부는 아시아지역 봉쇄정책의 상징이 되었다. 특히 중국 본토 전체를 공산주의자들에게 잃고 난 후 미국인들은 일본을 보호하는 전초기지로서 한국이 생존해 주기를 희망하였다.

1949년 중국본토의 공산화 이후 미국과 소련은 한국에 대하여 상이한 견해를 가지고 있었다. 소련은 남한을 정복하여 동북아 전체를 공산화시키려는 의도를 가지고 보다 공세적인 전략을 추구하였다. 한편 미국은 미국의 위신손상을 최소화하기 위한 수준으로 한국을 지원하는 방어적 정책을 추구하였다. 요컨대, 한반도의 점령이 한국인들 의사의 반영이 전혀 없이 미국과 소련이 결정한 것처럼 점령군의 철수도 그렇게 이루어졌다. 점령과 철수의 다른 점은, 점령이 미국과 소련의 협력하에 이루어졌다면, 철수는 양국간의 갈등의 결과로 제의되고 진행되었다는 점이다.

분단 반세기가 지난 현재의 시점에서도 한반도 통일이 요원하게 생각되고 있는 점을 보면, 어쩌면 한반도의 분단은 민족사의 관점에서 운명으로 받아들여져야 할지도 모르겠다. 아무리 한국인들이 발버둥 쳐도 분단될 운명이었다면, 또한 세계적인 냉전체제가 시작되는 과정에서 강대국 대립의 희생국이 되지 않을 수 없는 운명이었다면 민족적인 분열이 없었더라도 분단은 막을 수 없었을 것으로 생각된다.

따라서 한반도 분단은 민족의 분열이 주된 요인이라고 할 수는 없으며, 국제적인 요인이 더 큰 작용을 하였다는 평가를 내릴 수 있다. 물론 한민족이 단결하여 분단을 막으려는 노력을 제대로 하지 못한 점에 대하여는 큰 아쉬움을 가지게 되지만, 40년 가까이 일본의 지배를 받으면서 정치적 능력, 특히 자치 능력을 거의 상실한 상태에서 외세에 대항하여 민족적 비극을 극복한다는 것은 불가능하였을 것이다.

그러나 1945년 외세에 의한 분단 이후에, 그 분단이 고착화되고 동족상잔의 전쟁이 발발하는 과정을 보면 민족분열의 책임을 피할 수가 없다. 남북한으로 분열되어 이념적 대결을 하는 것은 차치하고라도, 남쪽 내부, 북쪽 내부의 분열은 분단의 고착을 더욱 가속화하였다고 할 수 있다. 일본의 항복을 받기 위하여 점령한다는 명분 하에 미국과 소련군이 한반도에 진입하였을 때 남북한 인사들이 결합하지는 못하더라도, 남한 내부와 북한 내부에서 만이라도 결속된 모습을 보여 주었다면 한반도 분단의 고착화, 아니면 동족상잔의 전쟁은 막을 수 있었을 것이다. 국제정치의 이론과 사례에서 보면 타국을 점령한 국가는 그 국가에 대한 영향력을 제고시키기 위하여 모색하는 정책 중에 최우선은 은밀하게 내부적 분열을 조장하는 것이다.

국제관계에 있어서 정책결정자들은 타국에 개입하는 경우 자국의 국가이익을 충족시키기 위한 목표를 추구하는가, 법적인 측면에서 국제사회의 규범을 지키기 위하여 활동해야 하는가, 도덕적인 측면에서 개입 당하는 국가의 민족적 통합과 가치추구를 위한 여건을 조성하느냐의 갈림길에서 선택을 해야 한다. 한반도를 점령한 이후 미국과 소련이 취한 정책, 한국전쟁에 개입한 외세의 정책 및 전략 등을 보면 대개가 자국의 '국가이익' 충족을 최우선의 고려사항으로 생각하였던 것을 알 수 있다.

'국가이익'은 역사, 문화, 전통, 가치, 규범 등 국가가 처한 입장 및 시대적 상황에 따라 차이가 있지만, 대체적으로 국가의 생존 및 주권보호, 번영과 발전, 대외적 국가위상 제고, 국내적인 가치와 체제의 보존 등을 들 수 있다. 특히 냉전시대에는 동맹국 또는 같은 진영내의 국가의 생존, 그 국가들에 대한 영향력 제고 또한 강대국들의 중요 국가이익으로 인식되었다. 한반도를 분단시킨 국가들의 국가이익은 대외적으로 세력권을 확대시키는 목적을 기본으로 하여, 이 목적을 성취하는 과정에서 경쟁국과의 갈등을 줄이기 위하여 세력분할을 하는 것이었다. 따라서 한반도의 분단은 강대국들의 세력권 확장과 세력균형을 기본 이익과 목표로 하여 추진된 것이라 할 수 있다.

제1장 서 론

1) Carl Berger, *The Korea Knot: A Military-Political History* (Philadelphia: University of Pennsylvania Press, 1964), p.15; "Korea Past and Present", *The World Today*, Vol.2, 1964, p.176; Gregory Henderson, *Korea: The Politics of Vortex* (Cambridge, Mass.: Harvard University Press, 1977), p.15.

2) 진단학회, 『한국사』(서울, 1960), 제3권, pp.642-644; 윤진헌, 『한반도 분단사의 재조명: 분단의 과정과 책임』(서울: 문우사, 1993), p.13.

3) 김상기, 『동학과 동학난』(서울: 태평출판사, 1947), pp.35-36; 진단학회, 『한국사』, 제6권, pp.3-223; Peter Farrar, "British Policy towards Korea during the Sino-Japanese War of 1894-5", Association for Korean Studies in Europe (AKSE) 주최 학술회의 발표문, 1985년 4월 10일-15일.

4) 최병무, 『한국사대계』(서울: 도서출판사, 1976), p.99; 김병오, 『민족분단과 통일문제』(서울: 한울총서, 1985), p.17; Kim Hak Joon, *The Unification Policy of South and North Korea* (Seoul: Seoul National University Press, 1977), pp.20-21; Cho Soon-Sung, *Korea in World Politics 1940-1950: An Evolution of American Responsibility* (Berkeley: University of California Press, 1981), p. xii.

제1부 한국의 독립을 위한 외교

제2장 한국의 독립외교와 국제사회의 역학관계

1) *Alger Hiss Memorandom*, 18 December 1941, DS (Department of State) Records, 895.01/ 60-5/26, Box 5292, RG (Record Group) 59, NA

(National Archives 미국가문서보관소).

2) *Chungking to State Department*, 12 March 1942, DS Records, 895.
   01/56, Box 5292, RG 59, NA.

3) *Joint Psychological Warfare Committee memorandum*, J.P.W.C.
   2 & 2/1, 16 & 21 March 1942, JCS(Joint Chiefs of Staff) Records, CCS
   385 Korea (3-16-42), Box 659, RG 218, NA; *Joint Staff Planners
   memorandum*, J.P.S. 7/9, 7 April 1942, *ibid.*; *Soong to Roosevelt*, 8
   April 1942, FRUS (Foreign Relations of the United States) 1942, 1
   (제1권):868-869.

4) *Joint Intelligence Committee memorandum*, 5 August 1942, JCS Records,
   CCS 092 Korea (8-5-42), Box 658, RG 218, NA.

5) *Welles to Roosevelt*, 13 April 1942, FRUS 1942, 1:870-872.

6) *Joint Staff Planners memorandum*, J.P.S. 7/9, 7 April 1942, JCS
   Records, CCS 385 Korea (3-16-42), Box 659, RG 218, NA; *Joint
   Psychological Warfare Committee memorandum*, J.P.W.C.2, 16
   March 1942, *ibid.*

7) 이상준, 『광복군전사』(서울: 대한민국재향군인회, 1993), pp.216-217.

8) *Gauss to Hull*, No.473, 19 June 1942, DS Records, 895.01/148, Box
   5292, RG 59, NA; *Gauss to Hull*, No.649, 29 September 1942, 895.
   01/185, *ibid.*; *Joint Chiefs of Staff memorandum*, 25 September
   1942, JCS Records, CCS 092 Korea (8-5-42), RG 218, NA.

9) *Rhee to Goodfellow*, 10 October 1942, DS Records, 895.01/231, Box
   5292, RG 59, NA; *Goodfwllow to War Department*, 17 February 1943,
   ibid.; *Rhee to Hull*, 7 December 1942, DS Records, 895. 01/841, Box
   5292, RG 59, NA; *Hamilton memorandum*, 26 February 1943, DS
   Records, 895.01/218, Box 5293, RG 59, NA.

10) 영어원문은 Gye-Dong Kim, *Foreign Intervention in Korea* (Aldershot,
   England: Dartmouth Printing Company, 1993), pp.12-13을 참조할 것.

11) *McNair to War Department*, 11 December 1942, DS Records, 895.
   01/ 228, Box 5293, RG 59, NA.

12) 이상준, 『광복군전사』, pp.187, 209; 홍순호, "제4장 임시정부의 외교활
   동(1919~1945)", 한국정치외교사학회(편), 『한국외교사II』(서울: 집문
   당, 1995), p.165.

13) *Sprouse to Vincent*, 4 April 1943, DS Records, 895.01/248, Box
   5293, RG 59, NA; Vincent to Hull, 12 April 1943, *ibid.*

14) 김행복, "한국광복군의 군사활동과 그 의의", 『군사(軍史)』, 제41호, 2000

년 12월, p.300.

15) 이상준, 『광복군전사』, pp.218-221.

16) *Rhee to Gauss*, 18 October 1943, in *Gauss to Hull*, 6 December 1943, DS Records, 895.01/305, Box 5293, RG 59, NA.

17) *Rhee to Crowley*, 29 September 1943, JCS Records, CCS 385 Korea, Box 659, RG 218, NA; *Crowley to Rhee*, 20 October 1943, DA (Department of Army) Records, OPD 381 CTO, Sec.Ⅳ, Case 185, Box 1241, RG 165, NA; *Rhee to Marshall*, 8 November 1943, *ibid*.

18) *Boxton (Acting Director of OSS) to Captain Royal*, 20 November 1943, DA Records, OPD 381 CTO, Sec.Ⅳ, Case 185, Box 1241, RG 165, NA; *Secretary of Joint Chiefs of Staff to Captain Royal*, 20 November 1943, JCS Records, CCS 385 Korea (3-16-42), Box 659, RG 218, NA.

19) *Rhee to Roosevelt*, 9 December 1943, DA Records, OPD 381 CTO, Sec.Ⅳ, Case 185, Box 1241, RG 165, NA

20) *Rhee to Joint Chiefs of Staff*, 18 July 1944, JCS Records, CCS 385 Korea (3-16-42), Box 659, RG 218, NA; *General MacFarland (Secretary of the Joint Chiefs of Staff) to Rhee*, 8 August 1944, *ibid*.

21) *Berle to Grew*, 21 July 1944, DS Records, 895.01/7-2144, Box 5294, RG 59, NA; *Ballantine and Bishop memorandum*, FRUS 1943, Conferences at Washington and Quebec, pp.627-629.

22) *Grew to Berle*, 31 July 1944, DS Records, 895.01/7-3144, Box 5394, RG 59, NA.

23) *SWNCC 115*, 23 April 1945, NA; *Ballantine memorandum*, 17 February 1945, FRUS 1945, 6:1020-1022 참조.

24) *SWNCC 115*, 23 April 1945, NA; *OSS Intelligence Reports*, in James Matray, *The Reluctant Crusade: American Foreign Policy in Korea 1941-1950* (Honolulu: University of Hawaii Press, 1985), p.30.

25) *Atcheson to Stettinius*, No.329, 1 March 1945, FRUS 1956, 6:1020-1022.

26) *SWNCC 115*, 23 April 1945, NA.

27) *SWNCC 115/1*, 31 May 1945, NA; *McCloy to Matthews*, 29 May 1945, 앞의 SWNCC 115/1에 포함되어 있음.

28) 저자는 미국가문서보관소에 보존되어 있는 NAPKO 계획에 대한 문서를 전부 찾아 봤으나 NAPKO가 무엇의 약자인지, 무엇을 상징하는 문자인지 가려낼 수가 없었다.

29) *OSS memorandum for the Joint Chiefs of Staff*, SM-1971, 31 May 1945, JCS Records, CCS 385 Korea, Box 659, RG 218, NA; *Charles S. Cheston to Joint Chiefs of Staff*, 31 May 1945, *ibid.*

30) 이상준, 『독립군전사』, pp.224-225.

31) *Joint Staff Planners memorandum*, J.P.S. 688/2, 11 June 1945, JCS Records, CCS 385 Korea (3-16-42), Box 659, RG 218, NA; *Joint Chiefs of Staff memorandum*, JCS1385, 19 June 1945, *ibid.*; *War Department memorandum*, 20 June 1945, DA Records, OPD 350.05 TS, RG 165, NA; *Joint Staff Planners memorandum*, J.P.S. 688/3/D, 13 August 1945, JCS Records, CCS 385 Korea (3-16-42), Box 659, RG 218, NA; *Outgoing Telegram of Joint Chiefs of Staff*, Warx53111, 22 August 1945, *ibid.*; *War Department memorandum*, 24 August 1945, DA Records, OPD 334.8 TS, RG 165, NA.

제3장 한반도 신탁통치 구상: 강대국의 영향력 공유 발상

1) 이완범, "한반도 신탁통치문제 1943-46", 박현채 외, 『해방전후사의 인식 3』 (서울: 한길사, 1987), p.219.

2) *Langdon memorandum*, 20 February 1942, DS Records, 895.01/79, Box 5292, RG 59, NA.

3) *Division of Far Eastern Affairs memorandum*, 10 October 1942, DS Records, 895.00/840, Box 5292, RG 59, NA

4) 구대열, "'자유주의' 열강과 해방 한국(1945-1950)", 『국제정치논총』, 제45집 4호, 2005년, p.61.

5) *Hull memorandum*, 27 March 1943, FRUS 1943, 2:36-38; Anthony Eden, *The Eden Memoirs : The Reconing* (London: Cassell, 1965), p.378.

6) Cordell Hull, *The Memoirs of Cordell Hull* Vol.2 (New York: Macmillan Co., 1948), Vol.2, p.1237; Bruce Cumings, "American Policy and Korean Liberation", in Frank Baldwin (ed.), *Without Parallel: The American-Korean Relationship Since 1945* (New York: Pantheon, 1973), p.41.

7) *Keesing's Contemporary Archives*, 27 November – 4 December 1943,

p. 6125; Royal Institute of International Affairs, *Survey of International Affairs 1939–1946: America, Britain and Russia 1941~1946* (London, 1955), pp. 337–348.

8) FRUS 1943, Conferences at Cairo and Teheran, pp. 401, 403, 404.

9) Cho Soon-Sung, *Korea in World Politics 1940–1950: An Evolution of American Responsibility* (Berkeley: University of California Press, 1967), pp. 17–18.

10) Cordell Hull, *The Memoirs of Cordell Hull*, p. 1584.

11) FRUS 1943, 2:1096; Royal Institute of International Affairs, *Survey of International Affairs 1939–1946*, p. 431.

12) Cho Soon-Sung, *Korea in World Politics 1940–1950*, p. 19.

13) John Lewis Gaddis, *The United States and the Origins of the Cold War 1941–1947* (New York: Columbia University Press, 1972), pp. 78, 137–138; *Bohlen Minutes*, FRUS 1943, Conferences of Cairo and Teheran, p. 485; *Combined Chiefs of Staff Minutes*, *ibid.*, p. 506; Robert E. Sherwood, *Roosevelt and Hopkins: An Intimate History* (New York: Harper & Bros., 1948), p. 777.

14) *State Department memorandum*, 29 March 1944, FRUS 1944, 5:1224–1228.

15) Bruce Cumings, *The Origins of the Korean War* (Princeton: Princeton University Press, 1981), p. 114.

16) John Lewis Gaddis, *The United States and the Origins of the Cold War 1941–1947*, p. 78.

17) 이완범, "미국의 한국 점령안 조기 준비: 분할점령의 기원, 1944년~1945년 7월 10일", 『국제정치논총』, 제36집 1호, 1996년, pp. 236–237.

18) William Averell Harriman, *America and Russia in a Changing World* (London: George Allen & Unwin Ltd., 1971), pp. 52–53.

19) Walter Millis, *The Forrestal Diaries: The Inner History of the Cold War* (London: Cassell & Company Ltd., 1952), p. 71.

20) *Bohlen minute*, FRUS 1945, Conferences at Malta and Yalta, pp. 766–771.

21) Edward R. Stettinius, Jr., *Roosevelt and the Russians: The Yalta Conference* (New York: Doubleday & Co., 1949), p. 236.

22) Leland M. Goodrich, *Korea: A Study of US Policy in the United Nations* (New York: Council of Foreign Relations, 1956), pp. 11–12.

23) *Briefing Book Paper*, FRUS 1945, Conferences at Malta and Yalta,

pp.358-361; James Byrnes, *Speaking Frankly* (London: William Heineman Ltd., 1947), pp.22-23; Lisle A. Rose, *Roots of Tragedy: The United States and the Struggle for Asia 1945-53* (Westport: Greenwood Press, 1976), p.33.

24) Charles M. Dobbs, *The Unwanted Symbol: American Foreign Policy, the Cold War and Korea, 1945-1950* (Kent: Kent University Press, 1981), pp.18-19.

25) John Lewis Gaddis, *The United States and the Origins of the Cold War 1941-1947*, pp.63-64, 85.

26) John Lewis Gaddis, *Strategies of Containment: A Critical Appraisal of Postwar American National Security Policy* (London: Oxford University Press, 1982), p.15; Daniel Yergin, *Shattered Peace: The Origins of the Cold War and the National Security Council* (London: Andre Deutsch, 1977), pp.69-86; Bruce Cumings, *The Origins of the Korean War*, p.111; Peter Lowe, *The Origins of the Korean War* (London: Longman, 1986), pp.11-12.

27) *Grew to Forrestal*, 21 May 1945, FRUS 1945, 7:878-883; Joseph Grew, *Turbulent Era: A Diplomatic Record of Forty Years 1904-1945* Vol.2 (Boston: Houghton Mifflin Co., 1952), p.1464.

28) *Bohlen memorandum*, FRUS 1945, Conferences of Berlin (Potsdam), 1:41-52; Robert E. Sherwood, *Roosevelt and Hopkins: An Intimate History* (New York: Harper and Brothers, 1965), p.903.

29) *Harriman to Truman and Byrns*, 9 July 1945, FRUS 1945, Conference of Berlin (Potsdam), 1:234.

30) *Briefing book papers*, 4 July 1945, FRUS 1945, Conference of Berlin (Potsdam), 1:311-315, 924-927.

31) *Sixth plenary meeting*, 22 July 1945, FRUS 1945, Conference of Berlin (Potsdam), 2:253; *Yost memorandum*, 7 August 1945, *ibid.*, 2:602-606; Harry S. Truman, *Memoirs: Year of Decision* (New York: Doubleday & Company, 1955), pp.373-374; William D. Leahy, *I was there* (London: Victor Gollancz Ltd., 1950), pp.475-477.

32) Kathryn Weatherby, "Soviet Aims in Korea and the Origins of the Korean War, 1945-50: New Evidence from Russian Archives", CWIHP(Cold War International History Project), Working Paper #8, p.9.

33) *Tripartite military meeting*, 24 July 1945, FRUS 1945, Conference of Berlin (Potsdam), 2:351–355.

34) *McFarland (Secretary of the Joint Chiefs of Staff) memorandum*, FRUS 1945, Conference of Berlin (Potsdam), 1:903–910.

35) Roy Appleman, *US Army in the Korean War: South to the Nakdong, North to the Yalu* (Washington D.C.: Government Printing Office, 1961), pp.2–3.

제4장 미국의 분할점령 제의: 소련팽창의 봉쇄와 세력권 분할

1) 김기조, "제2차 세계대전 말기 일본의 「和平工作」과 연합국의 대응: 한반도 영유를 위한 막후외교", 『한국정치학회보』, 제35집 3호, 2001년 가을, pp.264–265.

2) *Keesing's Contemporary Archives*, 30 June – 7 July 1945, p.7298; David J. Dallin, *Soviet Russia and the Far East* (London: Hollis & Carter, 1949), pp.196–198.

3) Edwin O. Reischauer, *The United States and Japan* (New York: Viking Press, 1962), p.240.

4) 김기조, "제2차 세계대전 말기 일본의 「和平工作」과 연합국의 대응: 한반도 영유를 위한 막후외교", pp.272–276.

5) David J. Dallin, *Soviet Russia and the Far East*, pp.210–211.

6) David J. Dallin, *Soviet Russia and the Far East*, pp.208–210.

7) *State Department policy paper*, 22 June 1945, FRUS 1945, 6:556–580.

8) *Harriman to Byrns*, 3 July 1945, FRUS 1945, 7:914.

9) *Stimson to Truman*, 16 July 1945, FRUS 1945, 2:631.

10) 분산되어 주장되고 있는 여러 가지 시나리오를 종합한 책으로는 김기조, 『38선 분할의 역사: 미, 소·일간의 전략대결과 전시외교 비사 (1941~1945』(서울: 동산출판사, 1994), pp.296–316을 참조할 것.

11) 링컨의 경력과 역할에 대하여는 이완범, "미국의 한국 점령안 조기 준비: 분할점령의 기원, 1944년~1945년 7월 10일", 『국제정치논총』, 제36집 1호, 1996년, pp.237–239를 참조할 것.

12) John M. Allison, *Ambassador from the Prairie or Allison Wonderland*

(Boston: Houghton Mifflin, 1973), pp.116-117.

13) Michael C. Sandusky, *America's Parallel* (Alexandria, Virginia: Old Dominion Press, 1983), pp.226-227.

14) James F. Schnabel, *Policy and Direction: The First Year* (Washington D.C.: Department of Army, 1972), pp.8-9.

15) FRUS 1945, 4:1039; Lawton J. Collins, *War in Peacetime: The History and Lessons of Korea* (Boston: Houghton Mifflin, 1969), pp.25-26; Thomas J. Schoenbaum, *Waging Peace and War* (New York: Simon & Schuster, 1988), p.130; Dean Rusk, *As I Saw It* (London: Penguin Books, 1990), p.124.

16) 이완범, "미국의 한국 점령안 조기 준비: 분할점령의 기원, 1944년~1945년 7월 10일", p.243.

17) *SWNCC meeting minute*, 12 August 1945, FRUS 1945, 6:645; Peter Lowe, *The Origins of the Korean War*, p.14.

18) Leland M. Goodrich, *Korea: A Study of US Policy in the United Nations* (New York: Council on Foreign Relations, 1956), pp.11-12.

19) Harry S. Truman, *Memoirs: Year of Decision.*, pp.433-434.

20) Shannon McCune, "The Thirty-Eighth Parallel in Korea", *World Politics*, Vol.1, January 1949, p.228; George McCune, *Korea Today* (Cambridge: Harvard University Press, 1950), p.59; Peter Lowe, *The Origins of the Korean War*, pp.2, 19.

21) Bruce Cumings, *The Origins of the Korean War*, p.113; Carl Berger, *The Korea Knot: A Military and Political History* (Philadelphia: University of Pennsylvania Press, 1964), p.49.

22) *"Korean Participation in War against Japan"*, 6 August 1945, DA Records, OPD 381 CTO, RG 165, NA.

23) *War Department memorandum*, OPD 014.1, sec.3, RG 319, NA; *Stalin to Truman*, 12 & 16 August 1945, FRUS 1945, 6:634, 667-668; Adam Ulam, *Stalin: The Man and his Era* (London: Viking Press Inc., 1973), pp.627-628; Harry S. Truman, *Year of Decision*, p.440.

24) 소련군이 서울과 인천지역까지 점령하였다는 주장은 다음을 참조할 것. Joseph Goulden, *Korea: The Untold Story of the War* (New York: McGraw-Hill Book Co., 1982), p.20; Gabriel and Joyce Kolko, *The Limits of Power: The World and the US Foreign Policy 1945-1954* (New York: Harper & Row, 1972), p.278; Leland Goodrich, *Korea: A Study of US Policy in the United Nations* (New York: Council

on Foreign Relations, 1956), p.13.

25) Lisle A. Rose, *Roots of Tragedy: The United States and the Struggle for Asia, 1945–1953* (Westport, Conn.: Greenwood Press, 1976), p.38.

제2부 한반도의 해방과 점령군의 진주

제5장 미국과 소련의 분할점령: 세력권의 분할

1) 박명림, 『한국전쟁의 발발과 기원 II: 기원과 원인』 (서울: 나남출판, 1996), p.63.

2) 박재권, "해방 직후의 소련의 대북한정책", 김남식 외, 『해방전후사의 인식 제5권(북한편)』(서울: 한길사, 1990), p.367.

3) *Keesing's Contemporary Archives*, 11–18 August 1945, p.7377; Max Beloff, *Soviet Policy in the Far Wast 1944–1951* (London: Oxford University Press, 1953), p.156; Hugh Borton, "Korea under American and Soviet Occupation 1945–1947", Royal Institute of International Affairs, *Survey of International Affairs 1939– 1946: The Far East 1942–1946* (London, 1955), p.434.

4) 박명림, 『한국전쟁의 발발과 기원 II: 기원과 원인』, p.63.

5) David J. Dallin, *Soviet Russia and the Far East*, pp.239–240.

6) *BLACKLIST PLAN*, 28 & 29 August 1945, DA Records, OPD 014.1 TS Sec.3 Case 50, 50/3, RG 165, NA; *Marshall to Wedemeyer*, 1945년 8월 9일, Army Staff Files, OPD 371 TS Korea, RG 319, NA; Barbara Tuchman, *Stilwell and the American Experience in China, 1911– 1945* (New York: Macmillan, 1970), p.521; 조민, "미국이 진주한 날 : 오키나와에서 서울까지", 『월간조선』, 1986년 8월호, 252쪽.

7) *Army Department memorandum*, 12 August 1945, DA Records, OPD 014.1 TS Sec.3, Case 50/6, RG 165, NA; Gregory Henderson, *Korea: The Politics of the Vortex* (Cambridge, Mass.: Harvard University Press, 1968), p.123; Peter Lowe, *The Origins of the Korean War*, p.21; Bruce Cumings, *The Origins of the Korean War Vol.1*, p.123.

8) Philip H. Taylor, "Military Government Experiences in Korea", in Carl J. Friedrich, *American Experiences in Military Government in World War II* (New York: Rinehart & Co., 1948), pp.355–356;

George M. McCune, "Korea: The First Year of Liberation", *Pacific Affairs*, Vol.20, March 1947, p.4.

9) *Rhee to Marshall*, WDCSA 091 Japan, 3 August 1945; *Marshall to Rhee*, 8 August 1945; *Rhee to Marshall*, 10 August 1945, OPD 381 CTO, RG 165, NA.

10) *Hurley to Byrnes*, Nos.1356 & 145, 14 & 31 August 1945, DS Records, 895.01/8-1445 & 3145, Box 7128A, RG 59, NA; *Kim to Rhoo*, 17 August 1945, FRUS 1945, 6:1036 7.

11) "Korean Participation in War against Japan", 6 August 1945, DA Records, OPD 381 CTO, RG 165, NA; *Chansler (Acting Director of Civil Affairs Division) to Rhee*, WDSCA 201, 23 August 1945, *ibid.*; *Acheson to Hurley*, No.1510, 21 September 1945, FRUS 1945, 1053- 1054.

12) C. L. Haag, *American Military Government in Korea* (Washington D.C.: Department of Army, 1970), pp.51-51; *The Korea Herald*, 25 September 1982; 정용석, "한반도는 사분될 뻔했다", 『신동아』, 1983년 1월호, pp.243-247.

13) *SWNCC 16/4*, 29 August 1945, DS Records, Box 382, RG 59, NA.

14) 최상용, 『미군정과 한국민족주의』(서울: 나남, 1989), pp.54-55.

15) The SCAP, Government Section, Report, *Political Reorientation of Japan, September 1945 to September 1948*, Appendices, pp.422-424, 453.

16) E. Grant Meade, *American Military Government in Korea* (New York: King's Crown Press, 1951), p.47; James P. Finley, *The US Military Experience in Korea, 1871-1982: In the Vanguard of ROK-US Relations* (San Francisco: Headquarters, US Forces, Korea, 1983), p.7.

제6장 점령정책: 두 개의 상이한 접근

1) 고하 선생 전기 출판위원회, 『고하 송진우 선생전』(서울: 동아일보 출판부, 1965); George McCune, "Occupation Politics in Korea", *Far Eastern Survey*, Vol.15, No.3, 13 February 1946, p.35; Bruce Cumings, *The Origins of the Korean War*, pp.473-474.

2) 이동화, "8·15를 전후한 여운형의 정치활동", 송근호 편, 『해방전후사의

인식』(서울: 한길사, 1980), pp.337-339.

3) 송남헌, 『해방3년사 1945-1948』(서울: 까치, 1985), 제1권, p.7; 한태수, 『한국정당사』(서울: 신태양사, 1961), pp.19-24; 이동화, "8·15를 전후한 여운형의 정치활동", pp.342-346.

4) 강만길, 『한국현대사』(서울: 창작과 비평사, 1984), p.194; 송광성, 『미군점령 4년사』(서울: 한울, 1993), p.82.

5) 송남헌, 『해방3년사 1945-1948』, pp.35-40; 이기하, 『한국정당발달사』(서울: 정치사, 1961), pp.39-50.

6) 송광성, 『미군점령 4년사』, p.83

7) 남광규, "해방초 임정·인공 정치기반의 동질성과 대립원인: 임정·건준의 중간파 성격과 좌파의 인공수립배경을 중심으로(1945. 8~11)", 『국제정치논총』, 제45집 3호, 2005년, p.152.

8) 송남헌, 『해방3년사 1945-1948』, pp.41-42.

9) 송남헌, 『해방3년사 1945-1948』, pp.35-40; 최상용, 『미군정과 한국민족주의』(서울: 나남, 1989), pp.84-86; 이기하, 『한국정당발달사』, pp.39-50; Gregory Henderson, *Korea: The Politics of the Vortex*, pp.115-118; Bruce Cumings, T*he Origins of the Korean War*, p.267; Robert Scalapino and Chong-Sik Lee, *Communism in Korea*, Vol.1 (California: University of California Press, 1966), p.237.

10) Nam Koon-Woo, *The North Korean Communist Leadership, 1945-1965: A Study of Factionalism and Political Consolidation* (Alabama: The University of Alabama Press, 1974), pp.14-15; Chong-Sik Lee, "Politics in North Korea: Pre-Korean War Stage", in Robert Scalapino (ed.), *North Korea Today* (New York: Frederick A. Praeger, Inc., 1963), pp.5-6; James Irving Matray, *The Reluctant Crusade: American Foreign Policy in Korea, 1941-1950* (Honolulu: University of Hawaii Press, 1985), pp.55-56.

11) 구대열, "'자유주의' 열강과 해방 한국(1945-1950)", 『국제정치논총』, 제45집 4호, 2005년, p.65.

12) Kathryn Weathersby, "Soviet Aims in Korea and the Origins of the Korean War, 1945-50: New Evidence from Russian Archives", CWIHP Working Paper #8, pp.11-13; 웨더스비는 ① "Notes on the Question of Former Japanese Colonies and Mandated Territories", ② "Proposal on Korea", ③ "An Understanding on the Question of a Provisional Policy for the Laperuz, Sangarsky, and Korean Straits" 등 3개의 문서를 발굴하여 정리하였다.

13) Nam Koon-Woo, *The North Korean Communist Leadership*, pp.15-16; Choy Bong-Youn, *Korea: A History* (Tokyo: Charles E. Tuttle Co., 1971), p.364.

14) 김주환, "서북5도 당 대회의 대미인식과 조선공산당 북조선 분국의 조직적 위상", 김남식 외, 『해방전후사의 인식 제5권 (북한편)』 (서울: 한길사, 1990).

15) David J. Dallin, *Soviet Russia and the Far East*, pp.255-256; Nam Koon-Woo, *The North Korean Communist Leadership*, pp.14-16, 23-24.

16) Cho Soon-Sung, *Korea in World Politics*, p.85; Nam Koon-Woo, *The North Korean Communist Leadership*, p.24.

17) 『조선중앙년감 1949』, (평양, 1950), pp.58, 63; Department of State, *North Korea: A Case Study in the Technique of Takeover*, pp.3, 13; Suh Dae-Sook, T*he Korean Communist Movement 1918-1948* (Princeton: Princeton University Press, 1967), pp.256-261.

18) Nam Koon-Woo, *The North Korean Communist Leadership*, p.27.

19) 송남헌, 『해방3년사 1945~1948』, pp.112-113; 김용복, "해방 직후 북한 인민위원회의 조직과 활동", 김남식 외, 『해방전후사의 인식 제5권(북한편)』 (서울: 한길사, 1990), pp.195-196.

20) *Benninghoff to Byrnes*, 15 September 1945, FRUS 1945, 6:1149-1150; Department of State, *North Korea: A Case Study in the Technique of Takeover*, pp.67-84; *New York Herald Tribune*, 2 November 1945; Kyung-Cho Chung, *Korea Tomorrow: Land of Morning Calm* (New York: The Macmillan Co., 1947), pp.194-197; Henry Chung, *The Russians came to Korea* (Washington D.C.: The Korean Pacific Press, 1947), pp.49-52.

21) 박명림, 『한국전쟁의 발발과 기원 I : 결정과 발발』 (서울: 나남출판, 1996), pp.236-237.

22) Nam Koon-Woo, *The North Korean Communist Leadership*, pp.32-33

23) 김창순, 『역사의 증인』 (서울 : 한국아시아반공연맹, 1956), pp.51-52; 김창순, 『북한 15년사』 (서울 : 지문각, 1961), pp.61-65.

24) 한재덕, 『나는 김일성을 고발한다』 (서울 : 내외문화사, 1965), p.225; 김용복, "해방 직후 북한 인민위원회의 조직과 활동", p.197.

25) Charles M. Dobbs, *The Unwanted Symbol: American Foreign Policy, The Cold War and Korea, 1945-1950* (Kent: Kent State University Press, 1981), pp.48-49; David J. Dallin, *Soviet Russia in the Far*

    East, pp.294, 296-297.

26) 심지연, "제7장 미군정기의 외교", 한국정치외교사학회 편, 『한국외교사
    II』(서울: 집문당, 1995), pp.287-288; 한태수, 『한국정당사』, pp.39-44.

27) Bruce Cumings, "American Policy and Korean Liberation", in Frank
    Baldwin, *Without Parallel: The American-Korean Relationship
    Since 1945* (New York: Pantheon, 1973), p.55.

28) Harold Isaacs, *No Peace for Asia* (New York, 1947), pp.93-94;
    Joyce and Gabriel Kolko, *The Limits of Power: The World and
    United States Foreign Policy, 1945-1954* (New York: Harper &
    Row Publishers, 1972), pp.280-281; 조민, "미군이 진주한 날: 1945
    년 오키나와에서 서울까지", 『월간조선』, 1986년 8월호, pp.264-265.

29) *Keesing's Contemporary Archives*, p.7422; Bertram D. Sarafan,
    "Military Government: Korea", *Far Eastern Survey*, Vol.15, 20
    November 1946, p.350; *Steintorf to Byrnes*, FRUS 1945, 6: 1041;
    New York Times, 12 September 1945; Joyce and Gabriel Kolko, *The
    Limits of power*, p.282.

30) William Stueck, *The Korean War: An International History*, p.20.

31) *SWNCC 176/4*, 10 September 1945, FRUS 1945, 6: 1044-1045;
    Keesing's Contemporary Archives, 20-27 October 1945, p.7504;
    해방 당시의 7만 명 관리들은 46년 1월말 60명으로 줄었다.

32) Edward Grant Meade, *American Military Government in Korea*
    (New York: King's Crown Press, 1951), pp.74-76; Charles M. Dobbs,
    The Unwanted Symbol, p.39.

33) 진덕규, "미군정의 정치사적 인식", 송근호 등, 『해방전후사의 인식』,
    pp.37-38.

34) FRUS 1945, 6:1041; James F. Byrnes, *Speaking Frankly* (London:
    William Heinemann Ltd., 1947), p.244; Edward Grant Meade, *American
    Military Government in Korea*, p.3.

35) *Benninghoff to Byrnes*, No.1, 15 September 1945, FRUS 1945, 6:
    1049-1053.

36) *Robertson to Byrnes*, No.1657, 25 September 1945, FRUS 1945, 6:
    1957.

37) *Benninghoff to Byrnes*, No.6, 29 September 1945, FRUS 1945, 6:
    1061-1065; Meade, *American Military Government in Korea*, p.61.

38) *Benninghoff to Atcheson*, TFGCG 108, 9 October 1945, FRUS 1945,
    6: 1069; 송남헌, 『해방 3년사』, pp.101-102, 117-130; Hagwon Sunoo,

"American Policy in Korea: Two Views", *Far Eastern Survey*, 31 July 1946, p.228.

39) 송남헌, 『해방 3년사』, pp.54-55; Berger, *The Korean Knot*, p.53.

40) *Benninghoff to Atcheson*, 10 October 1945, FRUS 1945, 6: 1070.

41) 박명림, 『한국전쟁의 발발과 기원 II: 기원과 원인』 (서울: 나남출판, 1996), p.40.

42) 송남헌, 『해방 3년사』, pp.54-55; Edward Grant Meade, *American Military Government in Korea*, p.62.

43) *Basic Initial Directive for* Civil Affairs in Korea, JCS 1483/5, 17 October 1945, JCS Records, CCS 383.21 Korea (3-19-45) Sec.1, RG 218, NA.

44) *Hodge to MacArthur*, TFGCG 159, 25 November 1945, FRUS 1945, 6:1133-34.

45) *Benninghoff to Atcheson*, 10 October 1945, FRUS 1945, 6:1070-1071; Edward Grant Meade, *American Military Government in Korea*, pp.60-61; Peter Lowe, *The Origins of the Korean War*, pp.22-23.

46) *New York Times*, 21 October 1945; Robert T. Oliver, *Syngman Rhee: The Man behind the Myth* (New York: Dodd Mead and Company, 1955), pp.211-215; James Irving Matray, *The Reluctant Crusade: American Foreign Policy in Korea, 1941-1950* (Honolulu: University of Hawaii Press, 1985), pp.58-59.

47) *Atcheson to Byrnes*, No.46, 15 October 1945, FRUS 1945, 6:1091-1092; *MacArthur to Marshall*, CA 54311, 5 November 1945, FRUS 1945, 6:1112.

48) *Vincent to War Department*, 7 November 1945, FRUS 1945, 6:1113-1114.

49) *New York Times*, 3 November 1945.

제3부 분단의 고착화: 통일정부 수립의 실패

제7장 통일정부 수립의 실패: 대내외적 갈등의 점증

1) *Benninghoff to Byrnes*, No.5, 26 September 1945, DS Records, 895.01/9-2645, Box 7128A, RG 59, NA.

2) *SWNCC 79/1*, 27 September 1945, NA; *Vincent to War Department*, 7 November 1945, FRUS 1945, 6:1113–1114; Harry S. Truman, *Memoirs: Years of Decision*, Vol.1 (Garden City: Doubleday & Co., 1955), p.540.

3) *B. C. Lim to Benninghoff*, 7 November 1945, DS Records, 895. 01/11–745, Box 7128A, RG 59, NA.

4) *New York Times*, 3 November 1945.

5) *MacArthur to Marshall*, CA 54311, 5 November 1945, FRUS 1945, 6:1112.

6) *Langdon to Byrnes*, 18, 20 November & 11 December 1945, FRUS 1945, 6:1129–1133 & 1141.

7) 남광규, "신탁정국기(1946.1) 정당협력의 실패와 임정의 약화", 『한국정치학회보』, 39집 1호, 2005년 봄, pp.176–177.

8) *MacArthur to the Joint Chiefs of Staff*, CA 56096, 16 December 1945, FRUS 1945, 6:1144–1148.

9) *McCloy to Acheson*, 13 November 1945, FRUS 1945, 6:1122–1124; James I. Matray, *The Reluctant Crusade*, p.62.

10) *Acheson to Harriman*, No.13, 17 December 1945, DS Records, 740.00119 Control (Korea), Box 3828, RG 59, NA.

11) *Byrnes to Langdon*, No.12, 29 November 1945, FRUS 1945, 6:1137–1138.

12) Kathryn Weathersby, "Soviet Aims in Korea and the Origins of the Korean War, 1945–1950: New Evidence from Russian Archives", CWIHP, Working Paper #8, pp.35–37.

13) *American Proposal, Soviet Proposal on Korea, and Moscow Conference minutes*, 16–22 December 1945, FRUS 1945, 2: 617– 621, 639–717; David J. Dallin, *Soviet Russia and the Far East*, pp.263, 266–267; James F. Byrnes, *Speaking Frankly*, pp.221– 222; 최상용, 『미군정과 한국민족주의』, pp.175–177.

14) Charles M. Dobbs, *The Unwanted Symbol: American Foreign Policy, The Cold War, and Korea, 1945–1950*, p.65.

15) *Izvestia*, 12 January 1946.

16) 『동아일보』, 1945년 12월 30일; *Hodge to War Department*, TFGCG 206, 30 December 1945, JCS Records, CCS 381.21 Korea, Sec.3, Box 659, RG 218, NA; *Hodge to War Department*, TFGBI 99, 30 December 1945, DS Records, 740.00119 Control (Korea)/12–3045,

Box 3828, RG 59, NA.

17) 최상용, 『미군정과 한국민족주의』, p.200.

18) 심지연, "미군정기의 외교", p.294.

19) 『조선일보』, 1946년 1월 1일.

20) 북한 사회과학원, 『조선통사』(평양 : 노동신문 출판사, 1958), 제3권, p.458; 윤진헌, 『한반도 분단사의 재조명: 분단의 과정과 책임』(서울: 문우사, 1993), p.137; Henry Chung, *The Russians Came to Korea* (Washington D.C.: The Korean Pacific Press, 1947), p.83; Carl Berger, *The Korea Knot: A Military and Political History* (Philadelphia: University of Pennsylvania Press, 1964), p.61.

21) 『서울신문』, 1946년 1월 4일.

22) Bruce Cumings, "American Policy and Korean Liberation", in Frank Baldwin (ed.), *Without Parallel*, pp.76-77.

23) Department of State, *Bulletin*, 1945, pp.1035-1036; James I. Matray, *The Reluctant Crusade*, p.66.

24) *Hodge to State Department*, TFGCG 305, 23 February 1946, DS Records, 740.00119 Control(Korea)/5-446, Box 3828A, RG 59, NA; 박동운, 『북한 통치기구론』(서울 : 아시아문제연구소, 고려대, 1964), p.3.

25) 이 의원은 '임시입법의원'이 설립된 1946년 12월 18일 자동해체되었다.

26) 최상용, 『미군정과 한국민족주의』, pp.214-215; 송광성, 『미군점령 4년사』, p.135.

27) *Hodge to State Department*, TFGCG 301, 22 February 1946, DS Records, 740.00119 Control (Korea)/5-446, NA.

28) 황의서, "해방후 좌우합작 운동과 미국의 대한 정책: 합작운동의 결과적인 실패와 관련하여", 『한국정치학회보』, 제30집 3호, 1996년 가을, pp.188-189.

29) Department of State, *Korea's Independence*, pp.19-20; *Keesing's Contemporary Archives*, 6-13 July 1946, p.8006.

30) Kathryn Weathersby, "Soviet Aims in Korea and the Origins of the Korean War, 1945-50: New Evidence from Russian Archives", CWIHP Working Paper #8, pp.16-17.

31) Kathryn Weathersby, "Soviet Aims in Korea and the Origins of the Korean War, 1945-1950: New Evidence from Russian Archives", pp.17-18.

32) *Hodge to Byrnes*, 9 May 1946, FRUS 1946, 8:665-666; *Keesing's Contemporary Archives*, p.8006.

33) 남광규, "미소공위와 미소의 조선임시정부 수립대책", 『국제정치논총』, 제47집 3호, 2007년, pp.124-125.

34) 남광규, "미소공위와 미소의 조선임시정부 수립대책", pp.131-132.

35) *Langdon to Byrnes,* 14 May 1946, DS Records, 740.00119 Control (Korea)/5-1446, Box 3828A, RG 59, NA.

36) Carl Berger, *The Korea Knot,* pp.67-68.

37) *Langdon to Byrnes,* No.20, 8 May 1945, DS Records, 740.00119 Control (Korea)/5-846, Box 3828A, RG 59, NA.

38) *SWNCC memorandum,* "Guidance for Initial Meetings of Joint Commission", 14 February 1946, DS Records, 740.00119 Control (Korea)/2-1446, Box 3828, RG 59, NA.

39) 김용복, "해방 직후 북한 인민위원회의 조직과 활동", 김남식 외, 『해방전후사의 인식 제5권(북한편)』, pp.234-235; Suh Dae-Sook, *Document of Korean Communism: 1918-1948* (Princeton: Princeton University Press, 1970), pp.495-496; 『조선중앙년감』, 1949, pp.83-84; Baik Bong, *Kim Il-Sung Biography* (Tokyo: Miraisha, 1969), Vol.3, p.653; Department, of State, *Korea's Independence,* pp.36-37.

40) *Hodge to State Department,* TFGBI 254, 10 April 1946, DS Records, 740.00119 Control (Korea)/5-446, Box 3828A, RG 59, NA.

41) *Langdon to Byrnes,* Tfurc 48, 24 May 1946, FRUS 1946, 8:685-689; Bruce Cumings, *The Origins of the Korean War Vol.1,* pp.249-250.

42) 이완범, "해방 직후 남한 좌우합작 평가: 국제적 제약 요인과 관련하여, 1946-1947", 『국제정치논총』, 제47집 4호, 2007년, p.111.

43) *Langdon to Byrnes,* 14 July 1946, DS Records, 740.00119 Control (Korea)/7-1446, Box 3828A, RG 59, NA; Benjamin Weems, 'Behind the Korean Election', Far Eastern Survey, 23 June 1948, pp.142-7; Department of State, *Korea 1945-1948,* p.31.

44) 황의서, "해방후 좌우합작운동에 대한 국내 정치세력의 입장 비교분석", 『한국정치학회보』, 제31집 1호, 1997년 봄, pp.54-59 참조.

45) 최상용, 『미군정과 한국민족주의』, p.238.

46) 한국역사연구회 현대사연구반, 『한국현대사 1: 해방직후의 변혁운동과 미군정』(서울: 풀빛, 1991), p.57.

47) *Hodge to Byrnes,* TFGBI 367,14 August 1946, DS Records, 740.00119 Control (Korea)/8-1446, Box 3828A, RG 59, NA.

48) 전평의 설립배경, 과정 및 활동에 대하여는 고현진, "미 군정기의 노동운

동", 송건호·박현채 외, 『해방40년의 재인식Ⅰ』(서울: 돌베개, 1985), pp.191-197을 참조할 것.

49) 송광성, 『미군점령 4년사』, pp.137-138, 184-189.

50) 류상영, "8·15 이후 좌·우익 청년단체의 조직과 활동", 최장집 외, 『해방 전후사의 인식 제4권』(서울: 한길사, 1989), pp.92-94; 송광성, 『미군점령 4년사』, pp.190-191

51) 최상용, 『미군정과 한국민족주의』, p.257.

52) *Hodge to Byrnes*, 14 September 1946, DS Records, 740.00119 Control (Korea)/9-1446, Box 3828A, RG 59, NA; Bruce Cumings, "American Policy and Korean Liberation", in Frank Baldwin (ed.), *Without Parallel*, pp.83-85; Gregory Henderson, *Korea: The Politics of the Vortex*, p.141.

53) *de la Mare minute*, 5 September 1946, F12585/119/23, FO371/54251, PRO (Public Record Office 영국 공문서 보관소)

54) *New York Times*, 13 December 1946, p.12;; Charles M. Dobbs, *The Unwanted Symbol: American Foreign Policy, The Cold War, and Korea, 1945-1950* (Kent: Kent University Press, 1981), pp.89-90; George M. McCune & Arthur L. Grey Jr., *Korea Today* (Cambridge: Harvard University Press, 1950), p.76; Robert T. Oliver, *Syngman Rhee, The Man Behind the Myth*, pp.228-229.

55) Department of State, *Bulletin*, 19 January 1947, p.128.

56) Department of State, *Korea's Independence*, pp.30-31; Lee Tong-Won, 'Korea and the United Nations', D. Phil. Thesis, University of Oxford, 1958, pp.38-39; W. D. Reeve, *The Republic of Korea: A Political and Economic Study* (Oxford: Oxford University Press, 1963), pp.23-39; Peter Lowe, *The Origins of the Korean War*, p.32.

57) *Smith to Byrnes*, No.2031, 28 June 1946, DS Records, 740.00119 Control (Korea)/6-2846, Box 3828A, RG 59, NA; *MacArthur to War Department*, C63158, 17 July 1946, 740.00119 Control (Korea)/7-2546, *ibid.*; *Hilldring to Mosley*, 25 July 1946, *ibid.*; *Borton to Vincent*, 29 August 1946, 740.00119 Control (Korea)/8-2946, *ibid.*

58) *Hodge to MacArthur*, 20 January 1947, DA Records, WDSCA014 Korea (1 Nov.1946 - 31 Jan. 1947), Sec 5, Box 249, RG 165, NA; *Vincent to Marshall*, 27 January 1947, FRUS 1947, 6:601-603; *Memorandum by the Special Inter-Departmental Committee of*

Korea, 27 February 1947, FRUS 1947, 6:613.

59) *Vincent to Marshall*, 27 January 1947, FRUS 1947, 6:601−603; Charles M. Dobbs, *The Unwanted Symbol*, pp.91−92.

60) *Norstad to Patterson*, 4 January 1947, DA Records, 091 Korea TS, RG 319, NA; *Chamberlin to Norstad*, 11 February 1947, *ibid.*

61) *Memorandum by the Special Inter-Departmental Committee of Korea*, 25 February 1947, FRUS 1947, 6:608−618; *Hilldring and Vincent to Marshall*, 28 February 1947, FRUS 1947, 6:618−619.

62) *Marshall to Hodge*, No.135, 28 June 1947, DS Records, 740.00119 Control (Korea)/6−2847, Box 3829A, RG 59, NA; *Lincoln to Norstad*, *12 May* 1947, DA Records, P&O 092 TS, Sec.V-A, Pt.1, Case 85, Box 31, RG 319, NA; Department of State, *Korea's Independence*, pp.35−45; Department of State, *Bulletin*, 18 May 1947, pp.995−996; *ibid.*, 22 June 1947, p.1249.

63) *Langdon to Marshall*, ZGCG 705, 27 May 1947, DS Records, 740.00119 Control (Korea)/5−2647, Box 3829A, RG 59, NA.

64) *Proposed Legislation*, 15 May 1947, DS Records, 740.00119 Control (Korea)/5−1547, Box 3829A, RG 59, NA.

65) *Martin to Bunce*, 25 June 1947, DS Records, 740.00119 Control (Korea)/6−2547, Box 3289A, RG 59, NA; *Acheson to Hilldring*, 27 June 1947, 740.00119 Control (Korea)/ 6−2747, *ibid.*; *Fahy to Sandifer*, 8 July 1947, 895.50 Recovery/7−847, *ibid.*.

66) *Jacobs to Marshall*, No.193, 9 July 1947, DS Records, 740.00119 Control (Korea)/7−947, Box 3829A, RG 59, NA; 남북한 신청단체의 자세한 분포는 최상용, 『미군정과 한국민주주의』, pp.274−279.

67) *Jacobs to Marshall*, Nos.234 & 317, 25 July & 5 September 1947, DS Records, 740.00119 Control (Korea)/7−2547 & 9−547, Box 3829A, RG 59, NA; *Hodge to Marshall*, No.271, 12 August 1947, FRUS 1947, 6:751−752; *Jacobs to Marshall*, No.304, 26 August 1947, FRUS 1947, 6:769−771; Department of State, *Bulletin*, 10 August 1947, pp.296−297.

68) *Jacobs to Marshall*, No.205, 12 July 1947, DS Records, 740.00119 Control (Korea)/7−1247, Box 3829A, RG 59, NA.

69) *Hodge to Marshall*, ZGCG 865, 7 July 1947, FRUS 1947, 6:691−692; *MacArthur to Marshall*, C53942, 9 July 1947, FRUS 1947, 6:696− 697; *Langdon to Marshall*, No.267, DS Records, 740.00119 Control

(Korea)/8-947, Box 3829A, RG 59, NA.

제8장 남북한 단독정부 수립 과정

1) *Memorandum from Robert T. Oliver,* 5 August 1947, DS Records, 740.00119 Control (Korea)/8-1147, Box 3829A, RG 59, NA.

2) *Jacobs to Marshall,* Nos.292 & 320, 21 August & 8 September 1947, FRUS 1947, 6:760-761 & 783.

3) *SWNCC 176/30,* 4 August 1947, FRUS 1947, 6:738-41; *Hilldring to Marshall,* 6 August 1947, FRUS 1947, 6:742-743.

4) *Lovett to Embassy in the Soviet Union,* Nos.1646 & 1738, 26 August & 16 September 1947, FRUS 1947, 6:771-774 & 790; *Molotov to Marshall,* 4 September 1947, FRUS 1947, 6:779-781; US Senate, *The United States and the Korean Problem,* pp.10-11; Peter Lowe, *Origins of the Korean* War, p.37.

5) *Lovett memorandum,* 24 September 1947, DS Records, 740.00119 Control (Korea)/9-2447, Box 3829A, RG 59, NA.

6) Department of State, *Korea 1945-1948,* pp.48-49; *Jacobs to Marshall,* No.381, 26 September 1947, FRUS 1947, 6:816-817; United Nations, *Official Record of the Second Session of the General Assembly,* 16 September - 29 November 1947, Plenary Meeting, p.264; Leland Goodrich, *Korea: A Study of US policy in the United Nations* (New York: Council on Foreign Relations, 1956), p.37.

7) *Hodge to Joint Chiefs of Staff,* ZGCG1201, 28 September 1947, DS Records, 740.00119 Control (Korea)/9-2847, Box 3830, RG 59, NA.

8) Department of State, *Korea 1945-1948,* pp.50-51.

9) *SWNCC 176/30,* 4 August 1947, FRUS 1947, 6:738; *Hodge to Joint Chiefs of Staff,* ZGCG1089, 30 August 1947, JCS Records, CCS383.21 Korea(3/19/45), Sec.12, RG 218, NA; Harry S. Truman, *Years of Trial and Hope,* p.326.

10) *Wedemeyer Report,* 19 September 1947, FRUS 1947, 6:796-803.

11) *Stevens memorandum,* 9 September 1947, FRUS 1947, 6:784-785.

12) *Joint Chiefs of Staff memorandum,* JCS1483/44, 22 September

1947, JCS Records, CCS383.21 Korea(3/19/45), Sec.13, RG 218, NA; *Tokyo to Foreign Office,* 26 September 1947, FK1022/258, FO371/84094, PRO.

13) *Kennan to Butterworth,* 24 September, 1947, FRUS 1947, 6:814-815.

14) United Nations, *Official Record, First Committee of the General Assembly,* Second Session, 1947, pp.248-252; Department of State, *Korea 1945-1948,* pp.66-67.

15) Department of State, *Korea 1945-1948,* pp.51-61; United Nations, *Official Record, First Committee of the General Assembly,* Second Session, 1947, pp.281-282.

16) *UN Document,* A/575, add 1, pp.37-39; *Marshall to Langdon,* No.5, 6 January 1948, FRUS 1948, 6:1083.

17) *New York Times, 24 January 1948, UN Document,* A/AC 18/27, 17 February 1948; Department of State, *Korea 1945-1948,* pp.69-70.

18) *UN Document,* A/AC 18/28, 18 February 1948; *Keesing's Contemporary Archives,* 27 March-3 April 1948, p.9191.

19) *UN Document,* A/AC 18/28; A/AC 18/31; A/AC 18/SR 9.

20) *Lovett memorandum,* 3 January 1948, FRUS 1948, 6:1079-1081; *Truman to King,* 5 January 1948, FRUS 1948, 6:1081-1083; Stairs, *The Diplomacy of Constraint,* pp.3-17; Dobbs, *The Unwanted Symbol,* pp.119-128.

21) William Whitney Stueck Jr., *The Road to Confrontation: American Policy Toward China and Korea, 1947-1950* (Chapel Hill: University of North Carolina Press, 1981), p.96.

22) *Keesing's Contemporary Archives,* 27 March-3 April 1948, p.9191; Department of State, *Bulletin,* 7 March 1948, pp.297-298; *New York Times,* 27 March 1948.

23) *UN Document,* A/AC 19/48; A/AC 19/49, 12 March 1948.

24) *New York Times,* 12 March 1948; *UN Document,* A/AC 19/PV 5; 19/W22/Add. 5; *Pravda,* 18 March 1948; Kim Yong-Jeung, "The Cold War: Korean Elections", *Far Eastern Survey,* Vol.17, No.9, 5 May 1948, p.101; Carl Berger, *The Korea Knot,* pp.79-80; 심지연, "미군정기의 외교", p.305.

25) *UN Document,* A/575 ADD.2, p.80; 『동아일보』, 1948년 3월9일, 13일; Lee Chong-Sik, "Negotiations among Private Group: The Case of the 1948 south-north Consultative Conference", *The Journal of*

Asiatic Studies, Vol.13, No.4, December 1970, p.384; 한국역사연구회 현대사연구반, 『한국현대사 1: 해방직후의 변혁운동과 미군정』(서울: 풀빛, 1991), pp.267-270.

26) 송광성, 『미군점령 4년사』(서울: 한울, 1993), p.255.

27) *Lovett to Jacobs,* No.101, 5 April 1948, FRUS 1948, 6:1170-1172; *Jacobs to Marshall,* Nos.214 & 261, 6 & 22 April 1948, FRUS 1948, 6:1172-1174 & 1180; Lee Tong-Won, "Korea and the United Nations", pp.93-94.

28) *UN Document,* A/AC 19/W 43/Add.4; 김창순, 『북한 십오년사』(서울: 지문각, 1961), pp.209-214; 송광성, 『미군점령 4년사』, pp.256-257.

29) *UN Document,* A/AC 19/W 43/Add.5; *Time,* 17 May 1948, p.19.

30) *Seoul Times,* 4 June 1948; *UN Document,* A/AC 19/W 39/Add.4-8; Lee Tong-Won, "Korea and the United Nations", pp.108-109; McCune, *Korea Today,* pp.229-230.

31) Department of State, *Korea 1945-1948,* p.15; Benjamin Weems, 'Behind the Korean Election', *Far Eastern Survey,* 23 June 1948, pp.142-143, 147; 송광성, 『미군점령 4년사』, p.274.

32) 'An Official Analysis of the Korean Election', *Far Eastern Survey,* 23 June 1948, p.147; McCune, *Korea Today,* p.229; *Jacobs to Marshall,* Nos.350 & 351, 13 May 1948, FRUS 1948, 6:1195-1198.

33) 서희경, "대한민국 건국기의 정부형태와 운영에 관한 연구: '대통령 권한의 통제'에 관한 논쟁을 중심으로", 『한국정치학회보』, 제35집 제1호, 2001년 봄, pp.86-88.

34) Department of State, *Korea 1945-1948,* pp.100-1; *Keesing's Contemporary Archives,* 20-27 November 1948, pp.9641-2; *The Voice of Korea,* 31 August 1948.

35) Department of State, *Korea 1945-1948,* p.78; *Pravda,* 13 September 1948, in *Soviet Press Translations,* 1 November 1949, p.579.

제9장 미·소 점령군의 철수

1) *Marshall to Lovett,* 5 March 1948, DS Records, 740.00119 Control (Korea)/3-548, Box 3831, RG 59, NA.

2) *NSC-8,* 2 April 1948, FRUS 1948, 6:1167-1169.

3) *Plan CRABAPPLE*, 5 May 1948, DA Records, P&O 091 Korea TS (27 April 48), RG 319; *Marshall to Langdon*, 29 April 1948, DS Records, 740.00119 Control (Korea)/4-2948, Box 3831, RG 59, NA; *Jacobs to Marshall*, No.394, 26 May 1948, FRUS 1948, 6:1209.

4) Robert O'Neill, *Australia in the Korean War 1950-1953, Vol.1: Strategy and Diplomacy* (Canberra: Australian Government Publishing Service, 1981), p.9; Denis Stairs, *The Diplomacy of Constraint: Canada, the Korean War and the United States* (Toronto: University of Toronto Press, 1968), p.7.

5) *Marshall to Royall*, 23 June 1948, FRUS 1948, 6:1224-1225; *Royall to Marshall*, 23 June 1948, FRUS 1948, 6:1225-1226.

6) *Allison and Bond to Butterworth*, 6 August 1948, DS Records, 740.00119 Control (Korea)/8-648, Box 3831, RG 59, NA.

7) *Plan CRABAPPLE*, 18 June 1948, DA, P&O 091 Korea TS (18 June 48), RG 319, NA.

8) *Jacobs to Marshall*, No.651, 12 August 1948, FRUS 1948, 6:1272.

9) *Keesing's Contemporary Archives*, 17-24 July, p.9396; *ibid.*, 25 September-2 October 1948, p.9517; *ibid.*, 16-23 October 1948, pp.9563, 9566, 9567.

10) *Allison and Bond to Butterworth*, 6 August 1948, DS Records, 740.00119 Control (Korea)/8-648, Box 3831, RG 59, NA.

11) *Butterworth memorandum*, 17 August 1948, FRUS 1948, 6:1276-1279.

12) *Marshall to Royall*, 20 August 1948, DS Records, 740.00119 Control (Korea)/8-2048, Box 3831, RG 59, NA.

13) *Butterworth to Lovett*, 11 May 1948, FRUS 1948, 6:1192-1193; Truman to Hodge, 3 September 1948, DS Records, 895.01/9-348, RG 59, NA; 『동아일보』, 1948년 8월 25일;Peter Lowe, *The Origins of the Korean War*, p.47.

14) *Labouisse to Lovett*, 23 July 1948, DS Records, 740.00119 Control (Korea)/7-2348, Box 3831, RG 59, NA; *Truman to Marshall*, 25 August 1948, FRUS 1948, 6:1288-1289.

15) *NSC-20/2*, 25 August 1948, FRUS 1948, 1:2:617-623.

16) *Saltzman memorandum*, 7 September 1948, FRUS 1948, 6:1292-1298.

17) *Rhee to Truman*, 1 September 1948, DS Records, 740.00119 Control

(Korea)/9-348, Box 3831, RG 59, NA; 『동아일보』, 1948년 9월 11일.

18) *Pravda,* 14 September 1948, in *Soviet Press Translations,* 1 November 1948, pp.581-582.

19) Department of State, *Korea 1945-1948,* pp.114-5; 『동아일보』, 1948년 9월 20일.

20) *Erhardt to Marshall,* No.1097, 24 September 1948, DS Records, 740.00119 Control (Korea)/9-2448, Box 3831, RG 59, NA; Department of State, *Korea 1945-1948,* pp.115-116.

21) *Hoffman to Marshall,* 1 October 1948, FRUS 1948, 6:1312-1313.

22) 『동아일보』, 1948년 10월 22일 - 10월 30일; *Muccio to Marshall,* No.165, 28 October 1948, FRUS 1948, 6:1317-1318; *New York Times,* 21, 25, 27 October 1948; 『서울신문』, 1948년 11월 2일 - 11월 8일 1948; Carl Berger, *The Korea Knot,* p.86.

23) 『동아일보』, 1948년 11월 20일; Department of State, *The Conflict in Korea, p.17; Keesing's Contemporary Archives,* 20-27 November 1948, p.9642; "Korea: A Chronology of Principal Events, 1945-50", *The World Today,* Vol.6, No.8, August 1950, p.324.

24) *Muccio to Marshall,* No.197, 12 November 1948, DS Records, 740.00119 Control (Korea)/11-1248, Box 3831A, RG 59, NA.

25) *Keesing's Contemporary Archives,* 13-20 November 1948, p.9635.

26) *Saltzman to Wedemeyer,* 9 November 1948, FRUS 1948, 6:1324; *Joint Chiefs of Staff to MacArthur,* 15 November 1948, JCS Records, CCS 383.21 Korea(3-19-45), Sec.XVIII, RG 218, NA.

27) *Butterworth to Saltzman,* 23 November 1948, DS Records, 740.00119 Control (Korea)/11-1248, Box 3831A, RG 59, NA.

28) *NSC-20/4,* 23 November 1948, FRUS 1948, 1:2:662-669.

29) *Bishop to Butterworth,* 17 December 1948, FRUS 1948, 6:1337-1340.

30) *Lawson to Coulter,* WARX81599, 21 December 1948, DA Records, P&O 091 Korea TS (27 November 48), RG 319, NA.

31) *The Voice of Korea,* 14 July 1950; Lee Tong-Won, "Korea and the United Nations", 1958, pp.189-190.

32) *Draper to Saltzman,* 22 December 1948, FRUS 1948, 6:1341-1343; James I. Matray, *The Reluctant Crusade,* p.171; James P. Finley, *The US Military Experience in Korea, 1871-1982: In the Vanguard of ROK-US Relations* (San Francisco: Headquarters, US Forces, Korea, 1983), pp.7-8.

33) *New York Times*, 31 December 1948.

34) FRUS 1949, 7:2:1049.

35) *Lovett to Souers (Executive Secretary of the NSC)*, 17 January 1949, DS Records, 740.00119 Control (Korea)/1–2549, Box 3831A, RG 59, NA; 'Policy Statement: Korea', 31 January 1949, 711.95/1–3149, *ibid*, FRUS 1948, 6:1343n.

36) *MacArthur to Joint Chiefs of Staff*, CX67198, 19 January 1949, DA Records, P&O 091 Korea TS, Sec.V, Case 31, Box 22, RG 319, NA.

37) William W. Stueck, *The Road to Confrontation: American Policy Toward China and Korea, 1947–1950*, p.154.

38) *Pravda*, 21 March 1949, in *Soviet Press Translations*, 1 May 1949, pp.267–269; Kim Il-Sung, *Selected Works of Kim Il-Sung*, Vol.1, p.192; Donald G. Tewksbury, *Source Materials on Korean Politics and Ideology* (New York: Institute of Pacific Affairs, 1950), pp.127–128.

39) *Izvestia*, 11 January 1949, in Carl Berger, *The Korea Knot*, pp.88–89; *Keesing's Contemporary Archives*, pp.9869, 9924.

40) Richard H. Rovere and Arthur M. Schlesinger Jr., *The General and the President* (New York, 1951), pp.100–102; John W. Spanier, *The Truman-MacArthur Controversy and the Korean War* (New York: W. W. Norton Co., 1965), pp.16–17.

41) John Lewis Gaddis, 'The Strategic Perspective: The Rise and Fall of the "Defense Perimeter" Concept', in Dorothy Borg and Waldo Heinrich, eds., *Uncertain Years: Chinese-American Relations, 1947–1950* (New York: Columbia University Press, 1980), p.105.

42) *NSC 8/1*, 16 March 1949, DA Records, P&O 091 Korea, Sec.1-A, RG 319, NA; *NSC 8/2*, 22 March 1949, FRUS 1949, 7:2:969–978.

43) *Rhee-Muccio conversation memorandum*, 13 April 1949, DS Records, 740.00119 Control (Korea)/4–1549, Box 3831A, RG 59 NA; 『동아일보』, 1949년 4월 15일.

44) 한국역사연구회 현대사연구반, 『한국현대사 2: 1950년대 한국사회와 4월 민중항쟁』, p.25.

45) 박명림, 『한국전쟁의 발발과 기원 II: 기원과 원인』(서울: 나남출판, 1996), p.620.

46) 『동아일보』, 1949년 5월 7일, 15일, 17일; Department of State, *Bulletin*, 19 June 1949, pp.786–787.

47) *Keesing's Contemporary Archives,* 7–14 May 1949, p.9983; *ibid.,* 25 June~2 July 1949, p.10066.

48) *Memorandum by the Department of Army to the Department of State,* 27 June 1949, FRUS 1949, 7:2:1048; Robert K. Sawyer, *Military Advisors in Korea: KMAG 6in Peace and War* (Washington D. C.: Department of Army, 1952), p.69; Robert T. Oliver, *Syngman Rhee: The Man Behind the Myth* (New York: Dodd, Mead and Co., 1954), p.296.

49) 『동아일보』, 1949년 5월 18일; Robert T. Oliver, op.cit., p.295; William W. Stueck, *The Road to Confrontation,* p.158.

50) Department of State, *Bulletin,* 19 June 1949, pp.782–783.

51) 『동아일보』, 1949년 5월 18일; Robert T. Oliver, *Syngman Rhee: The Man Behind the Myth,* p.295; William W. Stueck, *The Road to Confrontation,* p.158.

52) 『동아일보』, 1949년 6월 30일; Schnabel, Policy and Direction, p.35; Charm M. Dobbs, *The Unwanted Symbol,* p.168; 돕스는 어떻게 5천 6백만 달러 가치가 있다고 평가를 했는지 의문을 제기하였다.

53) *New York Times,* 29 June 1949.

54) Senate, Economic Assistance to China and Korea 1949–1950, Hearings held in Executive Session before Committee on Foreign Relations, 81st Cong., 1st and 2nd sess., 1974, p.191.

제10장 결 론

1) 미국의 일본 점령정책에 대하여는 J. A. A. Stockwin, *Japan: Divided Politics in a Growth Economy* (London: Weidenfield and Nicolson, 2nd ed., 1982), pp.35–50; Bradley M. Richardson & Scott C. Flanagan, *Politics in Japan* (Boston: Little, Brown and Company, 1984), pp.29–69를 참조할 것.

2) William Stueck, *The Korean War: An International History,* pp.14–15.

참고문헌

기록문서자료

● 미국

National Archives and Records Service; Washington D.C
Record Group 59, Department of State Records (국무성 기록).
Record Group 165 & 319, Department of Army Records (육군성 기록).
Record Group 218, Joint Chiefs of Staff Records (합참 기록).
Record Group 273, NSC Documents and NSC Action Memoranda (국가안보회의 문서와 비망록).

James F. Schnabel and Robert J. Watson, *The History of Joint Chiefs of Staff: The Joint Chiefs of Staff and National Policy*, Vol.III, *The Korean War*, Part 1 and Part 2, Historical Division, Joint Secretariat, Joint Chiefs of Staff, April 1978 and March 1979.

출판된 1차자료

● 미국

Congress
House, *Korean Aid*, Committee on Foreign Affairs, Hearings on House resolution 5330, 81st Cong., 1st sess., June 1949.
House, *Aid to Korea*, House Report 962, 2pts, Committee on Foreign Affairs, 81st Cong., 1st sess., 1 July 1949.
Senate, *Aid to the Republic of Korea*, Senate Report 748 on S.2319, 81st Cong., 1st sess., 22 July 1949.
Senate, *A Decade of American Foreign Policy: Basic Documents*,

1941-49, Senate ocument No.123, 81st Cong., 1st sess., Prepared at the request of the Senate Committee on Foreign Relations by the staff of the Committee and Department of State, 1950.

House, *Situation in Korea,* 81st Cong., 2nd sess., House Document No.646, 1951.

Senate, *Korea: Report to the President submitted by Lt. Gen. A.C. Wedemeyer, September 1947,* Committee on Armed Services, 82nd Cong., 1st sess., 1951.

Senate, *The United States and the Korean Problems, Documents, 1943-1953,* Senate Document 74, 83rd Cong., 1st sess., 30 July 1953.

Department of Army

Korea 1950, Office of the Chief of Military History, Prepared by Walter G. Hermes, 1952.

Korea 1951-53, Office of Military History, Prepared by John Miler, Owen J. Carroll and Margaret E. Tackley, 1956.

Military Advisers in Korea: KMAG in Peace and War, Office of the Chief of Military History, Prepared by Major Robert K. Sawyer and edited by Walter G. Hermes, 1962.

Policy and Direction: The First Year, Prepared by James F. Schnabel, 1972.

Transcript of Proceedings of Military Armistice Conference at Kaesong and Panmunjom, Korea, July 1951 to July 1953, General Headquarters UNC (Advance) Documents at Office of Chief of Military History.

US Army Area Handbook for Korea, Prepared by Foreign Area Studies Division, Special Operations Office, 1964.

US Army in the Korean War: South to the Naktong, North to the Yalu, Office of the Chief of Military History, Department of Army, Prepared by Roy Appleman, 1961.

US Army in the Korean War: Truce Tent and Fighting Front, Office of the Chief of Military History, Department of Army,

Prepared by Walter G. Hermes, 1966.

Department of State

Bulletin, selected issues in 1943–1954.

Foreign Relations of the United States 1942, Vol.1 (General,
the British Commonwealth, the Far East, 1960)

1943, Vol.1 (General, 1963)

1943, Vol.3 (The British Commonwealth, Eastern Europe,
the Far East, 1963)

1943, The Conferences at Cairo and Teheran, 1961.

1944, Vol.5 (The Near East, South Asia, and the Far East, 1965)

1945, Vol.2 (General: Political and Economic Matters, 1967)

1945, Vol.6 (The British Commonwealth, the Far East, 1969)

1945, The Conference of Berlin (Potsdam), 2 Vols., 1960.

1946, Vol.1 (General: The United Nations, 1973)

1946, Vol.8 (The Far East, 1971)

1947, Vol.1 (General: The United Nations, 1973)

1947, Vol.6 (The Far East, 1972)

1948, Vol.6 (The Far East and Australia, 1974)

*Korea 1945 to 1948: A Report on Political Developments and
Economic Resources with Selected Documents,* Far Eastern
Series 28, October 1948.

Korea's Independence, Far Eastern Series 18, October 1947.

*The Record on Korean Unification, 1943–1960, Narrative Summary
with Principal Documents,* Far Eastern Series 101, October
1960.

Public Papers of the Presidents of the United States

Harry S. Truman, 1950–1953, 2 Vols., 1965–66.

신문과 정기간행물

Far Eastern Economic Review.

Keesing's Contemporary Archives.
Korea Annual, Seoul.
The Korea Herald, Seoul.
Korean Independence, Los Angeles.
New York Times.
Pyongyang Times.
Seoul Times.
Soviet Press Translations, Seattle (University of Washington).
The Times, London.
Time.
US News and World Report.
The Voice of Korea, Washington, D.C. (Korean Affairs Institute).

『노동신문』, 평양.
『노동자』, 평양.
『동아일보』, 서울.
『서울신문』, 서울.
『신동아』, 서울.
『월간조선』, 서울.
『조선일보』, 서울.
『조선중앙연감』, 평양.
『중앙일보』, 서울.
『한겨레신문』, 서울.

2차 자료

1. 자서전, 인물전, 회고록

Acheson, Dean G., *Present at the Creation: My Years in the State Department,* New York: W. W. Norton, 1969.

Allen, Richard C., *Korea's Syngman Rhee: An Unauthorized Portrait,* Tokyo: Charles E. Tuttle Co., 1960.

Allison, John M., *Ambassador from the Prairie or Allison Wonderland,* Boston: Houghton Mifflin, 1973.

Baik, Bong, *Kim Il-Sung Biography,* 3 vols., Tokyo: Miraisha, 1969.

Byrnes, James F., *Speaking Frankly,* London: William Heinemann Ltd., 1947.

Cohen, Warren I., *Dean Rusk,* New Jersey: Cooper Square Publishers, 1980.

Collins, J. Lawton, *War in Peacetime: The History and Lessons of Korea,* Boston: Houghton Mifflin, 1969.

Donovan, Robert J., *Tumultuous Years: The Presidency of Harry S. Truman, 1949–53,* New York: Norton, 1983.

Eden, Anthony, *The Memoirs of Anthony Eden: The Reckoning,* London: Cassell, 1965.

Hull, Cordell, *The Memoirs of Cordell Hull, 2 vols.,* New York: The Macmillan Co., 1948.

Kennan, George F., *Memoirs: 1925–1950,* New York: Pantheon Books, 1967.

Leahy, William D., *I Was There,* London: Victor Gollancz, Ltd., 1950.

Lie, Trygve, *In the Cause of Peace,* New York: The Macmillan Co., 1954.

Lim, Un, *The Founding of a Dynasty in North Korea: An Authentic Biography of Kim Il-Sung,* Tokyo: Jiyu-sha, 1982.

MacArthur, Douglas, *Reminiscences,* New York: McGraw-Hill Book Co., 1964.

Manchester, William, *American Caeser: Douglas MacArthur 1880–1964,* London: Arrow Books, 1979.

Millis, Walter (ed.), *The Forrestal Diaries: The Inner History of the Cold War,* London: Cassell & Company Ltd., 1952.

Oliver, Robert T., *Syngman Rhee: The Man behind the Myth,* New York: Dodd Mead and Company, 1955.

Roseman, Samuel (ed.), *The Public Papers and Addresses of Franklin D. Roosevelt,* New York: Harper & Brothers, 1950.

Rusk, Dean, *As I Saw It,* London: Penguin Books, 1990.

Smith, Robert, *MacArthur in Korea: The Naked Emperor,* New

York: Simon and Schuster, 1982.

Stilwell, Joseph W., *The Stilwell Papers,* New York: William Sloane Associates, Inc., 1948.

Truman, Harry S., *Memoirs: Vol.1, Year of Decision, Vol.2, Years of Trial and Hope,* Garden City: Doubleday & Co., 1955, 1956.

Ulam, Adam, *Stalin: The Man and his Era* (London: Viking Press Inc., 1973),

Wedemeyer, Albert C., *Wedemeyer Reports,* New York: Henry Holt, 1958.

Whitney, Courtney, *MacArthur: His Rendezvous with History,* New York: Alfred A. Knopf, 1956.

Willoughby, Charles A., and John Chamberlain, *MacArthur 1941-1951,* New York: McGraw-Hill Book Co., 1956.

김구, 『백범일지』, 서울: 동명사, 1947.

변영태, 『외교회고록』, 서울: 한국일보사, 1959.

이만규, 『여운형선생 투쟁사』, 서울: 민주문화사, 1946.

이정식, 『김규식의 생애』, 서울: 신구문화사, 1974.

임병직, 『임정에서 인도까지: 임병직 외교 회고록』, 서울: 여원사, 1966.

조병옥, 『민주주의와 나』, 서울: 연신 문화사, 1960.

한성인, 『독재자 이승만』, 서울: 일월서각, 1984.

2. 논문

Angus, William N., "American Policy in Korea: Aim of Military Government," *Far Eastern Survey,* Vol.15, 31 July 1946.

Baldwin, David A., "Foreign Aid, Intervention and Influence," *World Politics,* Vol.21, 1968.

Borton, Hugh, "Korea under American and Soviet Occupation 1945-1947", Royal Institute of International Affairs, *Survey of International Affairs 1939-1946: The Far East 1942-1946,* London, 1955.

Buhite, Russell D., " 'Major Interests': American Policy toward

China, Taiwan, and Korea, 1945–1950," *Pacific Historical Review*, Vol.47, No.3, August 1978.

Campbell, James W., "What the Russians Have Learned in Korea," *Yale Review,* Vol.42, Winter 1953.

Dobbs, Charles M., "Korea and Berlin: A Hypothesis," *The International History Review,* Vol.7, No.3, 1985.

Douglas J. Macdonald, "Communist Bloc Expansion in the Early Cold War: Challenging Realism, Refuting Reviosionism," *International Security,* Vol.20, No.3, Winter 1995/1996.

Falk, Richard A., "The United States and the Doctrine of Non-Intervention in the Internal Affairs of Independent States," *Howard Law Journal,* Vol.5, 1959.

Gaddis, John Lewis, "Reconsiderations — Was the Truman Doctrine a Real Turning Point?," *Foreign Affairs,* Vol.52, January 1974.

Garson, R. A., "The Origins of the Cold War in Asia," *Review of International Studies,* Guildford: Butterworth, Vol.12, No.4, October 1986.

Goodrich, Leland M., "The United Nations and Korea," *Journal of International Affairs,* Vol.6, Spring, 1952.

Grey, Arthur L., Jr., "The Thirty-Eighth Parallel," *Foreign Affairs,* Vol.29, April 1951.

Halliday, Jon, "What Happened in Korea? Rethinking Korean History, 1945–1953," *Bulletin of Concerned Asian Scholars,* Vol.5, No.3, 1973.

Hartmann, Fredick H., "The Issues in Korea," *Yale Review,* Vol.42, September 1952.

Kim, Gye-Dong, "The Legacy of Foreign Intervention in Korea: Division and War," *Korea and World Affairs,* Vol.14, No.2, Summer 1990.

Kim, Yong-Jeung, "The Cold War: The Korean Elections," *Far Eastern Survey,* Vol.17, 5 May 1948.

Kirby, Pierre, "Supplying United Nations troops in Korea," *Military Review,* Vol.33, April 1953.

Koh, Byung Chul, "The Korean War as a Learning Experience for North Korea," *Korea & World Affairs,* Vol.3, No.3, Fall 1979.

Kolko, Joyce and Gabriel, "To Root Out Among Them — A Response," *Pacific Historial Review,* Vol.42, November 1973.

_____, "Korea: A Chronology of Principal Events, 1945−1950," *The World Today,* Vol.6, August 1950.

_____, "Korea: Past and Present," *The World Today,* Vol.2, 1946.

Lauterbach, Richard E., "Hodge's Korea," *Virginia Quarterly Review,* Vol.23, June 1947.

Lee, Chong-Sik, "Negotiations among Private Group: The Case of the 1948 south-north Consultative Conference," *The Journal of Asiatic Studies,* Vol.13, No.4, December 1970.

Liem, Channing, "United States Rule in Korea," *Far Eastern Survey,* Vol.18 6 April 1949.

McCune, George M., "The Korean Situation," *Far Eastern Survey,* Vol.17, No.17, 8 September 1948.

_____, "Korea: The First Year of Liberation," *Pacific Affairs,* Vol.20, March 1947.

_____, "Occupation Politics in Korea," Far *Eastern Survey,* Vol.15, No.3, 13 February 1946.

McCune, Shannon, "The Thirty-Eighth Parallel in Korea," *World Politics,* Vol.1, January 1949.

Morgenthau, Hans J., "Another 'Great Debate': The National Interest of the United States," *The American Political Science Review,* Vol.46, 1952.

Ng-Quinn, Michael, "The Internationalization of the Region: The Case of Northeast Asian International Relations," *Review of International Studies,* Vol.12, No.2, April 1986.

Sarafan, Bettram C., "Military Government: Korea," *Far Eastern Survey,* Vol.15, 20 November 1946.

Sunoo, Hagwon, "American Policy in Korea: Two Views," *Far Eastern Survey,* 31 July 1946.

Taylor, Philip H., "Military Government Experiences in Korea," in Carl J. Friedrich, *American Experiences in Military Government in World War II*, 1948.

Weatherby, Kathryn, "Soviet Aims in Korea and the Origins of the Korean War, 1945-50: New Evidence from Russian Archives", CWIHP(Cold War International History Project), Working Paper #8, p.9.

Weems, Benjamin, "Behind the Korean Elections," *Far Eastern Survey*, Vol.17, 23 June 1948.

고현진, "미 군정기의 노동운동," 송건호·박현채 외, 『해방 40년의 재인식Ⅰ』, 서울: 돌베개, 1985.

구대열, "'자유주의' 열강과 해방 한국(1945-1950)", 『국제정치논총』, 제45집 4호, 2005년.

김계동, "한반도 분단과정에 있어서 신탁통치안의 역할 및 의미," 윤형섭 편, 『한국정치의 쟁점과 이해』(서울: 박영사, 1993).

_____, "미국의 대한반도 군사정책변화(1948-1950) : 철수·불개입에서 한국전 참전으로의 결정과정," 『군사』, 1990년.

_____, "한반도 분단과 전쟁에 있어서 외세의 역할," 『사회과학연구』, 창간호, 1989년.

김용복, "해방직후 북한 인민위원회의 조직과 활동," 김남식 외, 『해방전후사의 인식 제5권(북한편)』, 서울: 한길사, 1990.

김주환, "서북5도 당 대회의 대미인식과 조선공산당 북조선 분국의 조직적 위상," 김남식 외, 『해방전후사의 인식 제5권(북한편)』, 서울: 한길사, 1990.

김행복, "한국광복군의 군사활동과 그 의의", 『군사(軍史)』, 제41호, 2000년 12월.

남광규, "미소공위와 미소의 조선임시정부 수립대책", 『국제정치논총』, 제47집 3호, 2007년.

_____, "해방초 임정·인공 정치기반의 동질성과 대립원인: 임정·건준의 중간파 성격과 좌파의 인공수립배경을 중심으로(1945. 8~11)", 『국제정치논총』, 제45집 3호, 2005년.

_____, "신탁정국기(1946.1) 정당협력의 실패와 임정의 약화", 『한국정치학회보』, 39집 1호, 2005년 봄.

류상영, "8·15 이후 좌·우익 청년단체의 조직과 활동," 최장집 외, 『해방전후사의 인식 제4권』, 서울: 한길사, 1989.

박재권, "해방 직후의 소련의 대북한정책," 김남식 외, 『해방 전후사의 인식 제5권 (북한편)』, 서울: 한길사, 1990.

서희경, "대한민국 건국기의 정부형태와 운영에 관한 연구: '대통령 권한의 통제'에 관한 논쟁을 중심으로," 『한국정치학회보』, 제35집 제1호, 2001년 봄.

심지연, "미군정기의 외교," 한국정치외교사학회 편, 『한국외교사 Ⅱ』, 서울: 집문당, 1995.

안정애, "미국의 대한군사원조정책(1948~1950): 결정과 집행 및 한국정부의 추가군원 요청을 중심으로," 『역사와 현실』, 제27호, 1998년 3월.

오충근, "38선 획정과 소련의 한반도 개입," 『신동아』, 1985년 10월.

윤형섭, "해방정국의 정당 정치인," 『신동아』, 1985년 10월.

이동화, "8·15를 전후한 여운형의 정치활동," 송건호 외, 『해방전후사의 인식』, 서울: 한길사, 1980.

이완범, "해방 직후 남한 좌우합작 평가: 국제적 제약 요인과 관련하여, 1946-1947," 『국제정치논총』, 제47집 4호, 2007년.

_____, "미국의 한국 점령안 조기 준비: 분할점령의 기원, 1944년-1945년 7월 10일," 『국제정치논총』, 제36집 1호, 1996년.

_____, "한반도 신탁통치문제 1943-46," 박현채 외, 『해방전후사의 인식 3』, 서울: 한길사, 1987.

이정식, "해방 삼십년, 분단의 고착화 과정," 『신동아』, 1985년 12월.

정용석, "한반도는 사분될 뻔했다." 『신동아』, 1983년 1월.

조민, "미군이 진주한 날: 오끼나와에서 서울까지," 『월간조선』, 1986년 8월.

진덕규, "미군정의 정치사적 인식," 송건호, 『해방전후사의 인식 제1권』, 서울: 한길사, 1980.

홍순호, "임시정부의 외교활동(1919-1945)," 한국정치외교사학회 편, 『한국외교사 Ⅱ』, 서울: 집문당, 1995.

황의서, "해방 직후 좌우합작운동에 대한 국내 정치세력의 입장 비교분석," 『한국정치학회보』, 제31집 1호, 1997년 봄.

_____, "해방후 좌우합작 운동과 미국의 대한 정책: 합작운동의 결과적인 실패와 관련하여," 『한국정치학회보』, 제30집 3호,

1996년 가을.

3. 출간서적

Alperovitz, Gar, *Atomic Diplomacy: Hiroshima and Potsdam: The Use of the Atomic Bomb & the American Confrontation with Soviet Power*, Middlesex: Penguin Books, 1985.

Ambrose, Stephen E., *Rise to Globalism: American Foreign Policy Since 1938*, 4th ed., New York: Penguin, 1985.

Baldwin, Frank (ed.), *Without Parallel: The American-Korean Relationship Since 1945*, New York: Pantheon, 1973.

Beloff, Max, *Soviet Policy in the Far East: 1944-1951*, London: Oxford University Press, 1953.

Berger, Carl, *The Korea Knot: A Military and Political History*, Philadelphia: University of Pennsylvania Press, 1964.

Blum, R.M., *Drawing the Line: the Origin of the American Containment Policy in East Asia*, London, 1982.

Borg, Dorothy, and Waldo Heinrich, *Uncertain Years: Chinese-American Relations, 1947-1950*, New York: Columbia University Press, 1980.

Buhite, Russell D., *Soviet-American Relations in Asia, 1945-1954*, Norman: University of Oklahoma Press, 1981.

Caldwell, John C., *The Korean Story*, Chicago: Regnery, 1952.

Cho, Soon-Sung, *Korea in World Politics 1940-1950: An Evolution of American Responsibility*, Berkeley: University of California Press, 1967.

Choy, Bong-Youn, *Korea: A History*, Tokyo: Charles E. Tuttle Co., 1971.

Chung, Henry, *The Russians Came to Korea*, Washington D. C.: The Korean Pacific Press, 1947.

Chung, Kyung-Cho, *Korea Tomorrow: Land of Morning Calm*, New York: The Macmillan Co., 1956.

Clements, Kendrick A. (ed.), *James F. Byrnes and the Origins of the Cold War*, Durham: Carolina Academic Press, 1982.

Collins, Lawton J., *War in Peacetime: The History and Lessons of Korea* (Boston: Houghton Mifflin, 1969)

Cumings, Bruce,, *The Origins of the Korean War: The Roaring of the Cataract 1947–1950*, Princeton; Princeton University Press, 1990.

_____, *The Origins of the Korean War: Liberation and the Emergence of Separate Regimes, 1945–47*, Princeton: Princeton University Press, 1981.

_____(ed.), *Child of Conflict: The Korean-American Relationship, 1943–1953*, Seattle: University of Washington Press, 1983.

Dallek, Robert, *Franklin D. Roosevelt and American Foreign Policy 1932–1945*, Oxford: Oxford University Press, 1979.

Dallin, David U., *Soviet Russia and the Far East*, London: Hollis & Carter, 1949.

Dobbs, Charles M., *The Unwanted Symbol: American Foreign Policy, The Cold War, and Korea, 1945–1950*, Kent: Kent State University Press, 1981.

Druks, Herbert, *Harry S. Truman and the Russians, 1945–1953*, New York: Robert Speller and Sons, 1966.

Dulles, Foster Rhea, *America's Rise to World Power: 1896–1954*, New York: Harper and Brothers, 1955.

Esthus, Raymond A., *Theodore Roosevelt and Japan*, Seattle: University of Washington Press, 1967.

Etzold, Thomas H., and John Lewis Gaddis (eds.), *Containment: Documents on American Policy and Strategy, 1945–1950*, New York: Columbia University Press, 1978.

Feis, Herbert, *Churchill-Roosevelt-Stalin: The Way They Waged and the Peace They sought*, Princeton: Princeton University Press, 1970.

_____, *From Trust to Terror: The Onset of the Cold War, 1945–1950*, New York: W.W. Norton, 1970.

_____, *The Atomic Bomb and the End of World War II*, Princeton: Princeton University Press, 1966.

_____ *Between War and Peace: The Potsdam Conference*, Princeton:

Princeton University Press, 1960.

Finley, James P., *The US Military Experience in Korea, 1871–1982: In the Vanguard of ROK-US Relations,* San Francisco: Headquarters, US Forces, Korea, 1983.

Flemming, D. *Frank, The Cold War and Its Origins: 1917–1960,* 2 Vols., Garden City: Doubleday, 1961.

Fontain, Andre, *History of the Cold War, from the October Revolution to the Korean War, 1917–50 (Vol.1), from the Korean War to the Present (Vol.2),* London, 1968 (Vol.1), 1970 (Vol.2).

Friedrich, Carl J., and Associates, *American Experience in Military Government in World War II,* New York: Rinehart & Co., 1948.

Gaddis, John Lewis, *Strategies of Containment: A Critical Appraisal of Post-war American National Security Policy,* London: Oxford University Press, 1982.

_____, *The United States and the Origins of the Cold War, 1941–47,* New York: Columbia University Press, 1972.

Goodrich, Leland M., *Korea: A Study of United States Policy in the United Nations,* New York: Council on Foreign Relations, 1956.

Gordenker, Leon, *The United Nations and the Peaceful Unification of Korea: The Politics of Field Operations, 1947–50,* The Hague: Martius Nijhoff, 1959.

Goulden, Joseph, Korea: *The Untold Story of the War,* New York: McGraw-Hill Book Co., 1982.

Green, A., Wigfall, *The Epic of Korea,* Washington: Public Affairs Press, 1950.

Grew, Joseph, *Turbulent Era: A Diplomatic Record of Forty Years 1904–1945,* Boston: Houghton Mifflin Co., 1952.

Grey, Jeffrey, *The Commonwealth Armies and the Korean War: An Alliance Study,* Manchester: Manchester University Press, 1988.

Haag, C. L., *American Military Government in Korea* (Washington

D.C.: Department of Army, 1970)

Harryman, W. Averrell, *America and Russia in a Changing World*, London: George Allen & Unwin Ltd., 1971.

Henderson, Gregory, *Korea: The Politics of the Vortex*, Cambridge, Mass.: Harvard University Press, 1968.

Horowitz, David, *From Yalta to Vietnam: American Foreign Policy in the Cold War*, Harmondsworth, 1967.

Iriye, Akira, *The Cold War in Asia: A Historical Introduction*, Englewood Cliffs: Prentice-Hall, 1974.

Isaacs, Harold, *No Peace for Asia*, New York, 1947.

Kaufman, Edy, *The Superpowers and Their Spheres of Influence*, London: Croom Helm, 1976.

Kennan, George F., *American Diplomacy 1900–1950*, Chicago: University of Chicago Press, 1951.

Kim, Gye-Dong, *Foreign Intervention in Korea*, Aldershot: Dartmouth Publishing Company, 1993.

Kim, Joungwon A., *Divided Korea: The Politics of Development 1945–72*, Cambridge: Harvard University Press, 1975.

Kim, Se-Jin (ed.), *Documents on Korean-American Relations, 1943–1976*, Seoul: Research Center for Peace and Unification, 1976.

_____ (ed.), *Korean Unification: Source Materials with an Introduction*, Seoul: Research Center for Peace and Unification, 1976.

Kolko, Joyce and Gabriel, *The Limits of Power: The World and U.S. Foreign Policy, 1945–54*, New York: Harper & Row, 1972.

Krasner, Stephen D., *Defending the National Interest*, Princeton: Princeton University Press, 1978.

Lach, Donald F. & Edmund S. Wehrle, *International Politics in East Asia Since World War II*, New York: Praeger Publishers, 1975.

LaFeber, Walter, *America, Russia, and the Cold War, 1945–1980*, New York: John Wiley and Sons, 1967.

Latourette, K.S., *The American Record in the Far East, 1945–1951,* New York: The Macmillan Co., 1952.

Lee, Chong-Shik, *The Politics of Korean Nationalism,* Berkeley and Los Angeles: University of California Press, 1963.

Lowe, Peter, *The Origins of the Korean War,* London and New York: Longman, 1986.

MacFarquhar, Roderick (ed.), *Sino-American Relations, 1949–1971,* New York: Praeger Publishers, 1972.

Matray, James Irving, *The Reluctant Crusade: American Foreign Policy in Korea, 1941–1950,* Honolulu: University of Hawaii Press, 1985.

McCune, George M. & Arthur L. Grey, Jr., *Korea Today,* Cambridge: Harvard University Press, 1950.

Meade, Edward Grant, *American Military Government in Korea,* New York: King's Crown Press, 1951.

Messer, Robert L., *The End of an Alliance: James F. Byrnes, Roosevelt, Truman and the Origins of the Cold War,* Chapel Hill: University of North Carolina Press, 1982.

Mitchell, C. Clyde, *Korea: Second Failure in Asia,* Washington D.C.: Public Affairs Institute, 1951.

Nagai, Yonosuke & Iriye, Akira (eds.), *The Origins of the Cold War in Asia,* New York: Columbia University Press, 1977.

Nam, Koon Woo, *The North Korean Communist Leadership, 1945–1965: A Study of Factionalism and Political Consolidation,* Alabama: The University of Alabama Press, 1974.

Oliver Robert T., *Verdict in Korea,* Pennsylvania: Bold Eagle Press, 1952.

O'Neill, Robert, *Australia in the Korean War 1950–1953, Vol. 1: Strategy and Diplomacy,* Canberra: Australian Government Publishing Service, 1981.

Phillips, Gabell, *The Truman Presidency: The History of a Triumphant Succession,* Baltimore: Penguin Books, 1979.

Purifoy, McCarroll, *Harry Truman's China Policy, McCarthyism and the Diplomacy of Hysteria,* 1947–1951, New York: New

Viewpoints, 1976.

Reeve, W. D., *The Republic of Korea: A Political and Economic Study,* London: Oxford University Press, 1963.

Reischauer, Edwin O., *The United States and Japan,* New York: Viking Press, 1962.

Reitzel, William et. al., *United States Foreign Policy, 1945–1955,* Washington, D.C.: The Brookings Institute, 1956.

Rose, Lisle A., *The Roots of Tragedy: The United States and the Struggle for Asia, 1945–53,* Westport, Conn.: Greenwood Press, 1976.

Rovere, Richard H., and Arthur M. Schlesinger Jr., *The General and the President* New York, 1951.

Rubinstein, Alvin Z., *Soviet Foreign Policy since World War II: Imperial and Global,* Cambridge, Mass.: Winthrop Publishers, 1981.

Rusk, Dean, *As I saw It,* Penguin Books, 1990.

Sandusky, Michael C., *America's Parallel,* Alexandria, Virginia: Old Dominion Press, 1983.

Sawyer, Robert K., *Military Advisors in Korea: KMAG in Peace and War,* Washington D. C.: Department of Army, 1952.

Scalapino, Robert A (ed.), *North Korea Today,* New York: Frederick A. Praeger, Inc., 1963.

Scalapino, Robert A. & Lee, Chong-Sik, *Communism in Korea, California:* University of California Press, 1972.

Schoenbaum, Thomas J., *Waging Peace and War,* New York: Simon & Schuster, 1988.

Schulman, Marshall D., *Stalin's Foreign Policy Reappraised,* Cambridge: Harvard University Press, 1966.

Sherwood, Robert E., *Roosevelt and Hopkins: An Intimate History,* New York: Harper and Brothers, 1948, 1965.

Snell, John L. (ed.), *The Meaning of Yalta: Big Three Diplomacy and the New Balance of Power,* Baton Rouge: Louisianna state University Press, 1956.

Spanier, John W., *American Foreign Policy Since World War II,*

London: Pall Mall Press, 1960.

_____, *The Truman-MacArthur Controversy and the Korean War*, New York: W. W. Norton Co., 1965.

Stairs, Denis, *The Diplomacy of Constraint: Canada, the Korean War and the United States*, Toronto: University of Toronto Press, 1968.

Starr, Richard F. (ed.), *Aspects of Modern Communism*, Columbia, South Carolina: University of South Carolina Press, 1968.

Stettinius, Edward R., *Roosevelt and the Russians: The Yalta Conference*, New York: Doubleday and Co., 1949.

Stueck, William Whitney, Jr., *The Road to Confrontation: American Policy Toward China and Korea, 1947–1950*, Chapel Hill: University of North Carolina Press, 1981.

Suh, Dae-Sook, *Document of Korean Communism: 1918–48*, Princeton: Princeton University Press, 1970.

_____, *Korean Communism 1945–1980: A Reference Guide to the Political System*, Honolulu: The University Press of Hawaii, 1981.

_____, *The Korean Communist Movement, 1918–1948*, Princeton: Princeton University Press, 1967.

Tewksbury, Donald G. (comp.), *Source Materials on Korean Politics and Ideology*, New York: Institute of Pacific Affairs, 1950.

Thomson, Reginald, *Cry Korea*, London: MacDonald & Co., 1951.

Tsou, Tang, *America's Failure in China: 1941–1950*, Chicago: University of Chicago Press, 1963.

Tuchman, Barbara, *Stilwell and the American Experience in China, 1911–1945*, New York: Macmillan, 1970.

Ulam, Adam B., *Expansion & Coexistence: The History of Soviet Foreign Policy, 1917–67*, New York: Frederick A. Praeger, 1968.

_____, *The Communist: The story of Power and Lost Illusions: 1948–1991*, New York and Toronto: Charles Scribner s Sons, 1992.

Ward, Particia Dawson, *The Threat of Peace: James F. Byrnes and the Council of Foreign Ministers, 1945-46*, Kent (Ohio): Kent State University Press, 1979.

Westerfield, H. Bradford, *Foreign Policy and Party Politics: Pearl Harbor to Korea*, New Haven: Yale University Press, 1955.

White, John Albert, *The Diplomacy of the Russo-Japanese War*, Princeton: Princeton University Press, 1964.

Yergin, Daniel, *Shattered Peace: The Origins of the Cold War and the National Security State*, London: Andre Deutsch, 1977.

Zacher, Mark W., *International Conflict and Collective Security, 1946-1977*, New York: Praeger, 1979.

강만길, 『한국현대사』, 서울: 창작과 비평사, 1984.

_____, 『해방 전후사의 인식』, 제2권, 서울: 한길사, 1985.

고하 선생 전기 출판위원회, 『고하 송진우선생』, 서울.

김기조, 『38선 분할의 역사: 미·소·일간의 전략대결과 전시외교비사(1941-1945)』, 서울: 동산출판사, 1994.

김남식과 심치연, 『박헌영 노선 비판』, 서울: 세계, 1986.

김병오, 『민족분단과 통일문제』, 서울: 한울총서, 1985.

김상기, 『동학과 동학난』, 서울: 도서출판사, 1976.

김창순, 『북한 십오년사』, 서울: 지문각, 1961.

_____, 『역사의 증인』, 서울: 한국 아시아 반공 연맹, 1956.

김학준, 『남북한의 통일정책』, 서울: 서울대학교 출판사, 1977.

력사연구소, 『조선통사』, 평양: 노동신문사, 1958.

박갑동, 『박헌영: 그의 일대기를 통한 현대사의 재조명』, 서울: 인간사, 1983.

박동운, 『북한 통치 기구론』, 서울: 아시아 연구소, 고려대학교, 1964.

박명림, 『한국전쟁의 발발과 기원 I : 결정과 발발』, 서울: 나남출판, 1996.

_____, 『한국전쟁의 발발과 기원 II : 기원과 원인』, 서울: 나남출판, 1996.

박실, 『한국외교비사』, 서울: 기린원, 1979.

북한 사회과학원, 『조선통사』, 평양 : 노동신문 출판사, 1958.

송건호, 『해방전후사의 인식』, 제1권, 서울: 한길사, 1980.

송광성, 『미군점령 4년사』, 서울: 한울, 1993.

송남헌, 『해방 삼년사』, 1, 2권, 서울: 까치, 1985.

윤진헌, 『한반도 분단사의 재조명: 분단의 과정과 책임』, 서울: 문우사, 1993.

이호재, 『한국정치의 이상과 현실: 이승만 외교와 미국』, 서울: 법문사, 1969.

이기하, 『한국정당 발달사』, 서울: 정치사, 1961.

이상준, 『광복군전사』, 서울: 대한민국재향군인회, 1993.

이원술, 『1945 한국분단과 미국』, 서울: 경희대학교 출판사, 1982.

진단학회, 『한국사』, 서울, 1960.

정용석, 『미국의 대 한 정책』, 서울: 일조각, 1979. 『조선중앙년감 1949』, 평양, 1950.

최병무, 『한국사대계』, 서울: 도서출판사, 1976.

최상용, 『미군정과 한국민족주의』, 서울: 나남, 1989.

한국역사연구회 현대사연구반, 『한국현대사 1: 해방직후의 변혁운동과 미군정』, 서울: 풀빛, 1991.

한재덕, 『나는 김일성을 고발한다』, 서울: 내외문화사, 1965.

한태수, 『한국 정당사』, 서울: 신태양사, 1961.

4. 세미나 발표 논문

구대열, "2차대전중 중국의 한국정책 : 국민당 정권의 임정정책을 중심으로," 한국정치학회 1994년도 연례학술대회, 1994년 12월 5일~7일.

김덕중, "임시정부의 대외관계 : 미국과의 관계를 중심으로," 한국정치학회 1994년도 연례학술대회 1994년 12월 5일~7일.

김왕식, "미군정경찰의 정치적 위상," 한국정치학회 1994년도 연례학술대회, 1994년 12월 5일~7일.

신복룡, "미군 철수와 한국 문제의 UN이관: 1948-1949," 한국정치외교사학회 주최 『한미관계의 사(史)적 고찰』 학술대회 발표 논문, 1998년 11월 21일.

심지연, "한국에서의 미군정과 대한민국 정부 수립과정," 한국정치외교사학회 주최 『정부수립 50년의 한국의 좌표와 미래의 전망』세미나 발표 논문, 1998년 8월 10일.

안정애, "주한미군사고문단에 관한 연구: 한국군 창군과정(1945-1950)에서의 역할 및 기능을 중심으로," 한국정치외교사학회 주최 『한미관계의 史的 고찰』학술대회 발표 논문, 1998년 11월 21일.

와다 하루끼, "북한에서의 소련군정과 국가형성," 한국정치외교사학회 주최 『정부수립 50년의 한국의 좌표와 미래의 전망』세미나 발표 논문, 1998년 8월 10일.

이동현, "남북협상의 추진의도 : 김구, 김규식, 홍명희를 중심으로," 한국정치학회 1994년 연례학술대회 발표논문, 1994년 12월 5일.

이완범, "조선공산당의 탁치안에 대한 태도변화 : 노선 전환의 과정과 원인, 1945. 10. 23~1946. 1. 3," 국제정치학회 연례학술회의 발표 논문, 1995년 12월 14일~15일.

정용대, "대한민국 임시정부의 승인외교활동," 한국정치학회 1994년도 연례학술대회 1994년 12월 5일~7일.

최은봉, "미군정하의 정치사회변화와 교육정책," 한국정치학회 1994년 연례학술대회 발표논문, 1994년 12월 5일.

5. 미발간자료

Joseph, Robert Gregory, *Commitments and Capabilities: United States Foreign and Defense Policy Coordination, 1945 to the Korean War* (Ph.D. Dissertation submitted to Columbia University, 1978).

Kim, Gye-Dong, *Western Intervention in Korea 1950-1954* (D.Phil. Thesis submitted to the University of Oxford, 1988).

Lee, Tong-Won, *Korea and the United Nations* (D.Phil. Thesis submitted to the University of Oxford, 1958).

Mauck, Kenneth R., *The Formation of American Foreign Policy in Korea* (Ph.D. Dissertation submitted to the University of Oklahoma, 1978).

Rhee, Insoo, *Competing Korean Elite Politics in South Korea after World War II, 1945-1948* (Ph.D. Thesis submitted to the New York University, 1981).

찾아보기

저자 약력

김계동 (kipoxon@hanmail.net)

연세대학교 정치외교학과 졸업
영국 옥스퍼드대학교 정치학 박사

현 연세대학교 통일연구소 교수
  한국정치학회, 한국국제정치학회 이사

한국국방연구원 연구위원
국가정보대학원 교수
한국전쟁학회 회장 / 한국정치학회 부회장 / 국가정보학회 부회장
국가안보회의(NSC) / 민주평통자문회의 / 국군기무사 자문위원
연세대, 고려대, 경희대, 성신여대, 국민대, 숭실대, 숙명여대,
  통일교육원 강사 역임

주요 논저_

Foreign Intervention in Korea (Dartmouth Publishing Company)
『한반도의 분단과 전쟁: 민족분열과 국제개입·갈등』(서울대 출
  판부)
『북한의 외교정책: 벼랑에 선 줄타기 외교의 선택』(백산서당)
『남북한 체제통합론: 이론·역사·정책·경험』(명인문화사)
『현대유럽정치론: 정치의 통합과 통합의 정치』(서울대 출판부)

『국가정보: 비밀에서 정책까지』(역서, 명인문화사)

『현대외교정책론』(공저, 명인문화사)

『한국현대사의 재조명』(공저, 명인문화사)

『북한체제의 이해: 제도와 정책의 지속과 변화』(공저, 명인문화사)

『정치학 개론: 권력과 선택』(공역, 명인문화사)

『비교정부와 정치』(공역, 명인문화사)

『정치학 방법론』(공역, 명인문화사)

『국제기구의 이해: 글로벌 거버넌스의 정치와 과정 제2판』(공역, 명인문화사)